연구보고서
2024-02

인공지능 채용 가이드라인(안) 개발

양승엽 · 노호창 · 문준혁

한국노동연구원

목 차

표목차

그림목차

요 약

본 연구는 인공지능의 도입으로 우리 노동관계에 미치는 영향 중 채용에 있어 우려되는 바를 지적하고, 이를 보완하기 위해 가이드라인을 제시하는 것을 목적으로 한다. 인공지능을 기반으로 한 채용 과정은 점차 확산되고 있는데, 청년층을 중심으로 한 구직자들은 인공지능은 사람이 가지는 편견과 차별이 없기 때문에 공정하고 타당하게 자신을 평가해 줄 것이라 기대하는 동시에, 인공지능이 판단하는 기준에 대해서는 아무것도 알 수 없어 그 공정성에 대해 의심하는 양가적 태도를 보이고 있다. 그리고 인공지능 역시 인간의 편견과 차별이 포함된 오염된 자료를 학습하기 때문에 채용 과정에서 차별적인 판단을 하는 것이 알려지면서 이에 대한 대책 또한 요구된다.

인공지능 채용 가이드라인(안)을 작성하기 위해 먼저 청년 구직자들을 대상으로 설문조사를 하여 현재 인공지능 기반 채용의 현황과 인공지능에 대한 인식(긍정적 · 부정적 태도), 그리고 요구 사항 등을 파악하였다. 주요 내용을 보면 인공지능 채용이 더 공정하다고 인식(53.9%)하지만, 실제 인공지능 기반 채용을 원한다는 응답(32.3%)보다는 기존의 사람이 진행하는 채용 과정을 더 선호한다는 응답(67.7%)이 더 높게 나와서 다소 모순된 반응을 보였다. 이러한 응답이 나온 이유에는 인공지능 채용 과정의 불투명성이 원인으로 생각된다. 인공지능 기반 채용 과정에서 겪을 어려움에 대해 '무엇을 준비해야 할지 몰라서'(45.1%), '관련 정보의 부족'(27.4%)과 '평가 방식을 잘 몰라서'(27.0%)가 꼽힌 것이다.

그리고 인공지능 채용 과정에서의 차별 경험은 과반은 아니지만 44.2%로 다소 높게 나왔는데, 다만 차별 여부에 대해서는 객관적인 검증이 어려운 부분이다. 그러나 차별 요소로 걱정되는 바는 조사되었는데, '학벌'(50.4%), '목소리와 표정'(39.1%), '연령'(38.6%), '성별'(28.1%), 그리고 '장애'(18.1%)가 꼽혔다.

또한 구직자들은 인공지능이 자신을 정확하게 평가하는가에 대한 질문에서 '보통이다'라는 답변(42.2%)이 근소하게 가장 높았지만, '정확하게 평가한다'라는 답변(40.6%)이 '부정확하게 평가한다'라는 답변(17.2%)보다 월등하게 높아 평가의 타당성에 대해서는 만족하는 것으로 보인다. 그러나 구직자 초점집단면접(FGI)의 답변에서도 확인되는데, 기타 의견에서 정확한 자기 평가와 향후 취업에 대한 도움을 위해 구인기업의 피드백이 요구되었다.

또한 설문조사에서도 구직자들은 사람이 주도하는 기존 채용 과정을 더 선호하는 이유로 '사람이 아닌 존재가 사람을 평가하는 것에 대한 불만'(30.9%)을 가장 높게 꼽았는데, 이는 여전히 기계에 의한 인간 지배를 두려워하며 인간 존중 또는 최종적인 판단에 있어 인간의 개입을 요구하는 것으로 보인다.

이상의 설문조사에서 구직자들은 인공지능 채용 과정에서 동의권, 알 권리(구인기업의 설명), 차별금지, 피드백 제공 등을 원한다는 것을 알 수 있었다.

구인기업과 구직자에 대한 FGI는 설문조사에서 파악할 수 없었던 구체적인 채용 과정의 메커니즘과 구직자의 요구를 수집할 수 있었다. 먼저 구인기업의 FGI에서는 구인기업은 주로 인공지능 채용 프로그램을 개발 회사로부터 구입해 사용하며, 구입 당시 구체적인 채용 기준을 제시하여 프로그램을 다소 수정하는 맞춤형 과정(customize)을 거친다는 것을 알 수 있었다. 그러나 구인기업은 인공지능 채용 프로그램이 인재를 적절히 선발할 능력이 있는가에 대해서는 회의적이어서 인공지능 화상면접을 하더라도 반드시 대면면접을 별도로 실시하며, 인공지능이 판단한 여러 자료는 결정적인 기준이 아닌 참고자료로 사용한다고 하였다.

인공지능 채용 가이드라인이 제정될 경우 기업에 여러 부담이 권고될 수 있는데, 이를 수용할 수 있는지 여부에 대해 개인정보보호는 이미 시행 중이며, 편향성 감사(bias audit) 역시 편향성 측정 기준을 제시하여 준다면 가능하다는 입장이었다. 채점 기준의 공개에 대해서는 구체적이지 않은 수준의 측정 항목이나 근거 정도는 밝힐 수 있으며, 채점 결과의 피드백 역시 구체적인 점수까지는 아니더라도 등급이나 정규분포, 장·단점은 공개할 수 있다고 하였다. 다만, 알고리즘의 경우 자체 개발이 아니라 개발 회사의 프로그램을 구매하는 것이기 때문에 그 내용을 알 수 없어 곤란하다고 하였다.

만일 인공지능 채용에서 위법행위가 발생하였을 때, 법적인 책임을 구인기업과 프로그램을 개발한 기업 중 누가 져야 하느냐 하는 질문에서 모든 응답자가 사람을 채용하는 주체는 구인기업이기 때문에 구상권의 문제는 발생할 수 있어도 일차적인 책임은 구인기업이 져야 한다고 답변하였다.

청년 구직자들을 대상으로 한 FGI에서는 인공지능 기반 채용이 확산되는 추세를 받아들이며, 관련 준비도 유튜브 등의 경로를 통해 여러 노하우 등이 전파돼 부담이 크지는 않다고 하였다. 인공지능이 차별적인 판단을 할 걱정에 대해서는 역시 관련 정보가 부족하기 때문에 우려의 수준에서 의견을 표명하였다. 다만, 면접에 있어서 V4(Visual, Voice, Verbal, Vital)를 측정하는 것에 대해서는 일정한 기준이 없기 때문에 밝은 색 옷의 착장, 머리 묶기, 시선 고정 등의 확인되지 않은 정보와 좋은 인상 등의 매우 주관적인 판난 기준이 확산되고 있다는 고충을 토로하였고, 이것이 외모에 의한 차별은 아닌지 걱정하였다.

설문조사에서 인공지능 채용 결과에 대한 피드백을 받았다는 응답이 높았던 결과(64.4%)와는 달리 FGI 대상자들(4인)은 모두 피드백을 받지 못하였다고 답변하였다. 이는 피드백 내용이 어느 정도 상세한가에 대한 인식이 상이하여 결론이 달라진 듯하다. FGI 대상자들은 평가의 타당성을 확인하고 본인의 부족한 점을 채워 추후 취업 과정에 도움이 되기 위해 모두 피드백을 제공해 주기를 요구하였다.

전체적인 인공지능 채용 과정의 공정성 평가에 있어서는 4인 중 3인은 합격 판단 기준을 알 수 없다는 이유로 공정하지 않을 수 있다는 의심을 표현하였다.

이상의 구인기업과 구직자 대상 FGI에서도 설문조사와 같은 시사점을 얻을 수 있었다. 즉, 인공지능 채용 과정의 투명성 확보와 차별금지, 그리고 타당성 확인과 취업 준비를 위한 피드백 제공을 확인하였다.

인공지능 채용 가이드라인 제정을 위한 해외 비교 연구로 미국 일리노이주의 화상면접법, 뉴욕시의 조례와 규칙, 스페인의 알고리즘 정보제공 가이드라인과 전국 단위의 노사협약(프레임워크), 그리고 영국의 인공지능 채용 가이드라인의 내용을 알아보았다. 그 결과, 각국의 제도에서 앞선 설문조사 및 FGI에서 얻을 수 있었던 요구 사항 및 내용을 재확인할 수 있었다.

미국 일리노이주의 화상면접법은 구인기업의 구직자에 대한 인공지능 활용 사실의 고지의무, 관련 정보 제공 의무, 동의권 확보, 개인정보의 원칙적 공유 금지와 삭제 의무를 부과한다. 뉴욕시의 조례는 구인기업은 '자동화된 고용 결정 도구(AEDT)'에 대한 편향성 감사를 실시하여야 하며, 규칙은 편향성 감사의 내용을 공개하여야 한다. 그리고 의무는 아니지만 구직자에게 대체 선발 절차를 안내할 수 있다.

스페인의 경우 '노동자헌장법'에 따라 기업은 근로자대표에게 법이 정하는 내용의 정보를 제공할 의무를 부담하는데, 2021년 본법이 개정되어 정보제공의 내용에 채용 시 활용되는 인공지능의 정보도 포함되었다. 관련 가이드라인은 정보를 구체화하여 채용 시의 인공지능 알고리즘을 제공할 것을 규정하고 있다. 그리고 전국 단위의 노사협약(프레임워크)에서 인공지능이 채용 · 승진 · 해고를 결정할 때에는 근로자대표에 그 프로세스에 관한 정보를 제공하기로 하였다.

영국의 인공지능 채용 가이드라인은 인공지능 프로그램 조달 시와 조달 중, 배포 전, 그리고 실사용 시 확보되어야 할 원칙으로 목적 수립, 개인정보보호, 안전성 · 보안성 · 견고성 · 책임성 · 투명성 · 설명성 · 공정성 · 정확성 · 타당성 · 위험식별 및 소통의 원칙 등이 제안되었으며, 지속적인 모니터링과 이의제기 및 구제절차가 권고되었다.

이러한 구직자 설문조사와 구인기업 및 구직자 FGI, 그리고 외국의 비교 연구를 통해 다음과 같이 우리에게 제안할 인공지능 채용 가이드라인의 원칙과 내용을 구성하였다.

인공지능 채용 시의 원칙으로 첫째, 인공지능 기술에 대한 인간 소외와 두려움을 막기 위해 '인간 존중'을, 둘째, 깜깜이 채용 과정에 대한 우려를 불식하기 위해 '투명성'을, 셋째, 차별적 요소로 인한 불이익을 막기 위해 '공정성'을, 마지막 넷째로, 구직자를 정확히 평가해 줄 것을 요구하는 '타당성'을 제시하였다.

이러한 원칙 위에 구직자의 권리와 구인기업의 권고 사항을 도출하였다. 인간 존중의 원칙에서는 '자기결정권'(동의권)을, 투명성의 원칙에서는 '알 권리'(고지의무)를, 공정성의 원칙에서는 '편향성 감사'와 '영향평가'를, 타당성의 원칙에서는 '피드백 제공'을 권고하였다.

원칙과 권리 및 권고 사항을 인공지능 프로그램 개발 및 외주 단계 - 채용 공고 단계 - 본 채용 단계 - 전형 완료 후의 단계로 나누고, 추가로 기타 유의 사항에 제시하였다.

인공지능 프로그램 개발 및 외주 단계에서는 차별금지 및 특정 정보의 수집 금지, 편향성 감사 실시를 권고하였고, 채용 공고 단계에서는 인공지능 활용에 대한 고지 및 동의권 획득과 설명 요구권을 제안하였다. 본 채용 단계에서는 채점(판단) 기준에 대한 항목별 안내, V4(Visual, Voice, Verbal, Vital) 판단의 제한, 장애인・질환자를 위한 별도의 기술과 절차 제공을 제시하였다. 전형 완료 후에는 구직자 개인정보의 즉시 파기 및 확인과 이의제기 절차 및 피드백 제공, 그리고 간접차별 확인을 위한 영향평가 실시를 내놓았다. 다만, 기타 유의 사항에서 논의될 인공지능 프로그램의 알고리즘 공개 여부는 관련 기업에서 영업비밀을 이유로 반대하고 있다. 「개인정보보호법」 제37조의2에서는 완전히 '자동화된 결정'에 대한 정보처리자의 설명 의무를 규정하고 있는데, 개인정보보호위원회의 가이드라인은 완전히 '자동화된 결정'에 인공지능을 포함하고 설명 의무에 알고리즘의 공개를 예시하고 있어 구인기업은 이를 준수하는 것이 권고된다. 다만, 완전히 '자동화된 결정'이란 '인간의 실질적이고 의미 있는 개입'이 없는 상태를 말하고, 인간 존중의 원칙에서 최종적인 판단은 사람이 하는 것이 요청된다.

인공지능 채용 가이드라인에서 제안한 원칙과 권고 내용은 사람이 주관하는 기존의 채용 과정에서도 그대로 적용될 수 있다. 사실 채용 과정에 국한하여 봤을 때 인공지능의 도입으로 새로운 문제점이 발생하였다기보다는 이미 존재하는 문제점을 다른 측면에서 재발견한 것으로 볼 수 있다. 인공지능의 도입으로 여러 가지 우려되는 점이 제기되고 있지만, 오히려 인공지능은 기존에 기술적으로 불가능하여 요구할 수 없었던 사전적 편향성 감사나 피드백 제공 등을 제공할 수 있어 투명성과 공정성, 그리고 타당성에 대한 구직자의 요구를 충족시켜 줄 수 있다.

제 1 장
서 론

제1절 연구의 배경과 필요성

인공지능의 도입으로 사회 전반에 미칠 파급력을 생각하면 기존의 신기술이 우리 생활에 끼친 영향을 넘어서 경제 · 사회 · 문화 영역의 새로운 패러다임을 창출할 것으로 생각된다. 당연히 노동 분야에서도 인공지능이 가져올 파고를 피해 갈 수 없다. 노동 분야에서 인공지능이 활용되는 경우를 근로자의 일터 내 일생이라 할 수 있는 채용 - 인사 · 노무 - 종료(해고) 단계별로 살펴볼 경우, 아직까지는 인사 · 노무 과정 및 해고 단계에서 자율적인 판단을 내리기보다는 채용 과정에서 많이 사용되는 것으로 관찰된다. 2023년 발표된 한국산업인력공단의 『채용분야 인공지능(AI) 활용실태 및 공정성 확보 방안 연구』 보고서에 따르면, 258개 기업을 설문한 결과, 채용에 인공지능을 활용하는 기업은 106개(41.1%), 활용하지 않은 기업은 152개(58.9%)인 것으로 조사되었다.[1)] 취업난이 심각해지며 채용 공고에 많은 구직자가 몰리면서 구인기업 입장에서는 선별 과정(서류 및 면접 전형과 역량 검사 등)의 비용을 줄이고 공정성을 확보할 수 있기 때문이다.

인공지능이 채용 과정에 도입되면서 구직자, 특히 청년층은 양가적인 반

1) 권오성 · 남재욱 · 박수민 · 김유나(2023), 『채용분야 인공지능(AI) 활용실태 및 공정성 확보 방안 연구』, 한국산업인력공단.

응을 보이고 있다. 인공지능은 사람이 가지는 편견이 없고 착오의 가능성이 없기 때문에 구직자를 매우 객관적이고 공정하게 판단하여 줄 것이라는 기대를 하는 동시에, 인공지능 역시 편견과 차별을 학습할 수 있음이 널리 알려지기 시작하고, 인공지능이 판단 내리는 과정을 투명하게 알 수 없기에 자신을 공정하고 타당하게 판단하는지 신뢰할 수 없다는 것이다. 이는 추후 살펴볼 조사 결과인 청년 구직자들을 대상으로 실시된 인공지능 채용 과정에 대한 인식 설문조사에서도 확인되었다.

이러한 염려는 근거가 있다. 인공지능은 학습하여 스스로 진화하는데 그 자료가 오염되어 있으면, 즉 편견과 차별적인 내용이 담겨 있으면 인공지능은 그것을 근거로 차별적인 판단을 내릴 수 있기 때문이다. 영국 국회도서관은 보고서에서 "인공지능 시스템에서 보호해야 할 대상에 관한 편견이 발생할 수 있다. 이는 인공지능이 종종 사람의 편견이 들어 있는 현실 세계에서 자료를 학습하기 때문이다. (…중략…) 인공지능 시스템에서 학습한 자료에서 얻은 결과물이 차별로 이어지지 않을 것을 장담하지 못한다. 인공지능 시스템을 훈련하고 시험하는 데 사용되는 자료와 인공지능을 설계하고 이용하는 방식은 객관적인 정당성 없이 특정 집단을 대상으로 적대성을 띠기도 한다"라고 발표하였다.[2] 실제 사례로 2018년 미국 기업 아마존은 인공지능을 채용 과정에 도입하였는데, 남성 구직자를 더 적합하다고 스스로 학습했으며, '여자 체스 동호회 회장'과 같이 '여성'이라는 단어가 포함된 이력서에 감점을 준 것이 발견되어 아마존은 해당 인공지능 시스템을 채용 과정에서 활용하지 않기도 하였다.[3]

차별적인 판단 외에도 불투명성을 근거로 한 타당성에 관한 우려도 제기되는데, 인공지능이 서류와 면접 단계에서 어떤 부문에 가점과 감점을 부여하는지 기준점에 대한 알고리즘을 구인기업 및 인공지능 개발업체가 영업비밀을 이유로 공개하지 않기 때문에 구직자들은 규칙(rule)이 없는 게임을 하고 있다는 인식이 강하다. 이러한 '깜깜이' 채용 때문에 인공지능이 하는

---

2) House of Commons Library(2023. 8), "Artificial intelligence and employment law", p.18; 번역은 문아람 · 권은정 · 양승엽 외(2023), 『ICT 기반 사회현안 해결방안 연구』, 정보통신정책연구원 정책연구보고서, p.164 발췌.

3) House of Common Library, 위의 보고서, p.19.

화상 면접에서 구직자들은 '머리를 묶어 단정히 보여라', '밝은 색의 옷을 입어라', '계속 웃음을 지어라', '시선을 돌리지 말고 한 곳을 응시하라' 등의 풍문에 의지하여 면접을 준비하고 있다. 그리고 인공지능이 판단한 결과에 대한 피드백이 제공되지 않기 때문에 구직자들은 자신이 제대로 평가받았는지에 대한 타당성을 의심한다.

이러한 채용 과정에서의 차별적 요소, 불투명한 판단 기준, 타당한 평가를 받았는가에 대한 의심은 구직자가 채용의 공정성에 대해 불신함으로써 사회 갈등과 비용을 야기한다. 위와 같은 편견을 배제하고 채용에서의 차별 금지와 투명성 및 타당성을 확보하기 위해서는 채용 과정에서 일련의 절차를 규정할 필요가 있다. 가령 구인기업은 인공지능을 활용한 채용임을 구직자에게 고지하여 동의권(자기결정권)과 알 권리를 부여하고, 인공지능 시스템에 차별적 요소가 없는지 사전적 편향성 감사(bias audit)와 사후적 영향 평가를 실행할 것과 가능한 한 구직자에게 채용 결과를 피드백해 줄 것을 권고할 수 있다.

현재 이러한 절차와 규칙을 규정한 법령이 존재하지 않는다. 구체적인 법령을 제정하는 데에는 사회적 합의를 모아야 하는데, 그 계기로 먼저 인공지능을 활용해 채용하는 기업에 일종의 가이드라인을 제시할 필요가 있다.

제2절 연구의 목적과 방법

사실 채용 과정에 대한 불신은 기존의 사람이 주재하는 채용 절차에서부터 뿌리 깊게 존재하였다. 그것이 위에서 설명한 인공지능 채용의 차별적 요소, 불투명한 판단 기준과 타당성 의심이라는 특징 때문에 해소되지 못하고 있는 것이다. 이는 후술할 인공지능 채용 과정에 대한 인식 설문조사에서도 드러난다. 청년 구직자들은 채용 과정에서 걱정되는 차별 사유로 학벌, 연령, 성별 등을 꼽는데, 이는 기존 사람이 주관하는 채용에서도 염려되는 요소들이다.

인공지능에 의한 채용 절차가 점점 확대되는 가운데 채용 가이드라인의 제정은 인공지능 채용 과정의 공정성과 신뢰를 확보할 수 있는 것과 동시에 그 내용에서 규정된 구직자의 권리와 구인기업의 권고 사항은 기존의 사람에 의한 채용 과정에도 영향을 미쳐 관련된 불투명성과 불신을 함께 개선할 수 있을 것이다.

본 연구의 목적은 다음과 같다.

첫째, 인공지능 채용에 대한 청년 등 구직자를 대상으로 한 인식조사를 바탕으로 채용 과정에서 구직자가 요구하는 공정성을 어떻게 확보할 것인지 방안을 도출하는 것이다.

둘째, 인공지능 채용을 실행하는 기업의 인사담당자를 대상으로 인터뷰하여 채용 과정에서 겪는 어려움은 무엇인지, 가이드라인에서 제안될 권고 사항은 받아들일 수 있는지 등을 확인하는 것이다.

셋째, 위의 구직자와 구인기업의 인식조사 및 인터뷰를 통해 양자의 절충점을 찾고, 국내외의 입법 동향을 참조하여 채용 전형별(서류 - 역량 · 필기 - 면접)로 가이드라인을 제안하여 인공지능 채용 과정의 공정성을 높이는 것이다.

인공지능 채용 가이드라인을 현장에 제시함으로써 얻을 수 있는 기대효과는 공정성을 확보할 준거를 마련하여 구직자와 기업의 분쟁을 사전 예방할 수 있다는 것이다. 이를 위해서 구직자에게는 인공지능 채용 절차에 대한 자기결정권의 일환으로 동의권을 부여하고, 투명성 확보를 위해 알 권리(구인기업에게는 고지의무)를 보장하는 것이 필요하다. 차별적 요소를 막기 위해서는 기업에 편향성 감사 의무와 타당성 검토를 위해 피드백 의무를 부여하는 것이 검토된다.

이를 위한 연구방법으로 먼저 청년 구직자를 대상으로 인공지능 채용에 관한 인식 설문조사를 실시한다(제2장). 설문조사 내용으로는 ① 취업 준비 및 인공지능 기반 채용에 대한 인식, ② 인공지능 기반 채용 미경험자의 구직 · 취업 준비 내용, ③ 인공지능 기반 채용 경험자의 채용 과정별 경험과 태도, ④ 기타 인공지능 기반 채용 관련 건의 사항 등이 있다. 이 과정에서 인공지능 채용에 대한 구직자의 우려 사항과 원인을 파악한다.

그다음으로 구인기업 인사담당자와 청년 구직자를 대상으로 초점집단면접(FGI)을 실행한다(제3장). 구인기업 인사담당자를 상대로는 인공지능 채용 프로그램 도입의 방식(자체 개발 또는 외주), 채용 단계별로 관련 내용 고지 여부, 개인정보처리 방법, 차별적 요소를 막기 위한 권고 사항(예 : 편향성 감사) 수용이나 위법행위 발생 시 법적 책임 부담 여부, 화상 면접 시 V4(Visual, Voice, Verbal, Vital) 요소를 보는 이유 등을 묻는다. 구직자를 대상으로는 인공지능 기반 채용과 기존의 사람이 주관하는 채용 중 무엇을 더 선호하고 그 이유는 무엇인지, 인공지능을 활용한 채용 과정을 위해 무엇을 준비하는지, 인공지능 채용 과정에서 우려되는 차별 요소는 무엇인지, 구인기업으로부터 채용 결과에 대한 피드백을 받은 적은 있는지 등을 알아보았다.

그리고 해외의 사례를 가이드라인 작성에 참조하기 위해 조사한다(제4장). 해외에서 인공지능을 규제하는 법률이 제정되고 있는 가운데 그 내용의 한 부분으로 인공지능을 이용한 채용에 관한 규정을 살펴본다. 조사 대상으로는 미국 일리노이주의 주법과 뉴욕시의 조례와 규칙, 스페인의 알고리즘 정보제공 가이드라인과 노동헌장법에 따른 전국 단위 노사 간의 협약 내용, 그리고 영국의 인공지능 채용 가이드라인을 알아본다.

마지막으로 이러한 국내의 실태조사 내용과 해외의 사례를 분석하여 현장에서 참고할 인공지능 채용 가이드라인(안)을 제안한다. 가이드라인의 원칙으로 인간 존중(동의권) 위에 투명성(알 권리), 공정성(편향성 감사와 영향평가), 그리고 타당성(피드백)을 설명한다. 원칙을 바탕으로 하여 인공지능 채용 과정의 개발・외주 - 공고 본 채용 절차 - 전형 완료 후 단계별로 구직자의 권리 내용과 구인기업이 부담할 수 있는 내용을 구체적으로 권고한다.

제 2 장
인공지능 채용 가이드라인 개발 구직 청년 설문조사 결과

제1절 조사 개요

1. 조사 목적

인공지능을 채용에 활용하는 기업이 늘어남에 따라 인공지능 채용을 준비 또는 경험한 구직자를 대상으로 인공지능 채용에 대한 실태를 파악하여 가이드라인 마련을 위한 기초자료로 활용하는 데 본 조사의 목적이 있다.

2. 조사 설계

가. 조사 개요

〈표 2-1〉 조사 개요

	내 용
조사대상	• 20~39세 구직자
목표표본 수	• 1,000명
분석사례 수 (유효표본 수)	• 1,055명
표집방법	• 지역 · 성 · 연령별 할당표집

〈표 2-1〉의 계속

	내 용
조사지역	• 전국
조사방법	• 온라인 조사 - 기구축된 온라인 응답 패널을 대상으로 조사 진행
조사기간	• 2024년 7월 30일 ~ 8월 9일
조사 주관기관	• 한국노동연구원

자료 : 저자 작성.

나. 주요 조사 내용

인공지능 기반 채용에 대한 인식, 인공지능 기반 채용 절차 및 과정, 인공지능 기반 면접 및 역량검사 등과 관련된 항목으로 구성되었다.

〈표 2-2〉 주요 조사 내용

	조사항목
취업 준비 및 인공지능 기반 채용에 대한 인식	– 취업 희망 분야 – 인공지능을 활용한 자기소개서 작성 경험 – 인공지능을 활용한 자기소개서 작성에 대한 의견 – 인공지능을 활용한 자기소개서 작성이 부적절하다고 생각하는 이유 – 인공지능으로 작성한 자기소개서에 감점 등 불이익을 주는 것에 대한 의견 – 인공지능 기반 채용에 대한 인지 정도 – 인공지능 기반 채용 준비로 인한 채용 준비 기간 증감에 대한 의견 – 인공지능 기반 채용 도입에 따른 구직/취업 부담 증감 – 인공지능 기반 채용 도입에 따른 어려움 – 인공지능 기반 채용과 기존 채용 과정 중 선호하는 방식 – 인공지능 기반 채용을 더 선호하는 이유 – 기존 채용 과정을 더 선호하는 이유 – 인공지능 기반 채용과 기존 채용 중 더 공정하다고 생각하는 채용 방식 – 인공지능 기반 채용이 더 공정하다고 생각하는 이유 – 기존 채용 과정이 더 공정하다고 생각하는 이유 – 인공지능 기반 채용에서 차별적 편향성을 보일만한 지표 – 인공지능 기반 채용 경험

〈표 2-2〉의 계속

	조사항목
인공지능 기반 채용 미경험자의 구직/취업 준비	- 인공지능 기반 채용 과정 준비 여부 - 인공지능 기반 채용을 준비하기 위해 부담한 별도 비용 - 인공지능 기반 채용 방식에 지원할 의향
인공지능 기반 채용 절차 및 과정	- 인공지능 기반 채용을 준비하기 위해 부담한 별도 비용 - 인공지능 기반 채용이라는 것을 공고 또는 채용 절차 전 통지받은 경험 - 인공지능 기반 채용이라는 것을 공고 또는 채용 절차 전 통지 희망 여부 - 인공지능 기반 채용에서 중요하게 평가하는 기준/항목을 사전에 통지받은 경험 - 인공지능 기반 채용의 각 과정이 어떤 역량을 평가하기 위해 활용된 것인지 인지 여부 - 인공지능 기반 채용 과정에서 필요한 도움말을 고지받은 경험 - 인공지능 기반 채용이 자신을 평가하는 정확성에 대한 의견 - 인공지능 기반 채용이 자신을 평가한 결과에 동의 정도 - 인공지능의 평가 결과에 동의하지 않는 이유 - 인공지능 기반 채용 알고리즘에 차별적 편향성을 보일 지표가 사전에 배제되어 있다는 점을 통지받은 경험 - 인공지능 기반 채용 과정에서 차별 경험 - 차별을 경험했다고 생각하는 이유 - 인공지능 기반 채용 과정 후 기업으로부터 적절한 피드백을 받은 경험 - 경험한 인공지능 기반 채용 과정
인공지능 기반 면접	- 인공지능 기반 면접 전형에 참여한 장소 - 인공지능 기반 면접에 응시하기 위해 별도 공간을 빌려 이용한 경험 - 인공지능 면접을 위해 별도 공간 이용 시 1회 비용 - 인공지능 면접으로 구직자를 평가하는 것에 대한 의견 - 인공지능 면접을 긍정적으로 생각하는 이유 - 인공지능 면접을 부정적으로 생각하는 이유 - 인공지능 면접과 실제 면접 중 더 부담되는 방식 - 인공지능 면접이 더 부담되는 이유 - 실제 면접이 더 긴장되는 이유
인공지능 기반 역량검사	- 인공지능 기반 역량/인적성 검사 전형에 참여한 장소 - 인공지능 기반 역량/인적성 검사에 응시하기 위해 별도 공간을 빌려 이용한 경험

〈표 2-2〉의 계속

	조사항목
인공지능 기반 역량검사	– 인공지능 기반 역량/인적성 검사를 위해 별도 공간 이용 시 1회 비용 – 인공지능 전략게임 경험 여부 – 인공지능 전략게임이 구직자의 능력을 평가하는 정확성에 대한 의견
인공지능 기반 채용 관련 어려움 및 건의 사항	– 인공지능 기반 채용에 있어 직면한 어려움/불만 – 인공지능 기반 채용에 만족스러운 점 – 인공지능 기반 채용의 개선을 위한 기업, 학교, 정부에 대한 건의 사항
응답자 특성	– 성/연령/거주지역 – 학력/졸업 고등학교 유형/대학 전공 계열 – 이전 취업 경험(주당 30시간 이상 일자리)/취업 횟수/일한 경력 기간

자료 : 저자 작성.

3. 표본 설계

가. 권역별 · 성별 · 연령별 목표표본 수

통계청 마이크로데이터 서비스(MDIS)에서 제공하는 2023년 하반기 지역별 고용조사 데이터를 이용해 확인한 20~39세 실업자의 지역 · 성 · 연령별 분포(구성비)는 〈표 2-3〉과 같다.

〈표 2-3〉 20~39세 실업자 분포

(단위 : %)

		20~24세	25~29세	30~34세	35~39세	계
서울	남자	1.3	4.1	3.8	1.4	10.6
	여자	2.2	5.2	3.3	1.4	12.1
	소계	3.4	9.3	7.1	2.8	22.7
부산	남자	0.7	2.0	1.4	0.5	4.7
	여자	0.5	1.5	0.9	0.5	3.4
	소계	1.2	3.5	2.3	1.0	8.0

〈표 2-3〉의 계속

		20~24세	25~29세	30~34세	35~39세	계
대구	남자	0.5	1.1	0.7	0.3	2.6
	여자	0.5	0.7	0.3	0.2	1.6
	소계	1.0	1.7	1.0	0.5	4.3
인천	남자	0.9	1.4	1.5	1.1	4.8
	여자	1.1	1.3	0.5	0.4	3.3
	소계	1.9	2.6	2.0	1.5	8.1
광주	남자	0.2	1.1	0.3	0.5	2.0
	여자	0.3	0.6	0.2	0.2	1.3
	소계	0.5	1.6	0.5	0.7	3.3
대전	남자	0.2	0.8	0.4	0.3	1.6
	여자	0.2	0.3	0.1	0.2	0.8
	소계	0.4	1.1	0.5	0.5	2.4
울산	남자	0.1	0.9	0.2	0.1	1.4
	여자	0.3	0.4	0.3	0.3	1.3
	소계	0.4	1.2	0.5	0.4	2.6
세종	남자	0.0	0.1	0.1	0.0	0.2
	여자	0.1	0.1	0.0	0.0	0.3
	소계	0.1	0.2	0.2	0.1	0.5
경기	남자	2.6	7.5	4.1	2.6	16.8
	여자	2.2	5.0	2.5	2.3	11.9
	소계	4.8	12.5	6.6	4.8	28.7
강원	남자	0.1	0.4	0.2	0.1	0.7
	여자	0.1	0.2	0.2	0.1	0.6
	소계	0.2	0.5	0.4	0.2	1.4
충북	남자	0.2	0.5	0.2	0.1	1.0
	여자	0.2	0.4	0.0	0.1	0.8
	소계	0.4	0.9	0.2	0.3	1.8
충남	남자	0.4	0.9	0.2	0.4	2.0
	여자	0.4	0.4	0.2	0.1	1.0
	소계	0.8	1.3	0.4	0.5	3.0

〈표 2-3〉의 계속

		20~24세	25~29세	30~34세	35~39세	계
전북	남자	0.1	0.9	0.3	0.2	1.6
	여자	0.2	0.6	0.2	0.2	1.1
	소계	0.3	1.5	0.4	0.4	2.7
전남	남자	0.2	0.3	0.2	0.2	0.9
	여자	0.4	0.3	0.1	0.2	0.9
	소계	0.6	0.6	0.3	0.3	1.8
경북	남자	0.4	0.9	0.5	0.3	2.2
	여자	0.3	0.5	0.3	0.5	1.6
	소계	0.8	1.4	0.8	0.8	3.8
경남	남자	0.5	1.4	0.4	0.3	2.5
	여자	0.5	0.5	0.3	0.3	1.5
	소계	0.9	1.9	0.6	0.6	4.1
제주	남자	0.0	0.3	0.1	0.0	0.4
	여자	0.1	0.1	0.1	0.0	0.3
	소계	0.2	0.4	0.1	0.0	0.8
전 체	남자	8.6	24.5	14.6	8.5	56.1
	여자	9.5	18.0	9.4	6.9	43.9
	소계	18.1%	42.5	24.0	15.4	100.0

자료 : 통계청, 「2023년 하반기 지역별 고용조사」를 이용하여 저자 작성.

17개 시도별로 표본을 배분할 경우 셀(Cell)의 수가 너무 많아 지역을 ① 서울, ② 인천/경기, ③ 대전/충청, ④ 광주/전라, ⑤ 대구/경북, ⑥ 부산/울산/경남, ⑦ 강원, ⑧ 제주 등 8개 권역으로 재분류하여 총 목표표본 수 1,000개를 〈표 2-4〉의 구성 비율에 따라 권역별 · 성별 · 연령별 목표표본 수를 배분하였다.

〈표 2-4〉 권역별 · 성별 · 연령별 목표표본 수

(단위 : 명, %)

		20~24세	25~29세	30~34세	35~39세	계
서울	남자	13	41	38	14	106
	여자	22	52	33	14	121
	소계	35	93	71	28	227

〈표 2-4〉의 계속

		20~24세	25~29세	30~34세	35~39세	계
인천/경기	남자	34	89	55	37	215
	여자	33	62	30	27	152
	소계	67	151	85	64	367
대전/충청	남자	9	23	9	9	50
	여자	8	12	4	4	28
	소계	17	35	13	13	78
광주/전라	남자	6	23	7	9	45
	여자	8	14	5	6	33
	소계	14	37	12	15	78
대구/경북	남자	10	20	13	6	49
	여자	8	12	6	7	33
	소계	18	32	19	13	82
부산/울산/경남	남자	13	43	20	10	86
	여자	13	24	14	10	61
	소계	26	67	34	20	147
강원	남자	1	4	2	1	8
	여자	1	2	2	1	6
	소계	2	6	4	2	14
제주	남자	0	3	1	0	4
	여자	1	1	1	0	3
	소계	1	4	2	0	7
전 체	남자	86	246	145	86	563
	여자	94	179	95	69	437
	소계	180	425	240	155	1,000

자료 : 저자 작성.

나. 조사진행 결과 및 사후층화 가중치

2024년 7월 30일부터 8월 9일까지 기구축된 온라인 응답 패널 중 스크리닝 문항을 통과한 적격 응답자를 대상으로 조사를 진행하여 총 1,055개 유효표본을 얻었다.

〈표 2-5〉 권역별 · 성별 · 연령별 목표표본 수와 조사표본 수 비교

(단위 : 명, %)

		목표표본 수(A)					조사표본 수(B)					목표 대비 비율(B/A)				
		20~24세	25~29세	30~34세	35~39세	계	20~24세	25~29세	30~34세	35~39세	계	20~24세	25~29세	30~34세	35~39세	계
서울	남자	13	41	38	14	106	15	58	43	49	165	115	141	113	350	156
	여자	22	52	33	14	121	25	52	34	22	133	114	100	103	157	110
	소계	35	93	71	28	227	40	110	77	71	298	114	118	108	254	131
인천/경기	남자	34	89	55	37	215	12	53	47	55	167	35	60	85	149	78
	여자	33	62	30	27	152	45	69	48	27	189	136	111	160	100	124
	소계	67	151	85	64	367	57	122	95	82	356	85	81	112	128	97
대전/충청	남자	9	23	9	9	50	6	13	11	8	38	67	57	122	89	76
	여자	8	12	4	4	28	12	15	7	8	42	150	125	175	200	150
	소계	17	35	13	13	78	18	28	18	16	80	106	80	138	123	103
광주/전라	남자	6	23	7	9	45	5	11	15	10	41	83	48	214	111	91
	여자	8	14	5	6	33	6	14	7	7	34	75	100	140	117	103
	소계	14	37	12	15	78	11	25	22	17	75	79	68	183	113	96
대구/경북	남자	10	20	13	6	49	5	20	18	8	51	50	100	138	133	104
	여자	8	12	6	7	33	4	21	9	7	41	50	175	150	100	124
	소계	18	32	19	13	82	9	41	27	15	92	50	128	142	115	112

〈표 2-5〉의 계속

		목표표본 수(A)					조사표본 수(B)					목표 대비 비율(B/A)				
		20~24세	25~29세	30~34세	35~39세	계	20~24세	25~29세	30~34세	35~39세	계	20~24세	25~29세	30~34세	35~39세	계
부산/울산/경남	남자	13	43	20	10	86	5	23	30	11	69	38	53	150	110	80
	여자	13	24	14	10	61	15	24	14	11	64	115	100	100	110	105
	소계	26	67	34	20	147	20	47	44	22	133	77	70	129	110	90
강원	남자	1	4	2	1	8	0	1	1	3	5	0	25	50	300	63
	여자	1	2	2	1	6	1	3	5	1	10	100	150	250	100	167
	소계	2	6	4	2	14	1	4	6	4	15	50	67	150	200	107
제주	남자	0	3	1	0	4	1	1	1	0	3	-	33	100	-	75
	여자	1	1	1	0	3	1	1	1	0	3	100	100	100	-	100
	소계	1	4	2	0	7	2	2	2	0	6	200	50	100	-	86
전 체	남자	86	246	145	86	563	49	180	166	144	539	57	73	114	167	96
	여자	94	179	95	69	437	109	199	125	83	516	116	111	132	120	118
	소계	180	425	240	155	1,000	158	379	291	227	1,055	88	89	121	146	106

자료 : 저자 작성.

권역별 · 성별 · 연령별 목표표본 수와 조사표본 수를 비교하면 〈표 2-5〉와 같다.

조사표본의 분포가 목표표본 및 모집단 분포와 일치하지 않기 때문에 사후층화 가중치를 부여하였으며, 제2장에서 제시되는 조사결과는 가중치를 부여하여 분석한 결과이다.

– 추출률에 따른 가중치

$$wt_{ijk} = \frac{N_{ijk}}{n_{ijk}}$$

- $_{ijk}$: 사후층(권역별, 성별, 연령별 그룹)
- N_{ijk} : 사후층의 모집단 수(2023년 하반기 지역별 고용조사)
- n_{ijk} : 사후층의 조사표본 수

– 가중치 부여 후 표본의 크기를 실제 조사표본 규모와 일치하도록 조정한 최종 가중치

$$wt^{f}_{ijk} = wt_{ijk} \times \frac{n}{\sum wt_{ijk}}$$

- n : 전체 조사표본 수(n=1,055)

4. 응답자 특성

가중치 부여 전 실제 조사표본의 응답자 특성과 가중치 부여 응답자 특성을 비교하면 〈표 2-6〉과 같다.

〈표 2-6〉 응답자 특성

(단위 : 명, %)

		가중치 부여 전 응답자 특성		가중치 부여 후 응답자 특성	
		사례 수	비율	사례 수	비율
전 체		1,055	100.0	1,055	100.0
성별	남자	539	51.1	592	56.1
	여자	516	48.9	463	43.9
연령	20~24세	158	15.0	190	18.0
	25~29세	379	35.9	450	42.6

〈표 2-6〉의 계속

		가중치 부여 전 응답자 특성		가중치 부여 후 응답자 특성	
		사례 수	비율	사례 수	비율
연령	30~34세	291	27.6	253	24.0
	35~39세	227	21.5	162	15.4
거주지역	서울	298	28.2	239	22.7
	인천/경기	356	33.7	389	36.8
	대전/충청	80	7.6	81	7.7
	광주/전라	75	7.1	83	7.8
	대구/경북	92	8.7	85	8.1
	부산/울산/경남	133	12.6	155	14.7
	강원	15	1.4	15	1.4
	제주	6	0.6	8	0.8
학력	고졸	128	12.1	132	12.5
	2~3년제 대학 재학/졸업	173	16.4	181	17.2
	4년제 대학 재학/졸업	696	66.0	693	65.7
	대학원 이상	58	5.5	49	4.6
고등학교 유형(고졸)	일반계 고등학교	81	63.3	80	60.9
	직업계 고등학교	47	36.7	52	39.1
대학 전공 계열 (대재 이상)	사회과학 계열	201	21.7	196	21.2
	경상 계열	126	13.6	115	12.5
	인문어학 계열	188	20.3	176	19.1
	예체능 계열	92	9.9	90	9.8
	이공학 계열	293	31.6	318	34.4
	보건의료 계열	27	2.9	28	3.0
이전 취업 경험	있음	812	77.0	787	74.6
	없음	243	23.0	268	25.4
취업 경력 기간	2년 미만	262	32.3	287	36.4
	2~5년 미만	277	34.1	282	35.8
	5년 이상	273	33.6	219	27.8
인공지능 기반 채용	경험 있음	265	25.1	265	25.2
	경험 없음	790	74.9	790	74.8

자료 : 저자 작성.

제2절 조사 결과

1. 취업 준비 및 인공지능 기반 채용에 대한 인식

가. 취업 희망 분야

취업을 준비하고 있는 분야는 '공공/민간 불문' 응답이 45.9%를 차지했으며, '민간분야' 34.1%, '공공분야' 20.0%로 조사되었다.

[그림 2-1] 취업 희망 분야

(단위 : %)

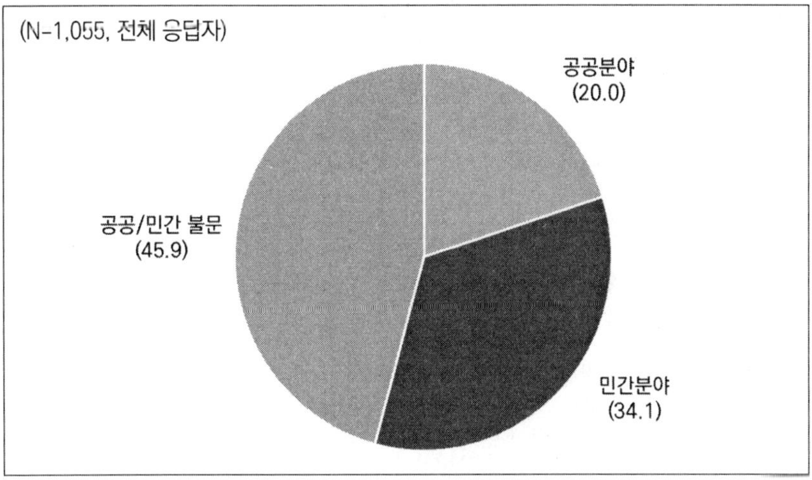

자료 : 저자 작성.

'민간분야' 취업 희망 비율은 35~39세에서 41.2%로 상대적으로 높게 나타났다.

학력별로는 고졸에서 '민간분야'(42.4%)가 가장 높은 편이었으며, 2~3년제 대학은 '민간분야'(39.4%)와 '공공/민간 불문'(38.9%)이 비슷한 수준, 4년제 대학과 대학원 이상에서는 '공공/민간 불문'이 각각 49.3%, 45.7%로 가장 높았다. 대학원 이상은 '공공분야' 취업 희망 비율이 30.5%로 4년제 대학 이하에 비해 높은 특징을 보였다.

'공공분야' 취업 희망 비율은 '광주/전라'(31.2%), '대구/경북'(30.4%) 거주자에서 상대적으로 높게 나타났으며, 전공계열별로는 '사회과학 계열'(24.1%), '인문어학 계열'(24.5%)에서 상대적으로 높게 나타났다. 이전 취업 경험이 없는 응답자의 '공공분야' 취업 희망 비율이 27.8%로 이전 취업 경험이 있는 응답자 17.3%에 비해 높은 특징을 보였다.

〈표 2-7〉 취업 희망 분야

(단위 : 명, %)

		사례 수	공공분야	민간분야	공공 · 민간 불문
전 체		(1,055)	20.0	34.1	45.9
성별	남자	(592)	20.5	36.7	42.8
	여자	(463)	19.4	30.8	49.9
연령	20~24세	(190)	24.3	29.3	46.3
	25~29세	(450)	20.0	35.8	44.3
	30~34세	(253)	20.0	30.1	49.9
	35~39세	(162)	15.1	41.2	43.7
거주지역	서울	(239)	21.5	30.4	48.1
	인천/경기	(389)	14.3	41.0	44.7
	대전/충청	(81)	18.6	30.0	51.4
	광주/전라	(83)	31.2	28.9	39.9
	대구/경북	(85)	30.4	28.7	40.8
	부산/울산/경남	(155)	20.8	31.0	48.2
	강원/제주	(23)	21.5	29.3	49.1
학력	고졸	(132)	20.0	42.4	37.6
	2~3년제 대학	(181)	21.7	39.4	38.9
	4년제 대학	(693)	18.8	31.8	49.3
	대학원 이상	(49)	30.5	23.8	45.7
고등학교 유형(고졸)	일반계	(80)	24.1	38.8	37.0
	직업계	(52)	13.6	47.8	38.6

〈표 2-7〉의 계속

		사례 수	공공분야	민간분야	공공 · 민간 불문
대학 전공 계열 (대재 이상)	사회과학 계열	(196)	24.1	30.1	45.8
	경상 계열	(115)	16.4	39.0	44.5
	인문어학 계열	(176)	24.5	38.0	37.5
	예체능 계열	(90)	18.0	34.9	47.1
	이공학 계열	(318)	17.2	29.6	53.2
	보건의료 계열	(28)	16.6	26.2	57.2
이전 취업 경험	있음	(787)	17.3	35.5	47.1
	없음	(268)	27.8	29.9	42.3
취업 경력 기간	2년 미만	(287)	21.8	28.9	49.2
	2년~5년 미만	(282)	15.7	39.4	44.8
	5년 이상	(219)	13.6	39.0	47.4
인공지능 기반 채용	경험 있음	(265)	21.5	30.3	48.2
	경험 없음	(790)	19.5	35.3	45.1

자료 : 저자 작성.

나. 인공지능 활용 자기소개서

1) 인공지능을 활용한 자기소개서 작성 경험

인공지능을 활용해 자기소개서를 작성한 경험이 '있다'는 응답 비율은 51.0%였으며, 49.0%는 '없다'고 응답하였다.

인공지능을 활용한 자기소개서 작성 경험 비율은 남자가 55.3%로 여자 45.4%에 비해 높았다.

연령별 인공지능을 활용한 자기소개서 작성 경험 비율은 20~24세 67.9%, 25~29세 50.6%, 30~34세 50.0%, 35~39세 33.5% 등 연령이 낮을수록 높게 나타났으며, 특히 20~24세의 경험 비율은 35~39세에 비해 2배 높게 나타났다.

학력별로는 고졸 33.1%, 2~3년제 대학 39.4%, 4년제 대학 57.5%, 대학원 이상 49.9%로 4년제 대학 이상의 학력을 가진 응답자의 인공지능을 활용한

[그림 2-2] 인공지능을 활용한 자기소개서 작성 경험

(단위 : %)

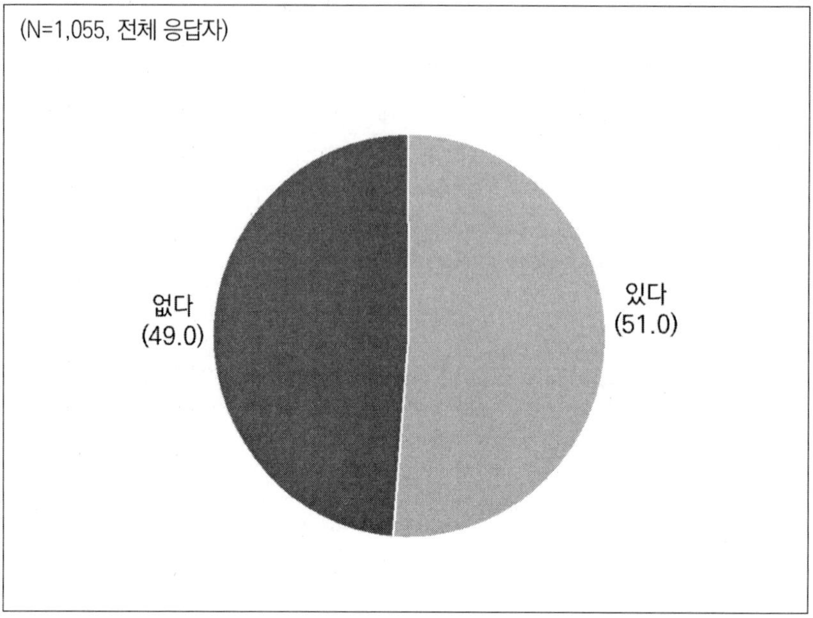

자료 : 저자 작성.

자기소개서 작성 경험 비율이 높게 나타났다.

전공계열별로는 예체능 계열(58.5%)과 보건의료 계열(54.1%)의 경우 작성 경험이 없다는 비율이 절반 이상으로 더 높게 나타났다.

〈표 2-8〉 인공지능을 활용한 자기소개서 작성 경험

(단위 : 명, %)

		사례 수	있다	없다
전 체		(1,055)	51.0	49.0
성별	남자	(592)	55.3	44.7
	여자	(463)	45.4	54.6
연령	20~24세	(190)	67.9	32.1
	25~29세	(450)	50.6	49.4
	30~34세	(253)	50.0	50.0
	35~39세	(162)	33.5	66.5

〈표 2-8〉의 계속

		사례 수	있다	없다
거주지역	서울	(239)	62.4	37.6
	인천/경기	(389)	48.0	52.0
	대전/충청	(81)	49.4	50.6
	광주/전라	(83)	43.7	56.3
	대구/경북	(85)	49.9	50.1
	부산/울산/경남	(155)	44.5	55.5
	강원/제주	(23)	61.3	38.7
학력	고졸	(132)	33.1	66.9
	2~3년제 대학	(181)	39.4	60.6
	4년제 대학	(693)	57.5	42.5
	대학원 이상	(49)	49.9	50.1
고등학교 유형(고졸)	일반계	(80)	34.3	65.7
	직업계	(52)	31.2	68.8
대학 전공 계열 (대재 이상)	사회과학 계열	(196)	56.7	43.3
	경상 계열	(115)	57.3	42.7
	인문어학 계열	(176)	53.1	46.9
	예체능 계열	(90)	41.5	58.5
	이공학 계열	(318)	54.5	45.5
	보건의료 계열	(28)	45.9	54.1
이전 취업 경험	있음	(787)	51.4	48.6
	없음	(268)	49.6	50.4
취업 경력 기간	2년 미만	(287)	54.8	45.2
	2~5년 미만	(282)	54.2	45.8
	5년 이상	(219)	43.4	56.6
인공지능 기반 채용	경험 있음	(265)	81.4	18.6
	경험 없음	(790)	40.7	59.3

자료 : 저자 작성.

2) 인공지능을 활용한 자기소개서 작성에 대한 의견

인공지능을 활용해 자기소개서를 작성하는 것에 대해서 “적절하다”는 응답은 '매우 적절하다' 4.9%, '적절하다' 60.0% 등 64.9%로 조사되었고, "부적절하다"는 응답은 '매우 부적절하다' 5.6%, '부적절하다' 29.4% 등 35.1%이었다.

[그림 2-3] 인공지능을 활용한 자기소개서 작성에 대한 의견

(단위 : %)

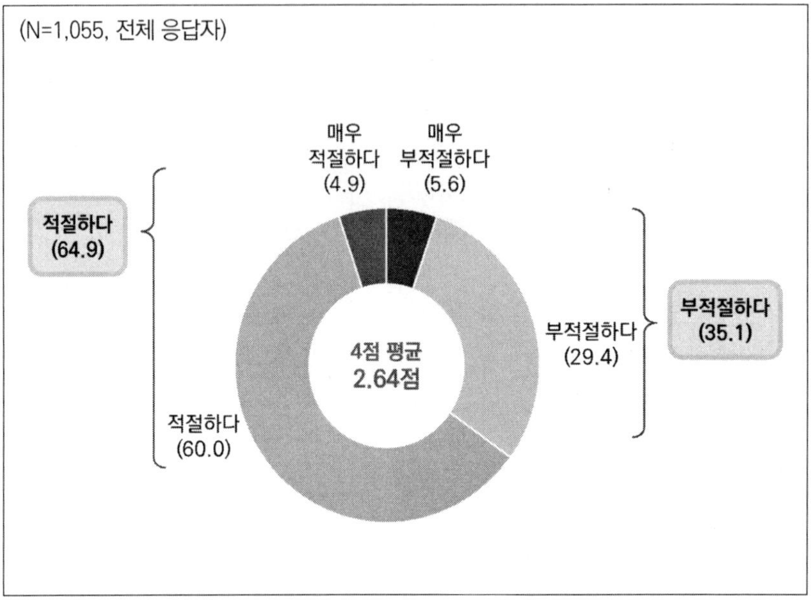

주 : 평균산출(매우 부적절하다=1점, 부적절하다=2점, 적절하다=3점, 매우 적절하다=4점).
자료 : 저자 작성.

연령별 "적절하다" 응답률은 20~24세 76.4%, 25~29세 66.1%, 30~34세 59.1%, 35~39세 57.3% 등 연령이 낮을수록 높게 나타났다.

학력별로는 고졸 73.9%, 2~3년제 대학 61.3%, 4년제 대학 65.0%, 대학원 이상 52.5% 등 학력 수준이 낮을수록 인공지능을 활용해 자기소개서를 작성하는 것이 "적절하다"는 인식이 강한 것으로 나타났다.

전공계열로는 인문어학 계열의 "적절하다" 응답률이 59.2%로 가장 낮았다.

인공지능 기반 채용 경험자의 "적절하다" 응답률은 72.1%로 미경험자(62.5%)에 비해 높게 나타났다.

〈표 2-9〉 인공지능을 활용한 자기소개서 작성에 대한 의견

(단위 : 명, %, 점)

		사례 수	① 매우 부적절하다	② 부적절하다	③ 적절하다	④ 매우 적절하다	종합		4점 평균
							①+② 부적절하다	③+④ 적절하다	
전 체		(1,055)	5.6	29.4	60.0	4.9	35.1	64.9	2.64
성별	남자	(592)	5.4	28.2	61.3	5.1	33.6	66.4	2.66
	여자	(463)	5.9	31.0	58.3	4.7	37.0	63.0	2.62
연령	20~24세	(190)	4.6	19.0	67.2	9.2	23.6	76.4	2.81
	25~29세	(450)	3.8	30.1	62.7	3.4	33.9	66.1	2.66
	30~34세	(253)	6.1	34.8	52.7	6.5	40.9	59.1	2.59
	35~39세	(162)	11.4	31.4	55.7	1.6	42.7	57.3	2.48
거주지역	서울	(239)	6.4	29.1	58.8	5.7	35.5	64.5	2.64
	인천/경기	(389)	5.1	27.9	60.9	6.1	32.9	67.1	2.68
	대전/충청	(81)	9.3	37.9	51.1	1.6	47.3	52.7	2.45
	광주/전라	(83)	4.3	33.1	58.5	4.1	37.4	62.6	2.62
	대구/경북	(85)	4.7	33.8	55.8	5.6	38.6	61.4	2.62
	부산/울산/경남	(155)	6.0	24.4	67.1	2.5	30.4	69.6	2.66
	강원/제주	(23)	0.0	34.4	61.3	4.3	34.4	65.6	2.70
학력	고졸	(132)	4.7	21.4	69.8	4.1	26.1	73.9	2.73
	2~3년제 대학	(181)	5.6	33.1	57.0	4.3	38.7	61.3	2.60

〈표 2-9〉의 계속

		사례 수	① 매우 부적절하다	② 부적절하다	③ 적절하다	④ 매우 적절하다	종합		4점 평균
							①+② 부적절하다	③+④ 적절하다	
학력	4년제 대학	(693)	5.7	29.3	59.6	5.4	35.0	65.0	2.65
	대학원 이상	(49)	8.0	39.5	49.8	2.6	47.5	52.5	2.47
고등학교 유형(고졸)	일반계	(80)	6.9	19.6	68.5	5.1	26.4	73.6	2.72
	직업계	(52)	1.4	24.3	71.9	2.5	25.7	74.3	2.75
대학 전공 계열 (대재 이상)	사회과학 계열	(196)	9.4	27.0	56.5	7.2	36.3	63.7	2.61
	경상 계열	(115)	3.6	27.8	63.8	4.8	31.4	68.6	2.70
	인문어학 계열	(176)	8.7	32.2	55.4	3.7	40.8	59.2	2.54
	예체능 계열	(90)	1.9	35.3	58.1	4.6	37.2	62.8	2.65
	이공학 계열	(318)	3.5	33.0	58.4	5.1	36.5	63.5	2.65
	보건의료 계열	(28)	9.4	14.4	76.1	0.0	23.9	76.1	2.67
이전 취업 경험	있음	(787)	5.2	29.4	60.4	5.0	34.6	65.4	2.65
	없음	(268)	7.0	29.4	59.0	4.6	36.4	63.6	2.61
취업 경력 기간	2년 미만	(287)	3.4	29.4	62.8	4.3	32.9	67.1	2.68
	2~5년 미만	(282)	6.1	27.5	60.0	6.4	33.5	66.5	2.67
	5년 이상	(219)	6.4	32.0	57.6	4.1	38.3	61.7	2.59
인공지능 기반 채용	경험 있음	(265)	5.4	22.5	63.1	9.0	27.9	72.1	2.76
	경험 없음	(790)	5.7	31.8	59.0	3.5	37.5	62.5	2.60

자료 : 저자 작성.

3) 인공지능을 활용한 자기소개서 작성이 부적절하다고 생각하는 이유

인공지능을 활용해 자기소개서를 작성하는 것이 부적절하다고 생각하는 이유에 대해서는 '자신의 능력이 아니기 때문에'의 응답률이 50.5%'로 가장 높았으며, 그다음으로 '개인적인 경험, 성격, 동기 등을 표현하기 어려워서' 18.8%, '심사자에게 신뢰를 주기 어려워서' 11.9%, '작성 과정에서 부정적 내용이 생성될 수 있어서' 11.3%, '독창성이 결여되어 있기 때문에' 7.4% 등의 순으로 조사되었다.

[그림 2-4] 인공지능을 활용한 자기소개서 작성이 부적절하다고 생각하는 이유

(단위 : %)

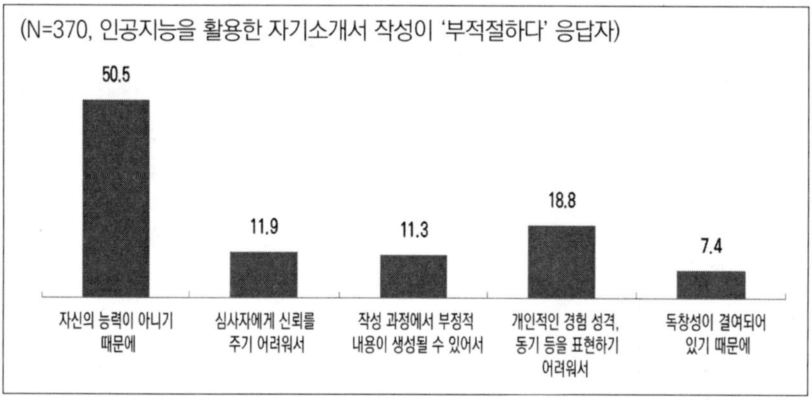

자료 : 저자 작성.

'작성 과정에서 부정적 내용이 생성될 수 있어서'의 응답률을 연령별로 살펴보면 20~24세 20.7%, 25~29세 10.9%, 30~34세 9.8%, 35~39세 8.5% 등 연령이 낮을수록 높게 나타났으며, 특히 20~24세에서 높았다.

반면 '개인적인 경험, 성격, 동기 등을 표현하기 어려워서'의 응답률은 20~24세 17.6%, 25~29세 12.3%, 30~34세 22.7%, 35~39세 28.0% 등 20대에 비해 30대에서 높은 특징을 보였다.

'심사자에게 신뢰를 주기 어려워서'의 학력별 응답률은 고졸 4.7%, 2~3년제 대학 8.4%, 4년제 대학 13.9%, 대학원 이상 13.1% 등 학력 수준이 높을수록 높은 경향을 보였으며, '독창성이 결여되어 있기 때문에'의 응답률은 대학원 이상 학력층에서 15.9%로 상대적으로 높게 나타났다.

〈표 2-10〉 인공지능을 활용한 자기소개서 작성이 부적절하다고 생각하는 이유

(단위 : 명, %)

		사례 수	자신의 능력이 아니기 때문에	심사자에게 신뢰를 주기 어려워서	작성 과정에서 부정적 내용이 생성될 수 있어서	개인적인 경험, 성격, 동기 등을 표현하기 어려워서	독창성이 결여되어 있기 때문에
전 체		(370)	50.5	11.9	11.3	18.8	7.4
성별	남자	(199)	46.5	13.2	14.0	20.1	6.2
	여자	(171)	55.2	10.5	8.3	17.3	8.8
연령	20~24세	(45)	43.2	9.6	20.7	17.6	8.9
	25~29세	(152)	55.4	12.8	10.9	12.3	8.6
	30~34세	(103)	43.5	14.7	9.8	22.7	9.2
	35~39세	(69)	54.9	7.3	8.5	28.0	1.2
거주지역	서울	(85)	52.5	9.9	10.4	17.3	9.9
	인천/경기	(128)	48.8	11.9	9.8	23.9	5.6
	대전/충청	(38)	39.7	18.7	10.5	19.4	11.7
	광주/전라	(31)	59.0	0.0	4.6	31.3	5.1
	대구/경북	(33)	33.8	17.4	26.1	8.3	14.5
	부산/울산/경남	(47)	58.3	16.3	13.8	9.4	2.2
	강원/제주	(8)	100.0	0.0	0.0	0.0	0.0
학력	고졸	(34)	58.0	4.7	8.0	20.2	9.1
	2~3년제 대학	(70)	47.8	8.4	14.2	25.3	4.3

〈표 2-10〉의 계속

		사례 수	자신의 능력이 아니기 때문에	심사자에게 신뢰를 주기 어려워서	작성 과정에서 부정적 내용이 생성될 수 있어서	개인적인 경험, 성격, 동기 등을 표현하기 어려워서	독창성이 결여되어 있기 때문에
학력	4년제 대학	(242)	52.0	13.9	10.7	16.3	7.3
	대학원 이상	(23)	32.5	13.1	14.5	23.9	15.9
고등학교 유형(고졸)	일반계	(21)	57.7	0.0	10.2	25.9	6.1
	직업계	(13)	58.4	12.2	4.5	11.0	13.8
대학 전공 계열(대재 이상)	사회과학 계열	(71)	58.3	8.5	14.6	6.6	12.0
	경상 계열	(36)	45.2	10.6	7.9	30.3	6.0
	인문어학 계열	(72)	41.3	13.0	22.1	19.1	4.6
	예체능 계열	(34)	55.8	15.5	5.1	21.1	2.6
	이공학 계열	(116)	47.9	15.6	6.5	22.0	8.1
	보건의료 계열	(7)	75.9	0.0	13.2	10.8	0.0
이전 취업 경험	있음	(273)	50.2	10.8	10.2	21.5	7.3
	없음	(98)	51.5	15.0	14.5	11.4	7.6
취업 경력 기간	2년 미만	(94)	46.9	12.5	11.2	21.4	7.9
	2~5년 미만	(95)	49.1	11.8	10.6	20.3	8.2
	5년 이상	(84)	55.0	7.8	8.6	22.7	5.8
인공지능 기반 채용	경험 있음	(74)	52.2	16.8	15.6	7.8	7.7
	경험 없음	(296)	50.1	10.7	10.3	21.6	7.3

자료 : 저자 작성.

4) 인공지능으로 작성한 자기소개서에 감점 등 불이익을 주는 것에 대한 의견

인공지능으로 작성한 자기소개서에 감점 등 불이익을 주는 것에 대해서 "동의한다"는 응답은 '매우 동의한다' 11.8%, '동의한다' 41.1% 등 52.9%였으며, "반대한다"는 응답은 '적극 반대한다' 6.8%, '반대한다' 40.3% 등 47.1%로 조사되었다.

[그림 2-5] 인공지능으로 작성한 자기소개서에 감점 등 불이익을 주는 것에 대한 의견

(단위 : %)

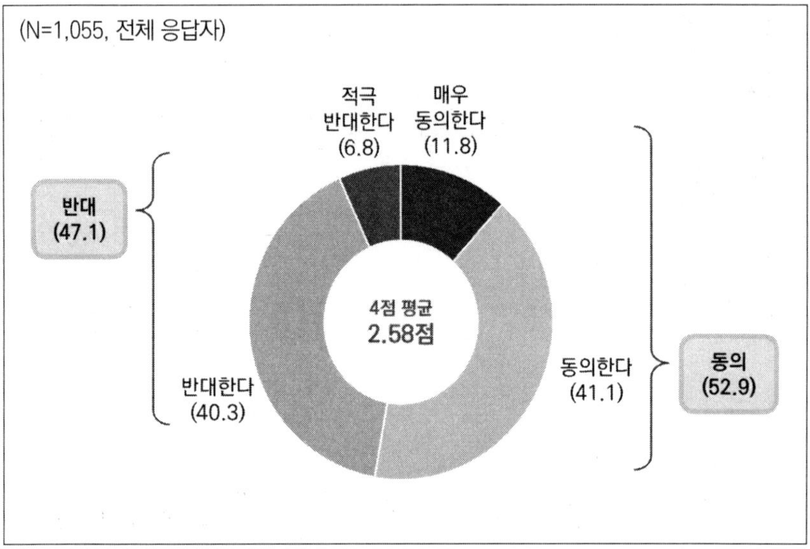

주 : 평균산출(적극 반대한다=1점, 반대한다=2점, 동의한다=3점, 매우 동의한다=4점).
자료 : 저자 작성.

인공지능으로 작성한 자기소개서에 불이익을 주는 것에 "동의"하는 비율은 남성이 54.5%로 여성 50.9%에 비해 약간 더 높게 나타났다.

연령별로는 20~24세 52.7%, 25~29세 49.1%, 30~34세 57.2%, 35~39세 56.7% 등 30대 연령층이 20대에 비해 인공지능으로 작성한 자기소개서에 불이익을 주는 것에 "동의"하는 비율이 높았다.

학력별로는 대학원 이상 학력층에서의 "동의" 비율이 64.0%로 가장 높았으며, 전공계열별로는 인문어학 계열(59.1%), 이공학 계열(53.6%), 보건의료 계열(53.6%)에서 "동의" 비율이 상대적으로 더 높게 나타났다.

〈표 2-11〉 인공지능으로 작성한 자기소개서에 감점 등 불이익을 주는 것에 대한 의견

(단위 : 명, %, 점)

		사례 수	④ 매우 동의한다	③ 동의한다	② 반대한다	① 적극 반대한다	종합		4점 평균
							③+④ 동의	①+② 반대	
전 체		(1,055)	11.8	41.1	40.3	6.8	52.9	47.1	2.58
성별	남자	(592)	13.5	40.9	38.0	7.6	54.5	45.5	2.60
	여자	(463)	9.5	41.3	43.4	5.8	50.9	49.1	2.55
연령	20~24세	(190)	10.8	41.9	38.1	9.1	52.7	47.3	2.54
	25~29세	(450)	9.3	39.9	42.9	8.0	49.1	50.9	2.50
	30~34세	(253)	11.9	45.2	37.3	5.5	57.2	42.8	2.64
	35~39세	(162)	19.5	37.2	40.8	2.5	56.7	43.3	2.74
거주지역	서울	(239)	9.6	42.2	40.0	8.2	51.8	48.2	2.53
	인천/경기	(389)	11.2	43.3	38.0	7.5	54.4	45.6	2.58
	대전/충청	(81)	12.7	42.3	41.4	3.7	54.9	45.1	2.64
	광주/전라	(83)	18.9	34.7	37.6	8.8	53.6	46.4	2.64
	대구/경북	(85)	12.8	42.9	38.6	5.6	55.7	44.3	2.63
	부산/울산/경남	(155)	11.6	38.7	45.5	4.3	50.3	49.7	2.58
	강원/제주	(23)	13.5	21.3	62.0	3.1	34.8	65.2	2.45
학력	고졸	(132)	13.7	38.7	45.3	2.2	52.4	47.6	2.64
	2~3년제 대학	(181)	11.0	40.7	41.8	6.6	51.7	48.3	2.56

〈표 2-11〉의 계속

		사례 수	④ 매우 동의한다	③ 동의한다	② 반대한다	① 적극 반대한다	종합		4점 평균
							③+④ 동의	①+② 반대	
학력	4년제 대학	(693)	11.2	41.3	39.6	7.9	52.5	47.5	2.56
	대학원 이상	(49)	17.5	46.4	31.8	4.2	64.0	36.0	2.77
고등학교 유형(고졸)	일반계	(80)	13.7	37.6	46.6	2.2	51.2	48.8	2.63
	직업계	(52)	13.8	40.6	43.3	2.3	54.3	45.7	2.66
대학 전공 계열 (대재 이상)	사회과학 계열	(196)	10.5	39.2	44.6	5.7	49.7	50.3	2.54
	경상 계열	(115)	9.0	40.7	40.4	9.8	49.8	50.2	2.49
	인문어학 계열	(176)	11.6	47.4	32.9	8.1	59.1	40.9	2.63
	예체능 계열	(90)	10.9	38.8	43.2	7.1	49.7	50.3	2.54
	이공학 계열	(318)	13.0	40.6	39.5	6.9	53.6	46.4	2.60
	보건의료 계열	(28)	13.1	40.5	34.7	11.7	53.6	46.4	2.55
이전 취업 경험	있음	(787)	12.8	40.7	40.2	6.3	53.5	46.5	2.60
	없음	(268)	8.8	42.3	40.7	8.2	51.1	48.9	2.52
취업 경력 기간	2년 미만	(287)	12.4	39.9	40.7	7.0	52.3	47.7	2.58
	2~5년 미만	(282)	13.1	38.8	40.4	7.7	51.9	48.1	2.57
	5년 이상	(219)	12.8	44.3	39.5	3.4	57.1	42.9	2.67
인공지능 기반 채용	경험 있음	(265)	11.1	43.0	36.4	9.5	54.1	45.9	2.56
	경험 없음	(790)	12.0	40.5	41.7	5.8	52.5	47.5	2.59

자료 : 저자 작성.

다. 인공지능 기반 채용에 대한 인지 정도

인공지능 기반 채용(인공지능 기술을 활용하여 채용 과정의 여러 단계를 자동화하고 강화하는 채용 과정과 방식)에 대해 어느 정도 알고 있는지에 대한 설문에는 '잘 알고 있다' 6.7%, '어느 정도 알고 있다' 41.4% 등 "알고 있다"는 비율이 48.1%였으며, '보통이다'는 29.0%, '잘 모른다' 19.4%, '거의 알지 못한다' 3.5% 등 "모른다"는 비율은 22.9%로 조사되었다.

[그림 2-6] 인공지능 기반 채용에 대한 인지 정도

(단위 : %)

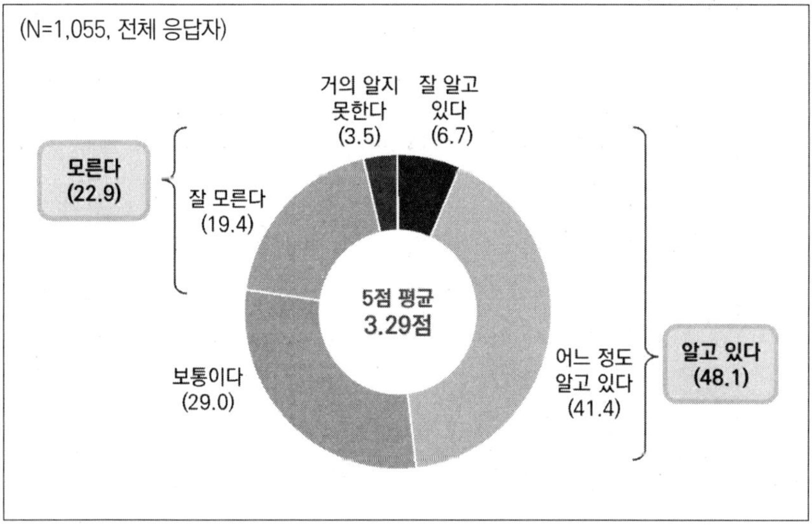

주 : 평균산출(거의 알지 못한다=1점, 잘 모른다=2점, 보통이다=3점, 어느 정도 알고 있다=4점, 잘 알고 있다=5점).
자료 : 저자 작성.

'잘 알고 있다'와 '어느 정도 알고 있다'의 응답 비율을 합산한 "알고 있다" 응답률을 연령별로 살펴보면, 20~24세 60.7%, 25~29세 45.6%, 30~34세 48.1%, 35~39세 40.7% 등 20~24세 연령층의 인지 정도가 가장 높게 나타났다.

학력별 "알고 있다" 응답률은 고졸 41.1%, 2~3년제 대학 재학/졸업 44.6%, 4년제 대학 재학/졸업 50.3%, 대학원 이상 50.0% 등 4년제 대학 이

〈표 2-12〉 인공지능 기반 채용에 대한 인지 정도

(단위 : 명, %, 점)

		사례 수	⑤ 잘 알고 있다	④ 어느 정도 알고 있다	③ 보통이다	② 잘 모른다	① 거의 알지 못한다	종합			5점 평균
								④+⑤ 알고 있다	③ 보통이다	①+② 모른다	
전 체		(1,055)	6.7	41.4	29.0	19.4	3.5	48.1	29.0	22.9	3.29
성별	남자	(592)	7.0	41.6	31.3	17.1	3.1	48.6	31.3	20.2	3.32
	여자	(463)	6.5	41.1	26.1	22.2	4.1	47.6	26.1	26.3	3.24
연령	20~24세	(190)	10.8	49.9	20.3	16.9	2.1	60.7	20.3	19.0	3.50
	25~29세	(450)	6.0	39.6	32.9	19.2	2.4	45.6	32.9	21.6	3.28
	30~34세	(253)	7.3	40.7	27.7	20.0	4.2	48.1	27.7	24.2	3.27
	35~39세	(162)	3.2	37.5	30.4	21.7	7.2	40.7	30.4	28.9	3.08
거주 지역	서울	(239)	10.0	44.2	27.4	14.4	4.0	54.2	27.4	18.4	3.42
	인천/경기	(389)	6.0	39.3	29.2	23.2	2.3	45.3	29.2	25.5	3.24
	대전/충청	(81)	5.0	41.1	32.9	15.0	5.9	46.1	32.9	21.0	3.24
	광주/전라	(83)	7.1	40.8	31.0	17.6	3.5	47.9	31.0	21.1	3.30
	대구/경북	(85)	10.5	38.0	28.1	18.8	4.6	48.4	28.1	23.4	3.31
	부산/울산/경남	(155)	1.1	47.2	27.6	20.5	3.7	48.3	27.6	24.2	3.21
	강원/제주	(23)	13.9	24.2	34.5	21.5	5.9	38.1	34.5	27.4	3.19
학력	고졸	(132)	3.4	37.7	22.6	27.9	8.4	41.1	22.6	36.3	3.00
	2~3년제 대학	(181)	9.1	35.5	30.6	20.9	3.8	44.6	30.6	24.8	3.25

〈표 2-12〉의 계속

		사례 수	⑤ 잘 알고 있다	④ 어느 정도 알고 있다	③ 보통이다	② 잘 모른다	① 거의 알지 못한다	종합			5점 평균
								④+⑤ 알고 있다	③ 보통이다	①+② 모른다	
학력	4년제 대학	(693)	6.7	43.6	30.3	16.7	2.7	50.3	30.3	19.4	3.35
	대학원 이상	(49)	7.3	42.8	21.4	27.4	1.2	50.0	21.4	28.6	3.28
고등학교 유형(고졸)	일반계	(80)	3.0	38.7	21.5	29.9	6.9	41.7	21.5	36.8	3.01
	직업계	(52)	4.1	36.2	24.3	24.7	10.7	40.2	24.3	35.5	2.98
대학 전공 계열 (대재 이상)	사회과학 계열	(196)	8.5	41.7	26.7	20.6	2.5	50.2	26.7	23.1	3.33
	경상 계열	(115)	5.4	41.4	34.0	16.9	2.3	46.8	34.0	19.2	3.31
	인문어학 계열	(176)	4.9	48.9	31.4	11.0	3.8	53.8	31.4	14.8	3.40
	예체능 계열	(90)	8.2	35.1	24.2	27.2	5.3	43.3	24.2	32.5	3.14
	이공학 계열	(318)	7.6	40.2	32.1	18.2	1.8	47.8	32.1	20.1	3.34
	보건의료 계열	(28)	12.8	43.0	20.0	20.3	3.9	55.8	20.0	24.2	3.40
이전 취업 경험	있음	(787)	7.2	41.6	28.6	18.9	3.6	48.8	28.6	22.5	3.30
	없음	(268)	5.4	40.7	30.1	20.7	3.1	46.1	30.1	23.8	3.25
취업 경력 기간	2년 미만	(287)	7.5	42.8	27.9	18.4	3.4	50.3	27.9	21.8	3.33
	2~5년 미만	(282)	9.6	44.4	28.4	14.1	3.4	54.0	28.4	17.5	3.43
	5년 이상	(219)	3.7	36.5	29.8	25.7	4.2	40.2	29.8	30.0	3.10
인공지능 기반 채용	경험 있음	(265)	15.7	60.6	20.5	3.2	0.0	76.3	20.5	3.2	3.89
	경험 없음	(790)	3.7	35.0	31.8	24.8	4.7	38.7	31.8	29.5	3.08

자료 : 저자 작성.

상 학력층의 인지 정도가 고졸 및 2~3년제 대학 학력층에 비해 상대적으로 높게 나타났다.

전공계열별로는 예체능 계열의 "모른다('거의 알지 못한다'+'잘 모른다')" 응답률이 32.5%로 다른 계열에 비해 높게 나타났다.

라. 인공지능 기반 채용 도입에 따른 구직 및 취업 부담

1) 인공지능 기반 채용 준비로 인한 채용 준비 기간 증감에 대한 의견

인공지능 기반 채용(서류, 면접, 역량/인적성 평가) 준비로 인해 채용 준비 기간이 늘어났는가에 대해서는 '늘어나지 않았다'는 응답이 45.4%를 차지한 가운데, '매우 증가하였다' 8.6%, '약간 증가하였다' 35.1% 등 "증가" 응답이 43.7%로 조사되었다. 반면, "감소"했다는 응답은 '매우 감소하였다' 0.8% '약간 감소하였다' 10.1% 등 10.9%였다.

[그림 2-7] 인공지능 기반 채용 준비로 인한 채용 준비 기간 증감에 대한 의견

(단위 : %)

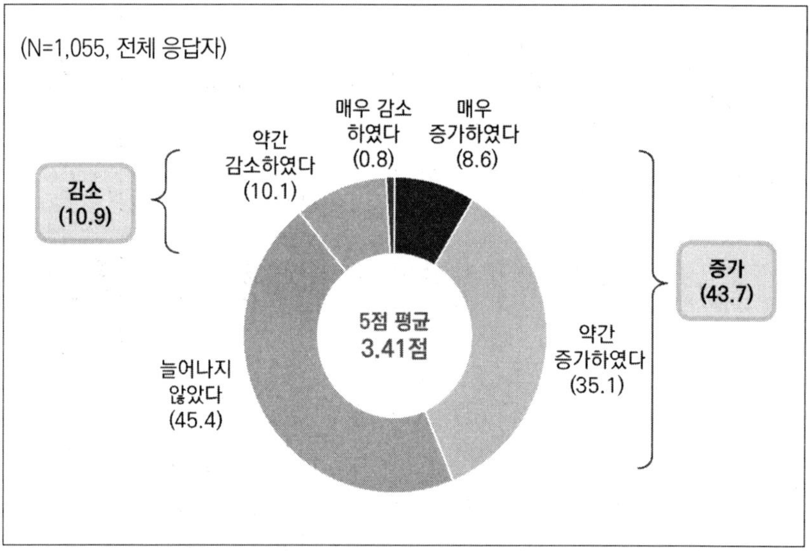

주 : 평균산출(매우 감소하였다=1점, 약간 감소하였다=2점, 늘어나지 않았다=3점, 약간 증가하였다=4점, 매우 증가하였다=5점).

자료 : 저자 작성.

〈표 2-13〉 인공지능 기반 채용 준비로 인한 채용 준비 기간 증감에 대한 의견

(단위 : 명, %, 점)

		사례 수	⑤ 매우 증가하였다	④ 약간 증가하였다	③ 늘어나지 않았다	② 약간 감소하였다	① 매우 감소하였다	종합			5점 평균
								④+⑤ 증가	③ 변화 없음	①+② 감소	
전 체		(1,055)	8.6	35.1	45.4	10.1	0.8	43.7	45.4	10.9	3.41
성별	남자	(592)	8.2	32.8	47.6	10.7	0.6	41.1	47.6	11.3	3.37
	여자	(463)	9.0	38.0	42.6	9.2	1.2	47.0	42.6	10.4	3.44
연령	20~24세	(190)	14.4	36.8	39.3	9.1	0.4	51.1	39.3	9.5	3.56
	25~29세	(450)	7.8	32.5	49.2	9.9	0.6	40.3	49.2	10.5	3.37
	30~34세	(253)	8.4	37.9	44.2	8.4	1.2	46.2	44.2	9.6	3.44
	35~39세	(162)	4.1	36.2	44.2	14.2	1.4	40.3	44.2	15.6	3.27
거주지역	서울	(239)	9.3	44.3	33.4	12.2	0.9	53.5	33.4	13.1	3.49
	인천/경기	(389)	9.5	32.2	48.5	8.7	1.0	41.7	48.5	9.8	3.40
	대전/충청	(81)	6.4	29.9	48.7	14.3	0.7	36.3	48.7	15.0	3.27
	광주/전라	(83)	12.5	26.1	52.4	8.9	0.0	38.6	52.4	8.9	3.42
	대구/경북	(85)	5.7	36.6	48.0	8.0	1.6	42.3	48.0	9.7	3.37
	부산/울산/경남	(155)	6.0	36.9	45.7	10.8	0.6	42.9	45.7	11.4	3.37
	강원/제주	(23)	7.0	22.3	69.9	0.9	0.0	29.2	69.9	0.9	3.35
학력	고졸	(132)	9.4	23.8	49.1	15.3	2.4	33.3	49.1	17.7	3.23
	2~3년제 대학	(181)	4.3	30.8	52.4	11.5	0.9	35.2	52.4	12.5	3.26

〈표 2-13〉의 계속

		사례 수	⑤ 매우 증가하였다	④ 약간 증가하였다	③ 늘어나지 않았다	② 약간 감소하였다	① 매우 감소하였다	종합			5점 평균
								④+⑤ 증가	③ 변화 없음	①+② 감소	
학력	4년제 대학	(693)	9.3	38.1	43.3	8.7	0.6	47.4	43.3	9.3	3.47
	대학원 이상	(49)	12.0	39.0	39.8	9.2	0.0	51.0	39.8	9.2	3.54
고등학교 유형(고졸)	일반계	(80)	10.8	21.9	51.3	13.8	2.2	32.7	51.3	15.9	3.25
	직업계	(52)	7.3	26.9	45.5	17.6	2.7	34.2	45.5	20.3	3.18
대학 전공 계열 (대재 이상)	사회과학 계열	(196)	7.6	38.4	45.5	8.5	0.0	46.0	45.5	8.5	3.45
	경상 계열	(115)	7.2	40.4	41.7	10.6	0.0	47.6	41.7	10.6	3.44
	인문어학 계열	(176)	8.9	36.0	41.4	13.3	0.4	44.9	41.4	13.7	3.40
	예체능 계열	(90)	5.6	32.1	54.7	6.6	1.1	37.6	54.7	7.7	3.34
	이공학 계열	(318)	9.2	36.4	44.8	8.3	1.3	45.5	44.8	9.6	3.44
	보건의료 계열	(28)	17.4	33.4	45.2	3.9	0.0	50.9	45.2	3.9	3.64
이전 취업 경험	있음	(787)	9.2	36.8	42.7	10.6	0.8	45.9	42.7	11.4	3.43
	없음	(268)	6.7	30.3	53.6	8.6	0.9	37.0	53.6	9.4	3.33
취업 경력 기간	2년 미만	(287)	11.6	35.2	44.9	7.4	0.9	46.8	44.9	8.3	3.49
	2~5년 미만	(282)	9.2	37.4	38.8	14.0	0.6	46.6	38.8	14.6	3.40
	5년 이상	(219)	6.0	38.0	44.6	10.3	1.0	44.0	44.6	11.3	3.38
인공지능 기반 채용	경험 있음	(265)	15.6	49.3	26.7	7.7	0.6	64.9	26.7	8.4	3.71
	경험 없음	(790)	6.2	30.3	51.7	10.8	0.9	36.5	51.7	11.7	3.30

자료 : 저자 작성.

여자의 경우 "증가" 응답이 47.0%로 가장 높았으며 남자의 경우 '늘어나지 않았다' 응답이 47.6%로 가장 높은 비율을 차지하였다.

연령별 "증가" 응답률은 20~24세에서 51.1%로 가장 높게 나타났다.

학력별 "증가" 응답률은 고졸 33.3%, 2~3년제 대학 재학/졸업 35.2%, 4년제 대학 재학/졸업 47.4%, 대학원 이상 51.0% 등 고졸 및 2~3년제 대학 학력층보다 4년제 대학 이상 학력층에서 높게 나타났다.

전공계열별로는 예체능 계열의 경우 '늘어나지 않았다' 응답률이 54.7%로 절반 이상을 차지하였다.

2) 인공지능 기반 채용 도입에 따른 구직/취업 부담 증감

인공지능 기반 채용 도입에 따라 구직 및 취업에 대한 전체적인 부담이 증가했는지에 대해서는 '매우 증가하였다' 11.5%, '약간 증가하였다' 39.8% 등 "증가"했다는 응답이 51.4%로 절반 이상을 차지하였다. 반면, '늘어나지

[그림 2-8] 인공지능 기반 채용 도입에 따른 구직/취업 부담 증감

(단위 : %)

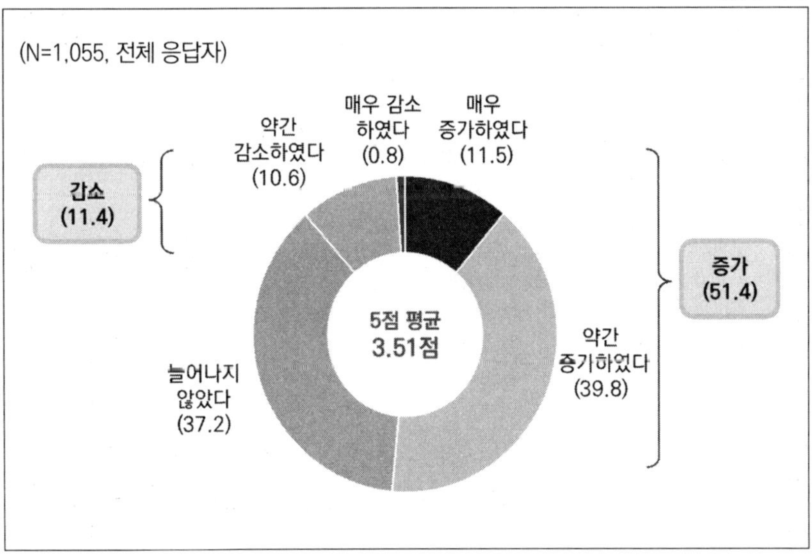

주 : 평균산출(매우 감소하였다=1점, 약간 감소하였다=2점, 늘어나지 않았다=3점, 약간 증가하였다=4점, 매우 증가하였다=5점).
자료 : 저자 작성.

〈표 2-14〉 인공지능 기반 채용 도입에 따른 구직/취업 부담 증감

(단위 : 명, %, 점)

		사례 수	⑤ 매우 증가하였다	④ 약간 증가하였다	③ 늘어나지 않았다	② 약간 감소하였다	① 매우 감소하였다	종합			5점 평균
								④+⑤ 증가	③ 변화 없음	①+② 감소	
전 체		(1,055)	11.5	39.8	37.2	10.6	0.8	51.4	37.2	11.4	3.51
성별	남자	(592)	8.8	38.1	40.6	11.8	0.8	46.9	40.6	12.6	3.42
	여자	(463)	15.0	42.1	33.0	9.0	0.9	57.1	33.0	9.9	3.61
연령	20~24세	(190)	13.4	39.2	34.2	12.8	0.4	52.6	34.2	13.2	3.52
	25~29세	(450)	12.3	36.4	39.9	10.7	0.8	48.6	39.9	11.5	3.49
	30~34세	(253)	10.7	44.4	36.3	7.3	1.4	55.1	36.3	8.6	3.56
	35~39세	(162)	8.6	43.2	34.9	12.8	0.6	51.8	34.9	13.3	3.46
거주지역	서울	(239)	12.2	47.2	30.0	9.8	0.7	59.5	30.0	10.5	3.60
	인천/경기	(389)	10.5	38.6	38.9	11.4	0.7	49.1	38.9	12.0	3.47
	대전/충청	(81)	10.6	37.6	40.1	11.7	0.0	48.1	40.1	11.7	3.47
	광주/전라	(83)	11.4	30.7	45.4	12.4	0.0	42.1	45.4	12.4	3.41
	대구/경북	(85)	12.1	38.0	37.4	9.6	2.9	50.2	37.4	12.4	3.47
	부산/울산/경남	(155)	10.9	43.0	34.6	10.2	1.3	53.9	34.6	11.5	3.52
	강원/제주	(23)	27.5	10.5	61.1	0.9	0.0	38.0	61.1	0.9	3.65
학력	고졸	(132)	9.6	35.2	39.0	15.1	1.1	44.8	39.0	16.2	3.37
	2~3년제 대학	(181)	8.7	35.9	41.4	13.0	0.9	44.6	41.4	13.9	3.38

〈표 2-14〉의 계속

		사례 수	⑤ 매우 증가하였다	④ 약간 증가하였다	③ 늘어나지 않았다	② 약간 감소하였다	① 매우 감소하였다	종합			5점 평균
								④+⑤ 증가	③ 변화 없음	①+② 감소	
학력	4년제 대학	(693)	12.1	41.9	35.8	9.4	0.8	54.0	35.8	10.2	3.55
	대학원 이상	(49)	18.7	38.3	36.6	6.3	0.0	57.0	36.6	6.3	3.69
고등학교 유형(고졸)	일반계	(80)	11.9	38.1	35.2	14.9	0.0	49.9	35.2	14.9	3.47
	직업계	(52)	6.1	30.7	45.0	15.5	2.7	36.8	45.0	18.2	3.22
대학 전공 계열 (대재 이상)	사회과학 계열	(196)	11.8	39.4	36.1	12.4	0.4	51.2	36.1	12.7	3.50
	경상 계열	(115)	13.2	47.9	32.4	6.5	0.0	61.0	32.4	6.5	3.68
	인문어학 계열	(176)	12.8	39.3	31.5	15.2	1.2	52.1	31.5	16.4	3.47
	예체능 계열	(90)	12.0	36.3	46.8	3.8	1.1	48.3	46.8	4.9	3.54
	이공학 계열	(318)	10.3	39.6	39.7	9.4	1.1	49.8	39.7	10.5	3.49
	보건의료 계열	(28)	16.5	50.3	33.2	0.0	0.0	66.8	33.2	0.0	3.83
이전 취업 경험	있음	(787)	11.4	42.0	35.1	10.7	0.8	53.4	35.1	11.5	3.53
	없음	(268)	11.8	33.6	43.5	10.3	0.9	45.4	43.5	11.1	3.45
취업 경력 기간	2년 미만	(287)	12.8	38.4	38.0	9.8	0.9	51.2	38.0	10.7	3.52
	2~5년 미만	(282)	12.8	43.0	29.5	13.7	1.0	55.8	29.5	14.7	3.53
	5년 이상	(219)	7.9	45.3	38.4	7.9	0.5	53.2	38.4	8.4	3.52
인공지능 기반 채용	경험 있음	(265)	21.2	45.8	21.6	11.1	0.3	66.9	21.6	11.4	3.76
	경험 없음	(790)	8.3	37.9	42.5	10.4	1.0	46.1	42.5	11.4	3.42

자료 : 저자 작성.

않았다'는 응답은 37.2%였으며, "감소"했다는 응답은 '매우 감소하였다' 0.8%, '약간 감소하였다' 10.6% 등 11.4%로 조사되었다.

'매우 증가하였다'와 '약간 증가하였다' 등 "증가" 응답 비율은 여자가 57.1%로 남자 46.9%보다 높게 나타났다.

학력별 "증가" 응답 비율은 고졸 44.8%, 2~3년제 대학 44.6%, 4년제 대학 54.0%, 대학원 이상 57.0% 등 학력 수준이 높을수록 부담 증가 응답이 높아지는 경향을 보였다.

전공계열별로는 경상 계열과 보건의료 계열 전공자의 "증가" 응답률이 각각 61.0%와 66.8%로 타 계열 전공자에 비해 상대적으로 더 높았다.

이전 취업 경험에 따라서는 이전 취업 경험이 있는 응답자의 "증가" 응답률이 53.4%로 취업 경험이 없는 응답자(45.4%)보다 높았다.

인공지능 기반 채용 경험에 따라서는 인공지능 기반 채용 경험자의 "증가" 응답률이 66.9%로 미경험자 46.1%에 비해 높았다.

3) 인공지능 기반 채용 도입에 따른 어려움

인공지능 기반 채용이 도입됨에 따라 겪는 어려움에 대해서는 '무엇을 준비해야 할지 몰라서'의 응답률이 45.1%로 가장 높았으며, 그다음으로 '관련 정보 부족' 27.4%, '평가 방식을 잘 몰라서' 27.0% 등의 순으로 조사되었다.

[그림 2-9] 인공지능 기반 채용 도입에 따른 어려움

(단위 : %)

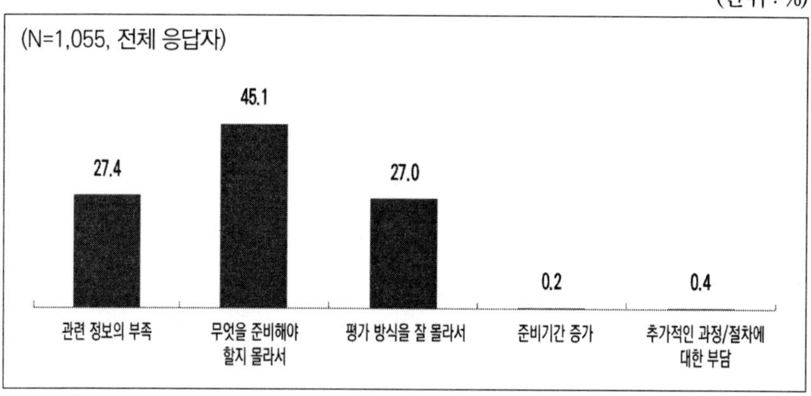

자료 : 저자 작성.

〈표 2-15〉 인공지능 기반 채용 도입에 따른 어려움

(단위 : 명, %)

		사례 수	관련 정보의 부족	무엇을 준비해야 할지 몰라서	평가 방식을 잘 몰라서	준비기간 증가	추가적인 과정/절차에 대한 부담
전 체		(1,055)	27.4	45.1	27.0	0.2	0.4
성별	남자	(592)	28.3	47.4	23.7	0.3	0.3
	여자	(463)	26.2	42.2	31.2	0.0	0.4
연령	20~24세	(190)	25.2	40.8	34.0	0.0	0.0
	25~29세	(450)	30.7	43.7	24.7	0.0	0.8
	30~34세	(253)	25.5	49.3	24.6	0.7	0.0
	35~39세	(162)	23.7	47.7	28.6	0.0	0.0
거주지역	서울	(239)	29.5	44.2	26.3	0.0	0.0
	인천/경기	(389)	25.9	45.0	28.4	0.0	0.7
	대전/충청	(81)	32.4	38.0	27.5	2.1	0.0
	광주/전라	(83)	22.4	49.1	28.5	0.0	0.0
	대구/경북	(85)	23.3	50.9	25.8	0.0	0.0
	부산/울산/경남	(155)	27.0	47.8	24.5	0.0	0.7
	강원/제주	(23)	48.2	29.1	22.7	0.0	0.0
학력	고졸	(132)	33.2	44.9	21.8	0.0	0.0
	2~3년제 대학	(181)	23.6	45.3	31.1	0.0	0.0

〈표 2-15〉의 계속

		사례 수	관련 정보의 부족	무엇을 준비해야 할지 몰라서	평가 방식을 잘 몰라서	준비기간 증가	추가적인 과정/절차에 대한 부담
학력	4년제 대학	(693)	27.4	46.2	25.7	0.2	0.5
	대학원 이상	(49)	25.8	30.0	44.3	0.0	0.0
고등학교 유형(고졸)	일반계	(80)	38.4	45.8	15.8	0.0	0.0
	직업계	(52)	25.1	43.5	31.3	0.0	0.0
대학 전공 계열 (대재 이상)	사회과학 계열	(196)	27.7	43.4	28.4	0.0	0.5
	경상 계열	(115)	31.0	39.3	29.0	0.7	0.0
	인문어학 계열	(176)	19.1	54.2	25.7	0.0	1.0
	예체능 계열	(90)	24.7	49.6	24.5	0.0	1.2
	이공학 계열	(318)	29.7	42.8	27.2	0.3	0.0
	보건의료 계열	(28)	17.4	36.8	45.8	0.0	0.0
이전 취업 경험	있음	(787)	27.9	44.5	27.1	0.1	0.5
	없음	(268)	26.0	47.1	26.6	0.3	0.0
취업 경력 기간	2년 미만	(287)	26.3	46.5	26.9	0.0	0.3
	2~5년 미만	(282)	27.3	43.5	28.0	0.3	1.0
	5년 이상	(219)	30.6	43.2	26.2	0.0	0.0
인공지능 기반 채용	경험 있음	(265)	23.8	45.9	29.0	0.3	1.1
	경험 없음	(790)	28.6	44.9	26.3	0.1	0.1

자료 : 저자 작성.

남자의 경우 '무엇을 준비해야 할지 몰라서'의 응답률이 47.4%로 여자 42.2%에 비해 상대적으로 더 높았으며, 여자의 경우 '평가 방식을 잘 몰라서'의 응답률이 31.2%로 남자 23.7%에 비해 더 높은 특징을 보였다.

연령별로는 20~24세의 경우 '평가 방식을 잘 몰라서'의 응답률이 34.0%로 다른 연령층에 비해 상대적으로 더 높았으며, 25~29세의 경우 '관련 정보의 부족'의 응답률이 30.7%로 다른 연령층에 비해 높은 특징을 보였다.

학력별로는 대학원 이상 학력층의 경우 '평가 방식을 잘 몰라서'의 응답률이 44.3%로 가장 높고, 그다음으로 '무엇을 준비해야 할지 몰라서' 30.0%, '관련 정보의 부족' 25.8% 등의 순으로 조사되었다.

전공계열별로는 인문어학 계열 전공자의 경우 '무엇을 준비해야 할지 몰라서'의 응답률이 54.2%로 다른 전공계열보다 상대적으로 더 높았다.

마. 인공지능 기반 채용과 기존 채용 과정 비교

1) 인공지능 기반 채용과 기존 채용 과정 중 선호하는 방식

인공지능 기반 채용과 기존 채용 과정 중 더 선호하는 방식으로는 '기존

[그림 2-10] 인공지능 기반 채용과 기존 채용 과정 중 선호하는 방식

(단위 : %)

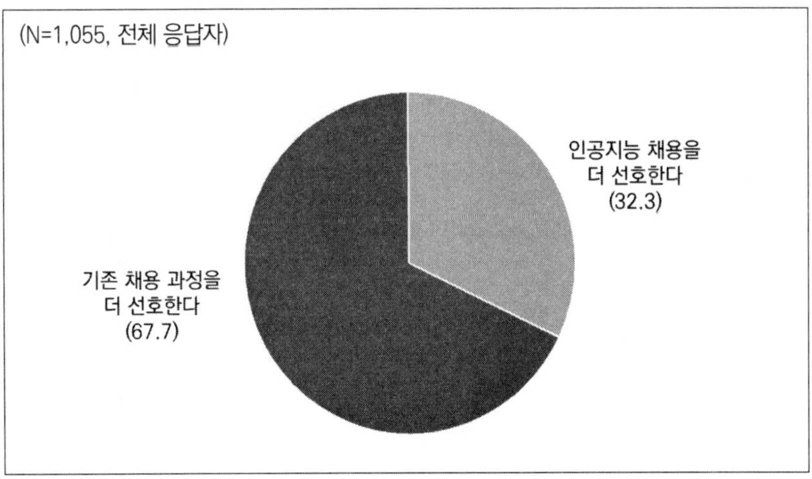

자료 : 저자 작성.

채용 과정을 더 선호한다'는 응답이 67.7%로 '인공지능 채용을 더 선호한다' 32.3%보다 2배 정도 높게 나타났다.

'기존 채용 과정을 더 선호한다' 응답률은 여자가 75.5%로 남자 61.5%에 비해 더 높았다.

전공계열별 '기존 채용 과정을 더 선호' 응답률은 예체능 계열이 75.6%로 가장 높고, 경상 계열 71.1%, 인문어학 계열 70.4% 등의 순으로 조사되었다.

인공지능 기반 채용 경험 여부에 따라서는 인공지능 기반 채용 경험자의 경우 '기존 채용 과정 선호' 52.9%, '인공지능 채용 선호' 47.1%인 반면, 미경험자는 '기존 채용 과정 선호' 비율이 72.6%로 '인공지능 채용 선호' 27.4%보다 훨씬 높았다.

〈표 2-16〉 인공지능 기반 채용과 기존 채용 과정 중 선호하는 방식

(단위 : 명, %)

		사례 수	인공지능 채용을 더 선호한다	기존 채용 과정을 더 선호한다
전 체		(1,055)	32.3	67.7
성별	남자	(592)	38.5	61.5
	여자	(463)	24.5	75.5
연령	20~24세	(190)	30.0	70.0
	25~29세	(450)	33.8	66.2
	30~34세	(253)	32.9	67.1
	35~39세	(162)	30.0	70.0
거주지역	서울	(239)	32.0	68.0
	인천/경기	(389)	31.1	68.9
	대전/충청	(81)	31.0	69.0
	광주/전라	(83)	38.8	61.2
	대구/경북	(85)	33.7	66.3
	부산/울산/경남	(155)	35.4	64.6
	강원/제주	(23)	12.1	87.9
학력	고졸	(132)	37.5	62.5
	2~3년제 대학	(181)	27.6	72.4

〈표 2-16〉의 계속

		사례 수	인공지능 채용을 더 선호한다	기존 채용 과정을 더 선호한다
학력	4년제 대학	(693)	33.3	66.7
	대학원 이상	(49)	22.5	77.5
고등학교 유형(고졸)	일반계	(80)	44.1	55.9
	직업계	(52)	27.3	72.7
대학 전공 계열 (대재 이상)	사회과학 계열	(196)	34.2	65.8
	경상 계열	(115)	28.9	71.1
	인문어학 계열	(176)	29.6	70.4
	예체능 계열	(90)	24.4	75.6
	이공학 계열	(318)	33.7	66.3
	보건의료 계열	(28)	36.9	63.1
이전 취업 경험	있음	(787)	33.7	66.3
	없음	(268)	28.4	71.6
취업 경력 기간	2년 미만	(287)	35.4	64.6
	2~5년 미만	(282)	35.1	64.9
	5년 이상	(219)	29.7	70.3
인공지능 기반 채용	경험 있음	(265)	47.1	52.9
	경험 없음	(790)	27.4	72.6

자료 : 저자 작성.

2) 인공지능 기반 채용을 더 선호하는 이유

인공지능 기반 채용을 더 선호하는 이유에 대해서는 '인간이 주재하는 과정보다 투명하고 공정하다'(35.2%)와 '인간이 주재하는 과정보다 더 신뢰할 수 있다'(33.0%)가 비슷한 수준의 높은 응답률을 보였으며, 그다음으로 '인간을 대면하는 것보다 비대면이 긴장이 덜 된다' 26.4%, '자동화된 피드백을 받을 수 있어서' 4.5% 등의 순으로 조사되었다.

남자의 경우 '인간이 주재하는 과정보다 더 신뢰할 수 있다'가 37.8%로 가장 높은 응답률을 보였으며, 여자는 '인간이 주재하는 과정보다 투명하고 공정하다'가 40.3%로 가장 높게 조사되었다.

[그림 2-11] 인공지능 기반 채용을 더 선호하는 이유

(단위 : %)

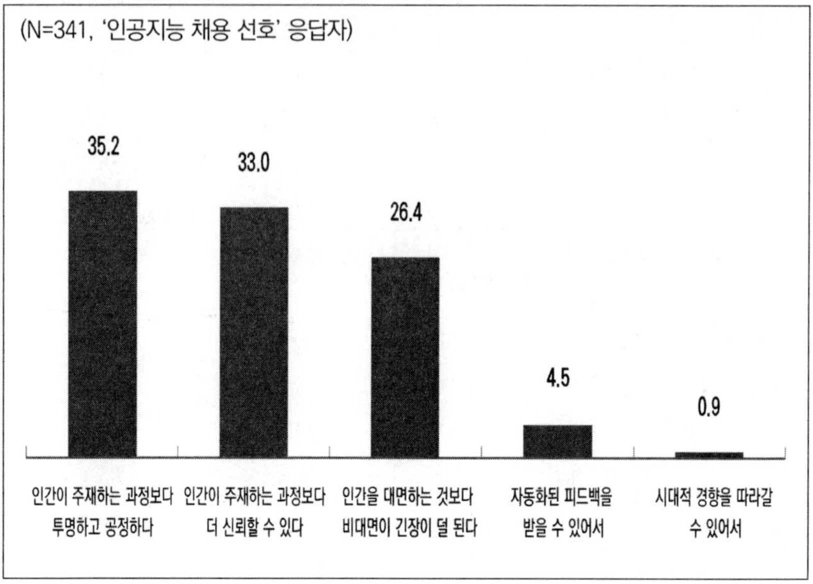

자료 : 저자 작성.

20~24세 연령층의 경우 '인간이 주재하는 과정보다 더 신뢰할 수 있다'가 44.5%로 가장 높았고, 25~29세 연령층은 '인간이 주재하는 과정보다 투명하고 공정하다'(33.5%)와 '인간이 주재하는 과정보다 더 신뢰할 수 있다'(33.7%)가 비슷한 수준의 높은 응답률을 보였다. 30~34세 연령층의 경우는 '인간이 주재하는 과정보다 투명하고 공정하다'(32.9%)와 '인간을 대면하는 것보다 비대면이 긴장이 덜 된다'(32.4%)가 비슷한 수준의 높은 응답률을 보였으며, 34~39세의 경우는 '인간이 주재하는 과정보다 투명하고 공정하다'의 응답률이 42.1%로 가장 높았다.

인공지능 기반 채용 경험에 따라서는 인공지능 기반 채용 경험자의 경우 '인간이 주재하는 과정보다 더 신뢰할 수 있다'의 응답률이 42.7%로 가장 높았지만, 미경험자는 '인간이 주재하는 과정보다 투명하고 공정하다'(34.8%)와 '인간을 대면하는 것보다 비대면이 긴장이 덜 된다'(32.0%)가 비슷한 수준의 높은 응답률을 보였다.

〈표 2-17〉 인공지능 기반 채용을 더 선호하는 이유

(단위 : 명, %)

		사례 수	인간이 주재하는 과정보다 투명하고 공정하다	인간이 주재하는 과정보다 더 신뢰할 수 있다	인간을 대면하는 것보다 비대면이 긴장이 덜 된다	자동화된 피드백을 받을 수 있어서	시대적 경향을 따라갈 수 있어서
전 체		(341)	35.2	33.0	26.4	4.5	0.9
성별	남자	(228)	32.7	37.8	25.3	3.9	0.3
	여자	(113)	40.3	23.2	28.6	5.8	2.1
연령	20~24세	(57)	37.2	44.5	15.7	2.6	0.0
	25~29세	(152)	33.5	33.7	26.1	6.7	0.0
	30~34세	(83)	32.9	31.9	32.4	0.9	2.0
	35~39세	(49)	42.1	19.0	29.7	6.3	2.9
거주지역	서울	(76)	26.8	39.4	26.7	4.9	2.2
	인천/경기	(121)	35.3	35.4	25.5	2.7	1.1
	대전/충청	(25)	29.5	37.8	29.8	2.9	0.0
	광주/전라	(32)	32.2	24.3	27.6	15.8	0.0
	대구/경북	(29)	32.6	24.7	42.7	0.0	0.0
	부산/울산/경남	(55)	51.4	27.6	17.4	3.6	0.0
	강원/제주	(3)	50.8	0.0	22.5	26.7	0.0
학력	고졸	(50)	34.8	44.5	12.9	7.7	0.0
	2~3년제 대학	(50)	41.4	28.0	21.5	7.7	1.4

〈표 2-17〉의 계속

		사례 수	인간이 주재하는 과정보다 투명하고 공정하다	인간이 주재하는 과정보다 더 신뢰할 수 있다	인간을 대면하는 것보다 비대면이 긴장이 덜 된다	자동화된 피드백을 받을 수 있어서	시대적 경향을 따라갈 수 있어서
학력	4년제 대학	(231)	33.4	31.4	31.3	2.9	1.0
	대학원 이상	(11)	46.2	37.6	5.2	10.9	0.0
고등학교 유형(고졸)	일반계	(35)	36.0	44.4	10.8	8.8	0.0
	직업계	(14)	31.9	44.8	18.2	5.1	0.0
대학 전공 계열 (대재 이상)	사회과학 계열	(67)	37.1	32.2	24.2	6.5	0.0
	경상 계열	(33)	18.3	35.9	43.8	0.0	2.0
	인문어학 계열	(52)	26.7	33.1	34.3	4.0	1.9
	예체능 계열	(22)	28.3	35.4	28.5	4.8	3.1
	이공학 계열	(107)	45.0	28.1	22.3	3.9	0.7
	보건의료 계열	(10)	34.2	17.8	48.0	0.0	0.0
이전 취업 경험	있음	(265)	34.0	36.3	24.6	3.9	1.2
	없음	(76)	39.4	21.3	32.6	6.7	0.0
취업 경력 기간	2년 미만	(102)	28.1	44.0	22.4	5.6	0.0
	2~5년 미만	(99)	37.0	33.8	25.6	3.6	0.0
	5년 이상	(65)	38.6	28.2	26.6	1.8	4.7
인공지능 기반 채용	경험 있음	(125)	35.9	42.7	16.6	4.7	0.0
	경험 없음	(216)	34.8	27.4	32.0	4.4	1.4

자료 : 저자 작성.

3) 기존 채용 과정을 더 선호하는 이유

기존 채용 과정을 더 선호하는 이유는 '사람이 아닌 존재가 사람을 평가한다는 것에 대한 불만' 30.9%, '인공지능이 주재하는 과정을 신뢰하지 못해서' 28.8%, '새로운 과정을 준비하는 데 드는 시간과 비용 때문' 22.8%, '대면 과정이 익숙해서 긴장이 덜 되고 추가 대응이 가능하기 때문' 11.0%, '회사에서도 나에게 시간과 노력을 투자하는 것이 보임' 6.5% 등의 순으로 조사되었다.

[그림 2-12] 기존 채용 과정을 더 선호하는 이유

(단위 : %)

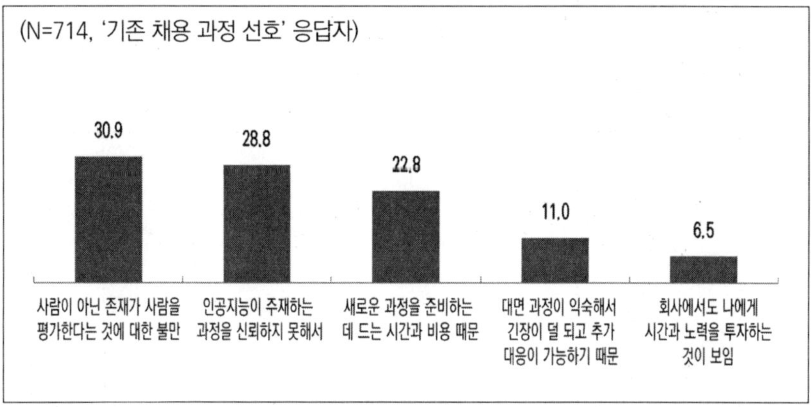

자료 : 저자 작성.

남자의 경우 '인공지능이 주재하는 과정을 신뢰하지 못해서'의 응답률이 32.2%로 가장 높은 반면, 여자의 경우 '사람이 아닌 존재가 사람을 평가한다는 것에 대한 불만'의 응답률이 32.6%로 가장 높은 응답률을 보였다.

연령별로는 20~24세의 경우 '인공지능이 주재하는 과정을 신뢰하지 못해서'(33.9%), 30~34세의 경우 '사람이 아닌 존재가 사람을 평가한다는 것에 대한 불만'(36.5%)의 응답률이 상대적으로 더 높은 특징을 보였다.

인공지능 기반 채용 경험 여부에 따라서는 인공지능 기반 채용 경험자의 경우 '인공지능이 주재하는 과정을 신뢰하지 못해서'가 36.4%로 가장 높고, '사람이 아닌 존재가 사람을 평가한다는 것에 대한 불만' 26.0%, '새로운 과정을 준비하는 데 드는 시간과 비용 때문' 20.7% 등의 순인 반면, 미경험자

〈표 2-18〉 기존 채용 과정을 더 선호하는 이유

(단위 : 명, %)

		사례 수	사람이 아닌 존재가 사람을 평가한다는 것에 대한 불만	인공지능이 주재하는 과정을 신뢰하지 못해서	새로운 과정을 준비하는 데 드는 시간과 비용 때문	대면 과정이 익숙해서 긴장이 덜 되고 추가 대응이 가능하기 때문	회사에서도 나에게 시간과 노력을 투자하는 것이 보임
전 체		(714)	30.9	28.8	22.8	11.0	6.5
성별	남자	(364)	29.3	32.2	23.7	9.7	5.2
	여자	(350)	32.6	25.3	21.8	12.4	8.0
연령	20~24세	(133)	29.6	33.9	22.7	5.5	8.3
	25~29세	(297)	28.3	26.2	24.9	12.9	7.7
	30~34세	(170)	36.5	28.9	19.6	9.2	5.7
	35~39세	(114)	30.8	29.5	21.9	15.2	2.6
거주지역	서울	(163)	32.2	29.0	20.3	12.7	5.8
	인천/경기	(268)	31.4	28.3	20.5	11.3	8.5
	대전/충청	(56)	36.7	29.2	23.9	7.6	2.6
	광주/전라	(51)	23.8	31.8	30.3	6.6	7.6
	대구/경북	(57)	30.0	25.7	35.7	5.2	3.3
	부산/울산/경남	(100)	25.2	32.3	22.5	13.6	6.4
	강원/제주	(20)	45.2	16.3	15.8	18.0	4.6
학력	고졸	(82)	32.9	31.1	15.6	11.8	8.6
	2~3년제 대학	(131)	33.0	29.9	23.3	7.8	6.0

〈표 2-18〉의 계속

		사례 수	사람이 아닌 존재가 사람을 평가한다는 것에 대한 불만	인공지능이 주재하는 과정을 신뢰하지 못해서	새로운 과정을 준비하는 데 드는 시간과 비용 때문	대면 과정이 익숙해서 긴장이 덜 되고 추가 대응이 가능하기 때문	회사에서도 나에게 시간과 노력을 투자하는 것이 보임
학력	4년제 대학	(462)	29.2	29.1	24.1	11.6	6.0
	대학원 이상	(38)	39.9	16.2	19.8	14.0	10.1
고등학교 유형(고졸)	일반계	(45)	33.9	27.7	9.7	18.5	10.2
	직업계	(37)	31.7	35.3	22.8	3.7	6.6
대학 전공 계열 (대재 이상)	사회과학 계열	(129)	28.4	24.3	23.1	18.7	5.5
	경상 계열	(82)	29.0	28.4	25.9	13.1	3.5
	인문어학 계열	(124)	27.9	30.3	22.2	11.0	8.6
	예체능 계열	(68)	38.5	28.5	15.1	8.1	9.8
	이공학 계열	(211)	31.9	30.0	26.9	6.1	5.1
	보건의료 계열	(18)	27.4	28.8	23.4	11.7	8.7
이전 취업 경험	있음	(522)	31.6	27.8	21.3	12.4	6.9
	없음	(192)	28.8	31.4	26.9	7.3	5.6
취업 경력 기간	2년 미만	(185)	27.5	32.1	23.4	6.8	10.1
	2~5년 미만	(183)	33.5	24.9	20.4	15.1	6.1
	5년 이상	(154)	34.4	26.2	19.7	15.9	3.8
인공지능 기반 채용	경험 있음	(141)	26.0	36.4	20.7	12.9	4.0
	경험 없음	(573)	32.1	26.9	23.3	10.6	7.1

자료 : 저자 작성.

는 '사람이 아닌 존재가 사람을 평가한다는 것에 대한 불만'의 응답률이 32.1%로 가장 높고, '인공지능이 주재하는 과정을 신뢰하지 못해서' 26.9%, '새로운 과정을 준비하는 데 드는 시간과 비용 때문' 23.3% 등의 순으로 조사되었다.

4) 인공지능 기반 채용과 기존 채용 중 더 공정하다고 생각하는 채용 방식

인공지능 기반 채용과 기존 채용 중 더 공정하다고 생각하는 채용 방식에 대해서는 '인공지능 채용이 더 공정하다'는 응답이 53.9%로 '기존 채용 과정이 더 공정하다' 46.1%보다 높게 나타났다.

[그림 2-13] 인공지능 기반 채용과 기존 채용 중 더 공정하다고 생각하는 채용 방식

(단위 : %)

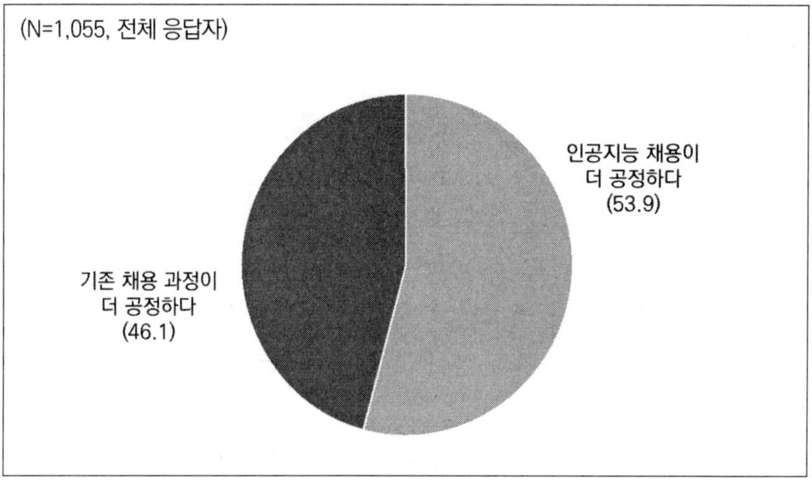

자료 : 저자 작성.

'인공지능 채용이 더 공정하다' 응답률은 남자가 56.6%로 여자 50.5%보다 약간 더 높게 나타났다.

학력별로는 4년제 대학 학력층에서 '인공지능 채용이 더 공정하다' 응답률이 56.5%로 가장 높고, 고졸 52.0%, 대학원 이상 49.9%, 2~3년제 대학 46.8%의 순이었다.

전공계열별로는 예체능 계열의 경우 '기존 채용 과정이 더 공정하다'의

〈표 2-19〉 인공지능 기반 채용과 기존 채용 중 더 공정하다고 생각하는 채용 방식

(단위 : 명, %)

		사례 수	인공지능 채용이 더 공정하다	기존 채용 과정이 더 공정하다
전 체		(1,055)	53.9	46.1
성별	남자	(592)	56.6	43.4
	여자	(463)	50.5	49.5
연령	20~24세	(190)	52.5	47.5
	25~29세	(450)	55.1	44.9
	30~34세	(253)	54.1	45.9
	35~39세	(162)	52.1	47.9
거주지역	서울	(239)	51.7	48.3
	인천/경기	(389)	54.4	45.6
	대전/충청	(81)	47.0	53.0
	광주/전라	(83)	55.8	44.2
	대구/경북	(85)	65.1	34.9
	부산/울산/경남	(155)	50.7	49.3
	강원/제주	(23)	67.1	32.9
학력	고졸	(132)	52.0	48.0
	2~3년제 대학	(181)	46.8	53.2

〈표 2-19〉의 계속

		사례 수	인공지능 채용이 더 공정하다	기존 채용 과정이 더 공정하다
학력	4년제 대학	(693)	56.5	43.5
	대학원 이상	(49)	49.9	50.1
고등학교 유형(고졸)	일반계	(80)	60.8	39.2
	직업계	(52)	38.3	61.7
대학 전공 계열 (대재 이상)	사회과학 계열	(196)	56.9	43.1
	경상 계열	(115)	58.6	41.4
	인문어학 계열	(176)	51.0	49.0
	예체능 계열	(90)	41.6	58.4
	이공학 계열	(318)	55.7	44.3
	보건의료 계열	(28)	62.0	38.0
이전 취업 경험	있음	(787)	55.4	44.6
	없음	(268)	49.6	50.4
취업 경력 기간	2년 미만	(287)	54.2	45.8
	2~5년 미만	(282)	58.9	41.1
	5년 이상	(219)	52.6	47.4
인공지능 기반 채용	경험 있음	(265)	61.4	38.6
	경험 없음	(790)	51.4	48.6

자료 : 저자 작성.

응답률이 58.4%로 '인공지능 채용이 더 공정하다'(41.6%)보다 높은 응답률을 보였다.

인공지능 기반 채용 경험 여부에 따라서는 경험자의 '인공지능 채용이 더 공정하다'의 응답률이 61.4%로 미경험자 51.4%보다 높게 나타났다.

5) 인공지능 기반 채용이 더 공정하다고 생각하는 이유

인공지능 기반 채용이 더 공정하다고 생각하는 이유에 대해서는 '인간의 선입견 · 편견이 들어가지 않기 때문'의 응답률이 57.7%로 가장 높았으며, 그다음으로 '인간의 과정상 실수를 줄일 수 있기 때문' 18.2%, '알고리즘이라는 규칙을 파악하면 그것에 대응할 수 있기 때문' 14.4%, '평가지표를 정량화하여 공정한 비교가 이루어지기 때문' 6.7%, '지원서를 익명화하는 등 블라인드 채용이 가능하기 때문' 3.0% 등의 순으로 조사되었다.

[그림 2-14] 인공지능 기반 채용이 더 공정하다고 생각하는 이유

(단위 : %)

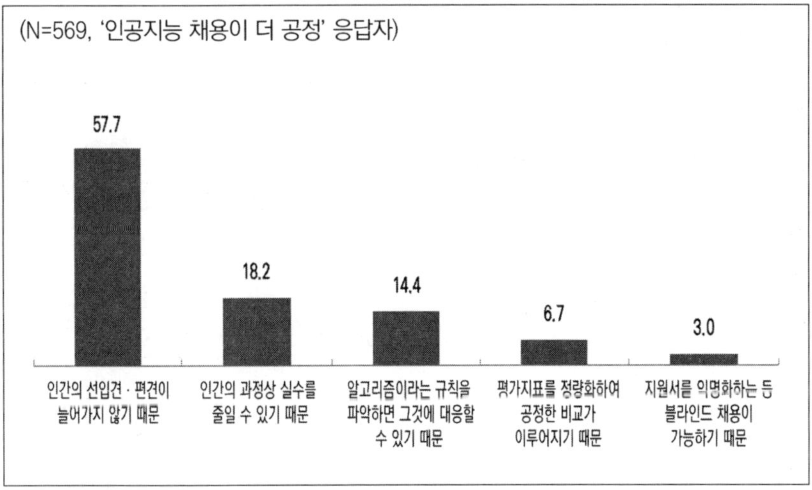

자료 : 저자 작성.

'인간의 선입견 · 편견이 들어가지 않기 때문'의 응답률은 여자가 64.0%로 남자 53.4%보다 더 높게 나타났고, '인간의 과정상 실수를 줄일 수 있기 때문'의 응답률은 남자가 23.2%로 여자 11.0%보다 높은 특징을 보였다.

〈표 2-20〉 인공지능 기반 채용이 더 공정하다고 생각하는 이유

(단위 : 명, %)

		사례 수	인간의 선입견·편견이 들어가지 않기 때문	인간의 과정상 실수를 줄일 수 있기 때문	알고리즘이라는 규칙을 파악하면 그것에 대응할 수 있기 때문	평가지표를 정량화하여 공정한 비교가 이루어지기 때문	지원서를 익명화하는 등 블라인드 채용이 가능하기 때문
전 체		(569)	57.7	18.2	14.4	6.7	3.0
성별	남자	(335)	53.4	23.2	16.1	5.7	1.6
	여자	(234)	64.0	11.0	11.8	8.1	5.0
연령	20~24세	(100)	55.0	21.1	18.1	3.7	2.1
	25~29세	(248)	57.8	19.4	13.9	6.2	2.6
	30~34세	(137)	57.6	14.6	14.1	9.5	4.1
	35~39세	(85)	61.0	16.8	11.6	7.1	3.5
거주지역	서울	(124)	54.2	21.7	17.2	5.7	1.3
	인천/경기	(212)	57.6	16.6	13.5	9.0	3.2
	대전/충청	(38)	56.4	18.2	14.0	2.2	9.2
	광주/전라	(46)	64.0	24.4	9.7	1.9	0.0
	대구/경북	(56)	50.2	19.7	17.2	7.3	5.7
	부산/울산/경남	(79)	61.1	15.4	16.0	6.6	0.9
	강원/제주	(15)	82.0	1.4	0.0	7.9	8.8
학력	고졸	(69)	58.1	21.3	16.2	1.1	3.4
	2~3년제 대학	(85)	51.6	22.6	13.5	8.5	3.8

〈표 2-20〉의 계속

		사례 수	인간의 선입견·편견이 들어가지 않기 때문	인간의 과정상 실수를 줄일 수 있기 때문	알고리즘이라는 규칙을 파악하면 그것에 대응할 수 있기 때문	평가지표를 정량화하여 공정한 비교가 이루어지기 때문	지원서를 익명화하는 등 블라인드 채용이 가능하기 때문
학력	4년제 대학	(391)	58.3	17.6	14.4	6.8	2.9
	대학원 이상	(24)	69.1	2.9	12.2	14.6	1.2
고등학교 유형(고졸)	일반계	(49)	55.5	18.8	19.3	1.5	4.8
	직업계	(20)	64.3	27.4	8.3	0.0	0.0
대학 전공 계열 (대재 이상)	사회과학 계열	(111)	59.4	21.7	10.7	7.3	0.9
	경상 계열	(67)	57.0	14.7	12.1	13.4	2.8
	인문어학 계열	(90)	47.1	17.7	29.3	2.5	3.3
	예체능 계열	(38)	49.1	23.8	12.3	10.8	4.0
	이공학 계열	(177)	62.2	15.7	10.6	7.3	4.2
	보건의료 계열	(17)	76.8	12.0	5.1	6.1	0.0
이전 취업 경험	있음	(436)	59.7	17.6	13.8	5.9	3.1
	없음	(133)	51.2	20.2	16.3	9.4	2.9
취업 경력 기간	2년 미만	(155)	57.7	18.1	15.8	3.9	4.4
	2년~5년 미만	(166)	58.2	16.8	14.9	8.5	1.7
	5년 이상	(115)	64.6	18.0	9.4	4.9	3.1
인공지능 기반 채용	경험 있음	(163)	41.0	28.1	22.0	9.0	0.0
	경험 없음	(406)	64.4	14.2	11.3	5.8	4.2

자료 : 저자 작성.

'인간의 선입견 · 편견이 들어가지 않기 때문'의 연령별 응답률을 살펴보면 20~24세 55.0%, 25~29세 57.8%, 30~34세 57.6%, 35~39세 61.0%로 연령이 높을수록 높은 경향을 보였으며, '인간의 과정상 실수를 줄일 수 있기 때문'의 응답률은 20~24세 21.1%, 25~29세 19.4%, 30~34세 14.6%, 35~39세 16.8% 등 저연령층일수록 높은 경향을 보였다.

학력별 '인간의 과정상 실수를 줄일 수 있기 때문'의 응답률은 고졸 21.3%, 2~3년제 대학 22.6%, 4년제 대학 17.6%, 대학원 이상 2.9%로 학력 수준이 낮을수록 높은 경향을 보였다.

인공지능 기반 채용 경험 여부에 따라서는 경험자의 경우 '인간의 과정상 실수를 줄일 수 있기 때문'(28.1%)과 '알고리즘이라는 규칙을 파악하면 그것에 대응할 수 있기 때문'(22.0%)의 응답률이 미경험자에 비해 상대적으로 더 높았다. 미경험자의 경우 '인간의 선입견 · 편견이 들어가지 않기 때문'의 응답률이 64.4%로 경험자 41.0%에 비해 상대적으로 더 높았다.

6) 기존 채용 과정이 더 공정하다고 생각하는 이유

기존 채용 과정이 더 공정하다고 생각하는 이유에 대해서는 '인공지능보다 사람의 직관적인 통찰력을 더 신뢰하기 때문'이 31.6%로 가장 높은 비율

[그림 2-15] 기존 채용 과정이 더 공정하다고 생각하는 이유

(단위 : %)

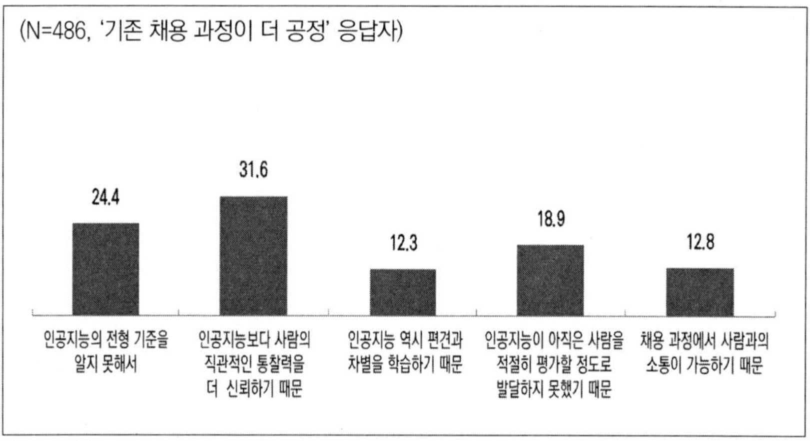

자료 : 저자 작성.

〈표 2-21〉 기존 채용 과정이 ㄷ 공정하다고 생각하는 이유

(단위 : 명, %)

		사례 수	인공지능의 전형 기준을 알지 못해서	인공지능보다 사람의 직관적인 통찰력을 더 신뢰하기 때문	인공지능 역시 편견과 차별을 학습하기 때문	인공지능이 아직은 사람을 적절히 평가할 정도로 발달하지 못했기 때문	채용 과정에서 사람과의 소통이 가능하기 때문
전 체		(486)	24.4	31.6	12.3	18.9	12.8
성별	남자	(257)	22.1	35.3	14.2	16.5	11.9
	여자	(229)	26.9	27.5	10.1	21.6	13.9
연령	20~24세	(90)	22.4	38.8	12.5	12.5	13.8
	25~29세	(202)	29.8	24.7	10.0	22.8	12.7
	30~34세	(116)	19.9	38.8	13.4	13.1	14.8
	35~39세	(78)	19.2	30.6	16.2	24.8	9.2
거주 지역	서울	(115)	30.2	23.9	15.8	19.3	10.8
	인천/경기	(177)	25.2	33.6	8.3	18.2	14.7
	대전/충청	(43)	17.4	23.0	20.9	28.5	10.3
	광주/전라	(37)	17.6	33.3	14.6	24.5	9.9
	대구/경북	(30)	28.8	23.7	25.0	11.9	10.6
	부산/울산/경남	(77)	19.7	44.1	3.9	16.4	15.9
	강원/제주	(7)	17.6	49.8	26.4	0.0	6.2
학력	고졸	(63)	17.1	39.3	11.7	18.2	13.6
	2~3년제 대학	(97)	21.1	36.2	12.9	16.2	13.6

〈표 2-21〉의 계속

		사례 수	인공지능의 전형 기준을 알지 못해서	인공지능보다 사람의 직관적인 통찰력을 더 신뢰하기 때문	인공지능 역시 편견과 차별을 학습하기 때문	인공지능이 아직은 사람을 적절히 평가할 정도로 발달하지 못했기 때문	채용 과정에서 사람과의 소통이 가능하기 때문
학력	4년제 대학	(302)	27.1	28.8	11.6	20.4	12.2
	대학원 이상	(24)	22.9	29.1	19.0	12.9	16.1
고등학교 유형(고졸)	일반계	(31)	12.6	30.0	13.8	24.2	19.4
	직업계	(32)	21.6	48.6	9.6	12.2	8.0
대학 전공 계열 (대재 이상)	사회과학 계열	(85)	32.9	21.5	7.9	21.7	16.0
	경상 계열	(48)	18.4	31.6	14.7	21.2	14.1
	인문어학 계열	(86)	21.3	37.5	17.2	15.5	8.5
	예체능 계열	(53)	19.9	21.1	7.6	33.0	18.4
	이공학 계열	(141)	28.5	35.6	12.4	13.4	10.1
	보건의료 계열	(11)	18.6	18.6	20.9	21.0	20.9
이전 취업 경험	있음	(351)	24.8	32.7	10.6	19.1	12.8
	없음	(135)	23.1	29.0	16.6	18.4	12.9
취업 경력 기간	2년 미만	(131)	29.4	28.7	10.4	17.8	13.8
	2~5년 미만	(116)	22.0	35.7	13.8	16.5	12.0
	5년 이상	(104)	22.3	34.3	7.3	23.5	12.5
인공지능 기반 채용	경험 있음	(102)	26.9	33.0	12.7	17.8	9.6
	경험 없음	(384)	23.7	31.3	12.2	19.2	13.7

자료 : 저자 작성.

을 보였으며, '인공지능의 전형 기준을 알지 못해서' 24.4%, '인공지능이 아직은 사람을 적절히 평가할 정도로 발달하지 못했기 때문' 18.9%, '채용 과정에서 사람과의 소통이 가능하기 때문' 12.8%, '인공지능 역시 편견과 차별을 학습하기 때문' 12.3% 등의 순으로 조사되었다.

남자의 경우 '인공지능보다 사람의 직관적인 통찰력을 더 신뢰하기 때문'이 35.3%로 가장 높은 응답률을 보인 반면, 여자의 경우 '인공지능보다 사람의 직관적인 통찰력을 더 신뢰하기 때문'(27.5%)과 '인공지능의 전형 기준을 알지 못해서'(26.9%)가 비슷한 수준의 높은 응답률을 보였다.

학력별 '인공지능보다 사람의 직관적인 통찰력을 더 신뢰하기 때문'의 응답률을 살펴보면 고졸 39.3%, 2~3년제 대학 36.2%, 4년제 대학 28.8%, 대학원 이상 29.1%로 학력 수준이 낮을수록 높은 경향을 보였다.

바. 인공지능 기반 채용에서 차별적 편향성을 보일만한 지표

인공지능 기반 채용에서 차별적 편향성을 보일만한 지표(복수응답)로는 '학벌'의 응답률이 50.4%로 가장 높았으며, 그다음으로 '목소리와 표정'

[그림 2-16] 인공지능 기반 채용에서 차별적 편향성을 보일만한 지표(복수응답)

(단위 : %)

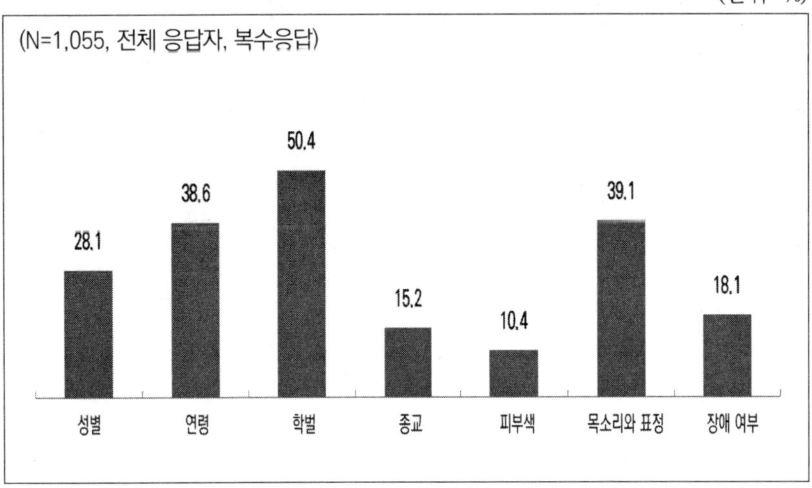

자료 : 저자 작성.

〈표 2-22〉 인공지능 기반 채용에서 차별적 편향성을 보일만한 지표(복수응답)

(단위 : 명, %)

		사례 수	성별	연령	학벌	종교	피부색	목소리와 표정	장애 여부
전 체		(1,055)	28.1	38.6	50.4	15.2	10.4	39.1	18.1
성별	남자	(592)	26.6	41.4	52.5	17.3	10.7	35.1	17.6
	여자	(463)	30.0	35.0	47.8	12.4	10.0	44.3	18.6
연령	20~24세	(190)	28.0	38.8	55.0	15.4	6.6	42.4	20.3
	25~29세	(450)	26.2	33.0	48.0	13.6	10.4	38.0	17.9
	30~34세	(253)	32.0	47.3	52.1	16.6	13.8	36.5	19.2
	35~39세	(162)	27.5	40.4	49.1	17.1	9.5	42.5	14.3
거주 지역	서울	(239)	37.3	43.2	50.4	15.1	14.5	43.8	17.9
	인천/경기	(389)	26.0	38.9	48.2	14.5	10.0	42.7	18.5
	대전/충청	(81)	23.8	30.1	45.2	13.4	5.4	43.5	25.1
	광주/전라	(83)	28.9	31.2	50.2	16.4	11.9	28.0	11.2
	대구/경북	(85)	26.3	43.8	61.8	11.3	7.1	28.8	20.6
	부산/울산/경남	(155)	24.2	39.1	50.6	18.8	9.4	34.6	17.9
	강원/제주	(23)	12.6	19.4	64.0	19.4	6.0	23.0	4.8
학력	고졸	(132)	31.8	37.5	51.5	12.3	9.0	37.0	21.1
	2~3년제 대학	(181)	23.1	39.3	50.5	5.8	5.1	34.7	20.3
	4년제 대학	(693)	28.9	38.5	49.7	17.8	11.5	41.0	16.9

〈표 2-22〉의 계속

		사례 수	성별	연령	학벌	종교	피부색	목소리와 표정	장애 여부
학력	대학원 이상	(49)	25.0	40.7	56.9	19.7	18.9	34.3	18.1
고등학교 유형(고졸)	일반계	(80)	35.4	35.3	57.7	14.5	11.1	35.0	20.1
	직업계	(52)	26.1	40.8	41.3	8.9	5.7	40.2	22.8
대학 전공 계열 (대재 이상)	사회과학 계열	(196)	32.0	37.8	51.6	20.1	15.2	41.6	22.0
	경상 계열	(115)	22.3	29.8	42.7	11.4	7.0	46.3	9.1
	인문어학 계열	(176)	31.0	42.6	52.9	13.6	10.1	32.3	16.2
	예체능 계열	(90)	21.7	43.7	45.3	11.9	7.9	40.0	14.8
	이공학 계열	(318)	26.6	39.6	53.2	16.8	10.8	39.4	18.8
	보건의료 계열	(28)	26.5	32.8	38.0	11.1	3.2	38.7	27.0
이전 취업 경험	있음	(787)	30.1	40.1	50.3	16.1	10.5	38.5	18.9
	없음	(268)	22.2	34.3	50.8	12.5	10.3	40.8	15.7
취업 경력 기간	2년 미만	(287)	30.2	40.4	50.8	16.1	11.5	40.7	19.1
	2년~5년 미만	(282)	30.2	36.6	50.7	16.9	10.9	36.7	18.8
	5년 이상	(219)	29.8	44.1	49.2	14.9	8.5	38.0	18.6
인공지능 기반 채용	경험 있음	(265)	34.1	40.9	48.2	16.8	11.7	40.3	13.2
	경험 없음	(790)	26.1	37.9	51.2	14.6	10.0	38.7	19.7

자료 : 저자 작성.

39.1%, '연령' 38.6%, '성별' 28.1%, '장애 여부' 18.1%, '종교' 15.2%, '피부색' 10.4% 등의 순으로 조사되었다.

여자의 경우 '목소리와 표정'의 응답률이 44.3%로 남자 35.1%보다 상대적으로 더 높은 특징을 보였다.

학력별로는 고졸의 경우 '성별'(31.8%), 4년제 대학은 '목소리와 표정'(41.0%), 대학원 이상은 '학벌'(56.9%)의 응답률이 타 학력 대비 상대적으로 더 높은 특징을 보였다.

인공지능 기반 채용 경험 여부에 따라서는 경험자의 경우 '성별'에서 34.1%의 응답률을 보인 반면, 미경험자는 26.1%로 낮게 나타나 차이를 보였다.

사. 인공지능 기반 채용 경험

인공지능 기반 채용을 경험했는지 여부에 대해서는 전체 응답자의 25.2%가 '경험한 적 있다'고 응답했으며, 74.8%는 '경험한 적 없다'고 응답하였다.

[그림 2-17] 인공지능 기반 채용 경험

(단위 : %)

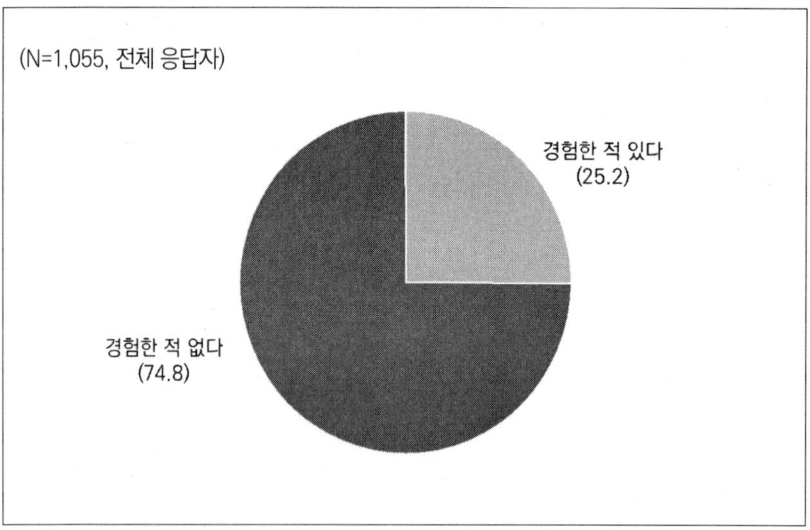

자료 : 저자 작성.

〈표 2-23〉 인공지능 기반 채용 경험

(단위 : 명, %)

		사례 수	경험한 적 있다	경험한 적 없다
전 체		(1,055)	25.2	74.8
성별	남자	(592)	29.6	70.4
	여자	(463)	19.5	80.5
연령	20~24세	(190)	25.5	74.5
	25~29세	(450)	25.6	74.4
	30~34세	(253)	28.3	71.7
	35~39세	(162)	18.6	81.4
거주지역	서울	(239)	35.1	64.9
	인천/경기	(389)	24.5	75.5
	대전/충청	(81)	27.6	72.4
	광주/전라	(83)	23.9	76.1
	대구/경북	(85)	15.7	84.3
	부산/울산/경남	(155)	18.1	81.9
	강원/제주	(23)	11.6	88.4
학력	고졸	(132)	15.5	84.5
	2~3년제 대학	(181)	16.4	83.6

〈표 2-23〉의 계속

		사례 수	경험한 적 있다	경험한 적 없다
학력	4년제 대학	(693)	29.0	71.0
	대학원 이상	(49)	29.0	71.0
고등학교 유형 (고졸)	일반계	(80)	17.1	82.9
	직업계	(52)	13.0	87.0
대학 전공 계열 (대재 이상)	사회과학 계열	(196)	29.8	70.2
	경상 계열	(115)	25.2	74.8
	인문어학 계열	(176)	28.1	71.9
	예체능 계열	(90)	15.3	84.7
	이공학 계열	(318)	26.7	73.3
	보건의료 계열	(28)	33.8	66.2
이전 취업 경험	있음	(787)	27.5	72.5
	없음	(268)	18.4	81.6
취업 경력 기간	2년 미만	(287)	27.1	72.9
	2~5년 미만	(282)	31.8	68.2
	5년 이상	(219)	22.3	77.7

자료 : 저자 작성.

인공지능 기반 채용 경험 비율은 남자가 29.6%로 여자 19.5%에 비해 높게 나타났다.

연령별 인공지능 기반 채용 경험 비율은 20~24세 25.5%, 25~29세 25.6%, 30~34세 28.3%, 35~39세 18.6%로 30~34세에서 가장 높게 나타났다.

학력별로 인공지능 기반 채용 경험률은 고졸 15.5%, 2~3년제 대학 16.4%, 4년제 대학 29.0%, 대학원 이상 29.0%로 4년제 대학 이상 학력층의 경험 비율이 2~3년제 대학 이하보다 높게 나타났다.

이전 취업 경험 여부에 따라서는 이전 취업 경험자의 인공지능 기반 채용 경험률이 27.5%로 이전 취업 경험이 없는 응답자 18.4%보다 높게 나타났다.

2. 인공지능 기반 채용 미경험자의 구직 · 취업 준비

가. 인공지능 기반 채용 과정 준비

1) 인공지능 기반 채용 과정 준비 여부

인공지능 기반 채용 미경험자를 대상으로 인공지능 기반 채용 과정(서류,

[그림 2-18] (인공지능 채용 미경험자) 인공지능 기반 채용 과정 준비 여부

(단위 : %)

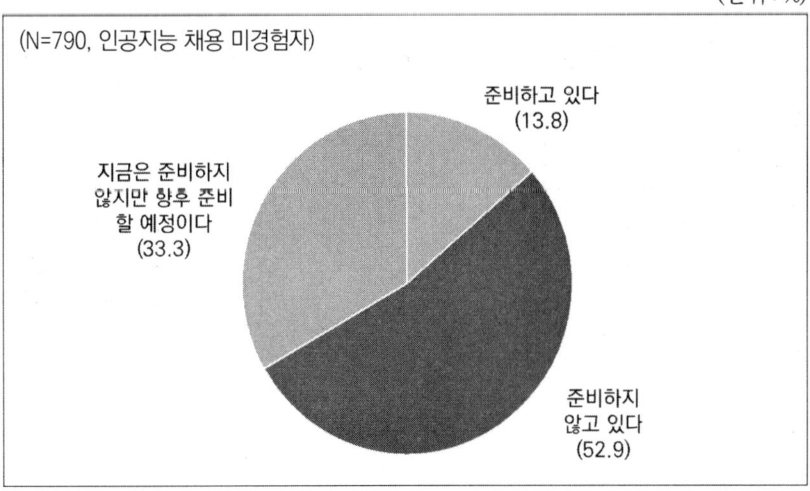

자료 : 저자 작성.

〈표 2-24〉 (인공지능 채용 미경험자) 인공지능 기반 채용 과정 준비 여부

(단위 : 명, %)

		사례 수	준비하고 있다	준비하지 않고 있다	지금은 준비하지 않지만 향후 준비할 예정이다
전 체		(790)	13.8	52.9	33.3
성별	남자	(417)	17.5	51.1	31.4
	여자	(373)	9.6	55.0	35.4
연령	20~24세	(142)	20.7	46.7	32.5
	25~29세	(334)	12.6	53.2	34.2
	30~34세	(182)	12.7	54.3	33.0
	35~39세	(132)	11.0	56.9	32.0
거주지역	서울	(155)	12.8	53.7	33.4
	인천/경기	(293)	13.8	49.1	37.1
	대전/충청	(59)	16.1	52.7	31.2
	광주/전라	(63)	14.0	58.8	27.2
	대구/경북	(72)	10.4	57.2	32.4
	부산/울산/경남	(127)	15.1	51.0	33.9
	강원/제주	(20)	17.6	81.4	1.1
학력	고졸	(111)	5.3	65.5	29.1
	2~3년제 대학	(152)	12.2	49.0	38.8

〈표 2-24〉의 계속

		사례 수	준비하고 있다	준비하지 않고 있다	지금은 준비하지 않지만 향후 준비할 예정이다
학력	4년제 대학	(492)	16.6	51.0	32.4
	대학원 이상	(34)	7.9	56.7	35.4
고등학교 유형(고졸)	일반계	(67)	7.3	71.4	21.3
	직업계	(45)	2.4	56.8	40.8
대학 전공 계열 (대재 이상)	사회과학 계열	(138)	20.9	51.1	28.0
	경상 계열	(86)	16.8	52.6	30.6
	인문어학 계열	(127)	13.1	55.7	31.1
	예체능 계열	(76)	9.7	56.1	34.2
	이공학 계열	(233)	15.0	44.4	40.6
	보건의료 계열	(18)	4.1	67.0	28.9
이전 취업 경험	있음	(571)	13.9	52.7	33.3
	없음	(219)	13.4	53.4	33.2
취업 경력 기간	2년 미만	(209)	15.7	50.7	33.5
	2~5년 미만	(192)	15.6	49.4	35.0
	5년 이상	(170)	9.9	59.0	31.1

자료 : 저자 작성.

면접, 역량/인적성 검사)을 준비하고 있는지를 질문한 결과 '준비하지 않고 있다'는 응답이 52.9%로 절반 이상을 차지했으며, '지금은 준비하지 않지만 향후 준비할 예정이다' 33.3%, '준비하고 있다' 13.8%로 조사되었다.

'준비하고 있다' 응답률은 남자 17.5%, 여자 9.6%로 남자가 여자보다 더 높았다.

연령별 '준비하고 있다' 응답률은 20~24세 20.7%, 25~29세 12.6%, 30~34세 12.7%, 35~39세 11.0%로 20~24세 연령층에서 가장 높았다.

학력별 '준비하고 있다' 응답률은 고졸 5.3%, 2~3년제 대학 12.2%, 4년제 대학 16.6%, 대학원 이상 7.9%로 4년제 대학에서 가장 높게 나타났다.

전공별 '준비하고 있다' 응답률은 사회과학 계열 20.9%, 경상 계열 16.8%, 이공학 계열 15.0%, 인문어학 계열 13.1% 등의 순으로 조사되었다.

2) 인공지능 기반 채용을 준비하기 위해 부담한 별도 비용

인공지능 기반 채용을 준비하고 있다는 응답자를 대상으로 인공지능 기반 채용을 준비하기 위해 부담한 비용(모의고사 응시, 별도 사교육 등)을 질문한 결과 '부담하지 않았다'는 응답이 56.0%로 절반 이상을 차지한 가운데 '50만 원 미만' 38.2%, '50만~100만 원 미만' 4.6%, '100만 원 이상' 1.1%로 조사되었다.

[그림 2-19] (인공지능 채용 미경험자) 인공지능 기반 채용을 준비하기 위해 부담한 별도 비용

(단위 : %)

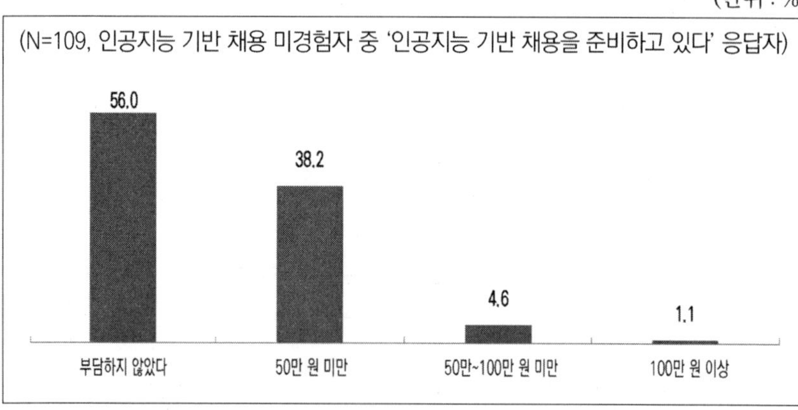

자료 : 저자 작성.

〈표 2-25〉 (인공지능 채용 미경험자 중 준비자) 인공지능 기반 채용을 준비하기 위해 부담한 별도 비용

(단위 : 명, %)

		사례 수	부담하지 않았다	비용을 부담했다			
					50만 원 미만	50만~100만 원 미만	100만 원 이상
전 체		(109)	56.0	44.0	38.2	4.6	1.1
성별	남자	(73)	54.0	46.0	37.3	6.9	1.7
	여자	(36)	60.1	39.9	39.9	0.0	0.0
연령	20~24세	(29)	52.0	48.0	45.0	3.0	0.0
	25~29세	(42)	71.5	28.5	26.0	2.5	0.0
	30~34세	(23)	49.2	50.8	37.0	8.5	5.4
	35~39세	(15)	30.3	69.7	61.5	8.2	0.0
거주지역	서울	(20)	45.8	54.2	48.3	5.9	0.0
	인천/경기	(40)	65.3	34.7	28.6	3.1	3.1
	대전/충청	(10)	47.3	52.7	52.7	0.0	0.0
	광주/전라	(9)	12.0	88.0	77.7	10.3	0.0
	대구/경북	(7)	56.4	43.6	29.8	13.8	0.0
	부산/울산/경남	(19)	64.4	35.6	31.9	3.7	0.0
	강원/제주	(4)	94.0	6.0	6.0	0.0	0.0
학력	고졸	(6)	31.0	69.0	69.0	0.0	0.0
	2~3년제 대학	(19)	50.3	49.7	49.7	0.0	0.0

〈표 2-25〉의 계속

		사례 수	부담하지 않았다	비용을 부담했다	50만 원 미만	50만~100만 원 미만	100만 원 이상
학력	4년제 대학	(82)	59.2	40.8	34.6	6.2	0.0
	대학원 이상	(3)	54.1	45.9	0.0	0.0	45.9
고등학교 유형(고졸)	일반계	(5)	38.0	62.0	62.0	0.0	0.0
	직업계	(1)	0.0	100.0	100.0	0.0	0.0
대학 전공 계열 (대재 이상)	사회과학 계열	(29)	54.7	45.3	41.7	3.6	0.0
	경상 계열	(14)	40.1	59.9	45.1	14.8	0.0
	인문어학 계열	(17)	52.3	47.7	34.9	5.3	7.5
	예체능 계열	(7)	100.0	0.0	0.0	0.0	0.0
	이공학 계열	(35)	59.4	40.6	37.7	2.9	0.0
	보건의료 계열	(1)	100.0	0.0	0.0	0.0	0.0
이전 취업 경험	있음	(80)	52.6	47.4	39.8	6.0	1.6
	없음	(29)	65.2	34.8	33.8	1.0	0.0
취업 경력 기간	2년 미만	(33)	50.7	49.3	40.2	9.1	0.0
	2~5년 미만	(30)	62.9	37.1	34.2	2.9	0.0
	5년 이상	(17)	38.3	61.7	49.0	5.4	7.4

자료 : 저자 작성.

나. 인공지능 기반 채용 방식에 지원할 의향

인공지능 기반 채용 방식에 지원할 의향에 대해서는 '적극 응할 것이다' 5.8%, '응할 것이다' 39.6% 등 "응할 것이다"라는 응답이 45.4%였으며, '보통이다'는 41.9%, '응하고 싶지 않다' 10.4%, '적극 응하지 않을 것이다' 2.3% 등 "응하고 싶지 않다"는 응답이 12.7%로 조사되었다.

[그림 2-20] (인공지능 채용 미경험자) 인공지능 기반 채용 방식에 지원할 의향

(단위 : %)

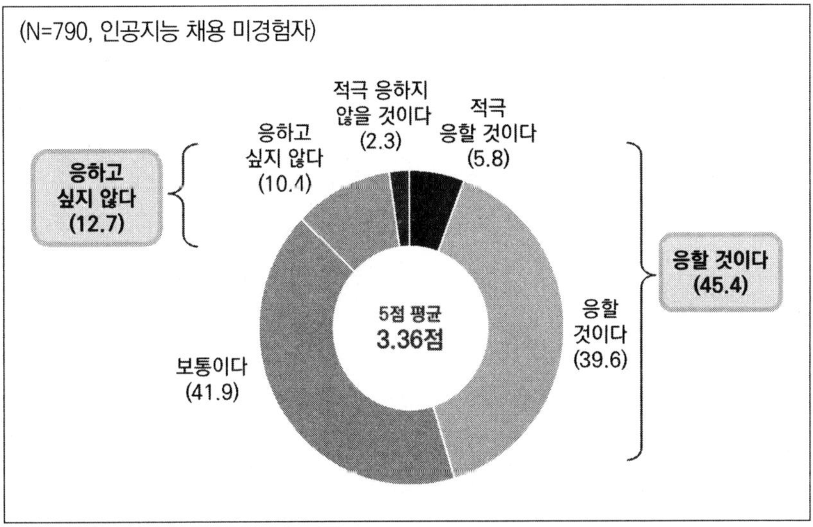

주 : 평균산출(적극 응하지 않을 것이다=1점, 응하고 싶지 않다=2점, 보통이다=3점, 응할 것이다=4점, 적극 응할 것이다=5점).
자료 : 저자 작성.

인공지능 기반 채용 방식에 "응할 것이다(적극 응할 것이다+응할 것이다)"는 응답은 남성이 51.2%로 여성 38.8%에 비해 더 높았다.

연령별 "응할 것이다" 응답률은 20~24세 41.4%, 25~29세 50.1%, 30~34세 45.5%, 35~39세 37.5%로 25~29세에서 가장 높고, 35~39세에서 가장 낮았다.

학력별 "응할 것이다" 응답률은 고졸 38.3%, 2~3년제 대학 39.5%, 4년제 대학 48.6%, 대학원 이상 47.1%로 4년제 대학 이상 학력층이 2~3년제 대학

〈표 2-26〉 (인공지능 채용 미경험자) 인공지능 기반 채용 방식에 지원할 의향

(단위 : 명, %, 점)

		사례 수	⑤ 적극 응할 것이다	④ 응할 것이다	③ 보통이다	② 응하고 싶지 않다	① 적극 응하지 않을 것이다	종합			5점 평균
								④+⑤ 응할 것이다	③ 보통이다	①+② 응하고 싶지 않다	
전 체		(790)	5.8	39.6	41.9	10.4	2.3	45.4	41.9	12.7	3.36
성별	남자	(417)	6.4	44.8	36.6	9.8	2.4	51.2	36.6	12.1	3.43
	여자	(373)	5.0	33.7	47.8	11.2	2.3	38.8	47.8	13.4	3.28
연령	20~24세	(142)	4.5	36.9	43.7	13.2	1.7	41.4	43.7	14.9	3.29
	25~29세	(334)	6.4	43.7	37.4	10.4	2.2	50.1	37.4	12.5	3.42
	30~34세	(182)	6.2	39.3	43.8	8.2	2.5	45.5	43.8	10.7	3.39
	35~39세	(132)	5.0	32.5	48.8	10.6	3.1	37.5	48.8	13.7	3.26
거주지역	서울	(155)	6.3	34.4	47.7	9.5	2.1	40.7	47.7	11.6	3.33
	인천/경기	(293)	7.0	42.6	38.0	10.2	2.2	49.6	38.0	12.4	3.42
	대전/충청	(59)	0.0	38.5	45.2	12.5	3.8	38.5	45.2	16.3	3.18
	광주/전라	(63)	7.1	35.7	41.7	13.1	2.3	42.8	41.7	15.5	3.32
	대구/경북	(72)	6.2	34.8	49.9	7.2	1.9	41.1	49.9	9.0	3.36
	부산/울산/경남	(127)	4.8	41.9	38.0	12.5	2.8	46.6	38.0	15.3	3.33
	강원/제주	(20)	1.1	53.7	41.9	3.3	0.0	54.8	41.9	3.3	3.53
학력	고졸	(111)	2.4	35.9	49.3	10.8	1.6	38.3	49.3	12.4	3.27
	2~3년제 대학	(152)	4.7	34.8	44.7	11.8	4.0	39.5	44.7	15.8	3.24

〈표 2-26〉의 계속

		사례 수	⑤ 적극 응할 것이다	④ 응할 것이다	③ 보통이다	② 응하고 싶지 않다	① 적극 응하지 않을 것이다	종합			5점 평균
								④+⑤ 응할 것이다	③ 보통이다	①+② 응하고 싶지 않다	
학력	4년제 대학	(492)	6.5	42.1	40.2	9.0	2.1	48.6	40.2	11.1	3.42
	대학원 이상	(34)	10.6	36.5	29.8	23.1	0.0	47.1	29.8	23.1	3.35
고등학교 유형(고졸)	일반계	(67)	4.0	39.5	47.3	8.0	1.1	43.6	47.3	9.2	3.37
	직업계	(45)	0.0	30.4	52.4	14.8	2.4	30.4	52.4	17.1	3.11
대학 전공 계열 (대재 이상)	사회과학 계열	(138)	4.2	37.6	39.4	16.2	2.6	41.9	39.4	18.8	3.25
	경상 계열	(86)	4.1	43.3	34.5	13.9	4.2	47.4	34.5	18.1	3.29
	인문어학 계열	(127)	8.0	33.1	47.1	9.8	2.0	41.1	47.1	11.8	3.35
	예체능 계열	(76)	2.2	37.4	48.5	10.6	1.2	39.6	48.5	11.9	3.29
	이공학 계열	(233)	9.0	44.3	38.9	6.0	1.8	53.3	38.9	7.8	3.53
	보건의료 계열	(18)	3.6	54.2	25.7	8.5	8.0	57.8	25.7	16.5	3.37
이전 취업 경험	있음	(571)	6.7	41.3	40.4	9.9	1.6	48.0	40.4	11.5	3.42
	없음	(219)	3.2	35.1	45.8	11.7	4.2	38.3	45.8	15.9	3.21
취업 경력 기간	2년 미만	(209)	7.3	41.6	39.6	9.7	1.7	48.9	39.6	11.4	3.43
	2년~5년 미만	(192)	5.1	46.5	37.3	10.4	0.8	51.5	37.3	11.2	3.45
	5년 이상	(170)	7.9	35.1	45.0	9.8	2.2	43.0	45.0	12.0	3.37

자료 : 저자 작성.

이하 학력층보다 높았다.

전공계열로는 이공학 계열과 보건의료 계열에서 "응할 것이다" 응답률이 각각 53.3%와 57.8%로 타 전공계열보다 높게 나타났다.

이전 취업 경험 여부에 따라서는 이전 취업 경험이 있는 응답자의 "응할 것이다" 응답률이 48.0%로 이전 취업 경험이 없는 응답자 38.3%보다 높게 나타났다.

3. 인공지능 기반 채용 절차 · 과정에 대한 인식

가. 인공지능 기반 채용을 준비하기 위해 부담한 별도 비용

인공지능 기반 채용을 경험한 응답자를 대상으로 인공지능 기반 채용을 준비하기 위해 부담한 비용(모의고사 응시, 면접 코칭 등)을 질문한 결과 '부담하지 않았다'가 51.1%를 차지했으며, '50만 원 미만' 36.4%, '50만 원~100만 원 미만' 11.2%, '100만 원 이상' 1.4% 등 비용을 부담한 비율은 48.9%이었다.

[그림 2-21] (인공지능 채용 경험자) 인공지능 기반 채용을 준비하기 위해 부담한 별도 비용

(단위 : %)

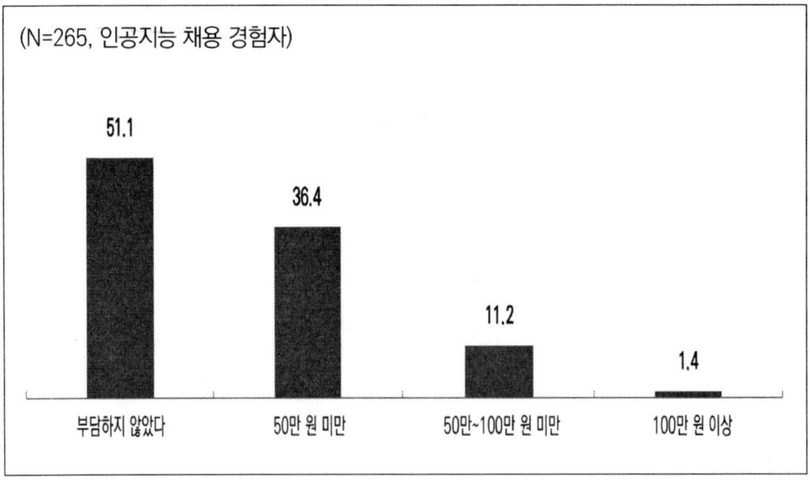

자료 : 저자 작성.

〈표 2-27〉 (인공지능 채용 경험자) 인공지능 기반 채용을 준비하기 위해 부담한 별도 비용

(단위 : 명, %)

		사례 수	부담하지 않았다	비용을 부담했다	50만 원 미만	50만~100만 원 미만	100만 원 이상
전 체		(265)	51.1	48.9	36.4	11.2	1.4
성별	남자	(175)	48.1	51.9	38.9	12.0	1.0
	여자	(90)	56.9	43.1	31.5	9.6	2.0
연령	20~24세	(48)	32.0	68.0	46.0	18.2	3.8
	25~29세	(115)	58.9	41.1	36.0	5.1	0.0
	30~34세	(72)	50.1	49.9	30.6	17.6	1.7
	35~39세	(30)	53.8	46.2	35.8	8.4	1.9
거주지역	서울	(84)	51.1	48.9	32.3	14.8	1.8
	인천/경기	(95)	51.0	49.0	41.2	6.5	1.3
	대전/충청	(22)	61.2	38.8	21.2	17.7	0.0
	광주/전라	(20)	36.7	63.3	58.0	5.3	0.0
	대구/경북	(13)	50.8	49.2	22.5	26.8	0.0
	부산/울산/경남	(28)	53.4	46.6	37.0	6.4	3.2
	강원/제주	(3)	53.1	46.9	19.1	27.9	0.0
학력	고졸	(20)	60.7	39.3	31.9	7.3	0.0
	2~3년제 대학	(30)	47.3	52.7	37.9	14.7	0.0

〈표 2-27〉의 계속

		사례 수	부담하지 않았다	비용을 부담했다	50만 원 미만	50만~100만 원 미만	100만 원 이상
학력	4년제 대학	(201)	50.1	49.9	36.6	11.4	1.8
	대학원 이상	(14)	58.1	41.9	35.7	6.3	0.0
고등학교 유형(고졸)	일반계	(14)	61.8	38.2	38.2	0.0	0.0
	직업계	(7)	58.5	41.5	19.1	22.4	0.0
대학 전공 계열 (대재 이상)	사회과학 계열	(58)	53.0	47.0	34.0	12.9	0.0
	경상 계열	(29)	52.1	47.9	37.5	10.4	0.0
	인문어학 계열	(50)	36.8	63.2	48.1	13.3	1.8
	예체능 계열	(14)	22.5	77.5	36.9	25.0	15.7
	이공학 계열	(85)	59.2	40.8	32.2	8.0	0.7
	보건의료 계열	(9)	58.5	41.5	32.2	9.4	0.0
이전 취업 경험	있음	(216)	52.5	47.5	34.2	11.6	1.7
	없음	(49)	44.9	55.1	45.7	9.4	0.0
취업 경력 기간	2년 미만	(78)	48.2	51.8	38.5	9.3	4.0
	2~5년 미만	(90)	52.8	47.2	36.2	11.1	0.0
	5년 이상	(49)	58.7	41.3	23.9	16.2	1.2

자료 : 저자 작성.

비용을 부담한 비율을 성별로 살펴보면 남자 51.9%, 여자 43.1%로 여자보다 남자의 비용 부담 비율이 더 높았다.

연령별 비용을 부담한 비율은 20~24세 68.0%, 25~29세 41.1%, 30~34세 49.9%, 35~39세 46.2%로 20~24세 연령층의 비용 부담 비율이 가장 높게 나타났다.

나. 인공지능 기반 채용과 관련된 고지

1) 인공지능 기반 채용이라는 것을 공고 또는 채용 절차 전 통지받은 경험

인공지능 기반 채용이라는 것을 채용 공고 또는 채용 절차 전에 통지받은 경험에 대해서는 '통지를 받았다'는 응답이 82.1%였으며, '통지를 받지 못했다'는 17.9%로 조사되었다.

[그림 2-22] (인공지능 채용 경험자) 인공지능 기반 채용이라는 것을 공고 또는 채용 절차 전 통지받은 경험

(단위 : %)

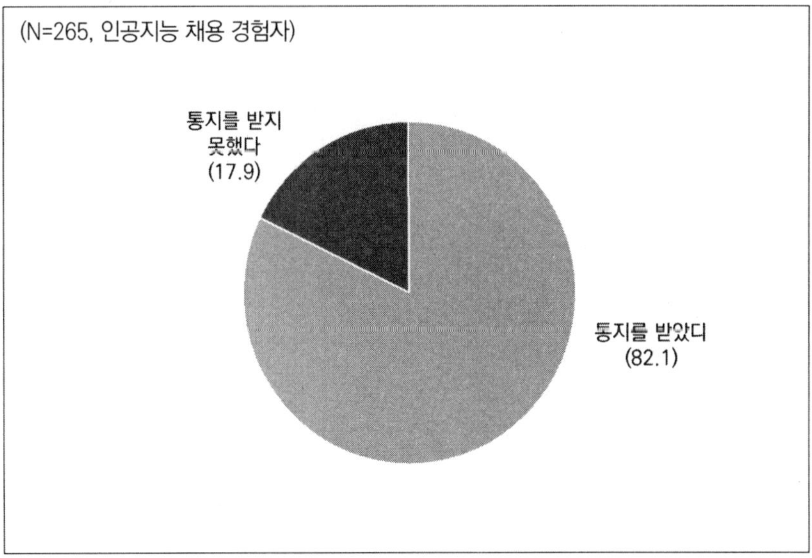

자료 : 저자 작성.

〈표 2-28〉 (인공지능 채용 경험자) 인공지능 기반 채용이라는 것을 공고 또는 채용 절차 전 통지받은 경험

(단위 : 명, %)

		사례 수	통지를 받았다	통지를 받지 못했다
전 체		(265)	82.1	17.9
성별	남자	(175)	80.9	19.1
	여자	(90)	84.5	15.5
연령	20~24세	(48)	83.7	16.3
	25~29세	(115)	79.4	20.6
	30~34세	(72)	89.6	10.4
	35~39세	(30)	71.7	28.3
거주지역	서울	(84)	84.5	15.5
	인천/경기	(95)	73.3	26.7
	대전/충청	(22)	88.0	12.0
	광주/전라	(20)	92.8	7.2
	대구/경북	(13)	95.5	4.5
	부산/울산/경남	(28)	86.1	13.9
	강원/제주	(3)	80.9	19.1
학력	고졸	(20)	75.1	24.9
	2~3년제 대학	(30)	74.6	25.4
	4년제 대학	(201)	84.8	15.2
	대학원 이상	(14)	68.9	31.1
고등학교 유형(고졸)	일반계	(14)	95.2	4.8
	직업계	(7)	34.0	66.0
대학 전공 계열 (대재 이상)	사회과학 계열	(58)	81.5	18.5
	경상 계열	(29)	96.4	3.6
	인문어학 계열	(50)	74.9	25.1
	예체능 계열	(14)	86.0	14.0
	이공학 계열	(85)	80.9	19.1
	보건의료 계열	(9)	100.0	0.0
이전 취업 경험	있음	(216)	84.6	15.4
	없음	(49)	70.9	29.1
취업 경력 기간	2년 미만	(78)	91.4	8.6
	2년~5년 미만	(90)	81.9	18.1
	5년 이상	(49)	78.8	21.2

자료 : 저자 작성.

2) 인공지능 기반 채용이라는 것을 공고 또는 채용 절차 전 통지 희망 여부

인공지능 기반 채용이라는 것을 공고 또는 채용 절차 전에 통지받기를 희망하는지에 대해서는 전체 응답자의 대부분인 89.6%가 '희망'하는 것으로 조사되었다.

[그림 2-23] (인공지능 채용 경험자) 인공지능 기반 채용이라는 것을 공고 또는 채용 절차 전 통지 희망 여부

(단위 : %)

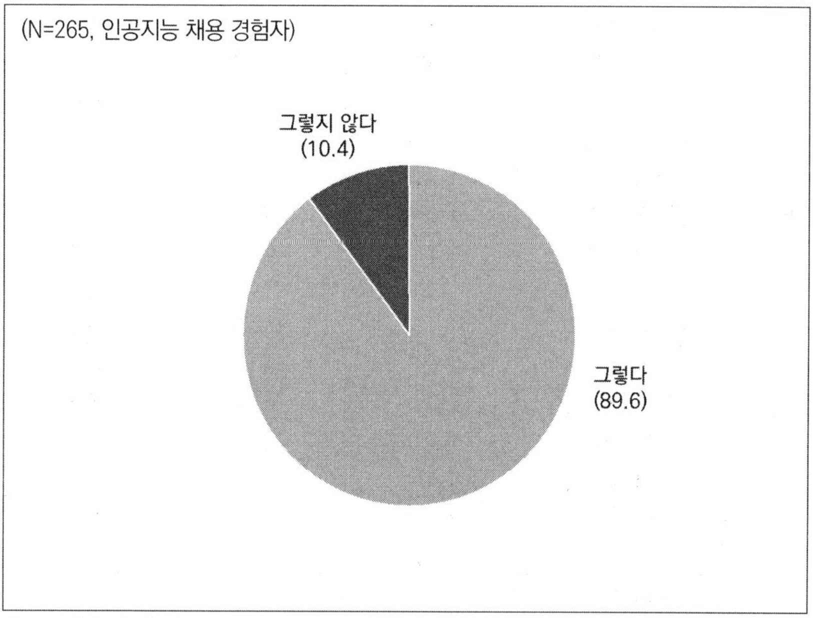

자료 : 저자 작성.

인공지능 기반 채용이라는 것을 사전에 통지받기를 희망하는 비율을 연령별로 살펴보면 20~24세 84.3%, 25~29세 92.9%, 30~34세 87.8%, 35~39세 89.9%로 25~29세 연령층에서 가장 높게 나타났다.

전공계열별 사전 통지 희망 비율은 사회과학 계열 92.9%, 이공학 계열 89.2%, 경상 계열 86.3% 등의 순으로 사회과학 계열에서 가장 높았다.

이전 취업 경험에 따라서는 이전 취업 경험자의 사전 통지 희망 비율이 91.4%로 취업 미경험자 81.8%에 비해 높았다.

〈표 2-29〉 (인공지능 채용 경험자) 인공지능 기반 채용이라는 것을 공고 또는 채용 절차 전 통지 희망 여부

(단위 : 명, %)

		사례 수	그렇다	그렇지 않다
전 체		(265)	89.6	10.4
성별	남자	(175)	90.1	9.9
	여자	(90)	88.6	11.4
연령	20~24세	(48)	84.3	15.7
	25~29세	(115)	92.9	7.1
	30~34세	(72)	87.8	12.2
	35~39세	(30)	89.9	10.1
거주지역	서울	(84)	92.0	8.0
	인천/경기	(95)	90.6	9.4
	대전/충청	(22)	87.4	12.6
	광주/전라	(20)	95.4	4.6
	대구/경북	(13)	100.0	0.0
	부산/울산/경남	(28)	71.1	28.9
	강원/제주	(3)	100.0	0.0
학력	고졸	(20)	100.0	0.0
	2~3년제 대학	(30)	84.4	15.6
	4년제 대학	(201)	89.5	10.5
	대학원 이상	(14)	87.4	12.6
고등학교 유형(고졸)	일반계	(14)	100.0	0.0
	직업계	(7)	100.0	0.0
대학 전공 계열 (대재 이상)	사회과학 계열	(58)	92.9	7.1
	경상 계열	(29)	86.3	13.7
	인문어학 계열	(50)	84.9	15.1
	예체능 계열	(14)	85.5	14.5
	이공학 계열	(85)	89.2	10.8
	보건의료 계열	(9)	92.0	8.0
이전 취업 경험	있음	(216)	91.4	8.6
	없음	(49)	81.8	18.2
취업 경력 기간	2년 미만	(78)	92.8	7.2
	2~5년 미만	(90)	93.4	6.6
	5년 이상	(49)	85.4	14.6

자료 : 저자 작성.

3) 인공지능 기반 채용에서 중요하게 평가하는 기준/항목을 사전에 통지받은 경험

인공지능 기반 채용 과정에서 중요하게 평가하는 기준 내지 항목을 사전에 통지받았는가에 대해서는 '통지를 받았다'는 응답이 56.2%였으며, '통지를 받지 못했다'는 43.8%로 조사되었다.

[그림 2-24] (인공지능 채용 경험자) 인공지능 기반 채용에서 중요하게 평가하는 기준/항목을 사전에 통지받은 경험

(단위 : %)

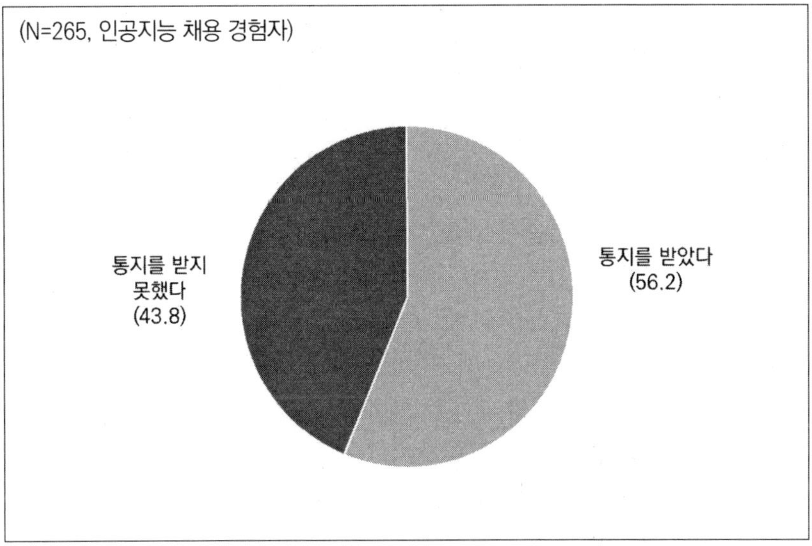

자료 : 저자 작성.

인공지능 기반 채용 과정의 중요한 평가 항목에 대해 사전 통지를 받은 비율은 남자 58.1%, 여자 52.4%로 남자가 여자보다 약간 더 높게 나타났다.

연령별로 중요한 평가 항목에 대해 사전 통지를 받은 비율은 20~24세 72.7%, 25~29세 51.0%, 30~34세 54.5%, 35~39세 53.2%로 20~24세 연령층이 타 연령층에 비해 높았다.

이전 취업 경험 여부에 따라서는 이전 취업 경험자의 중요 평가 항목에 대한 사전 통지 경험 비율이 59.1%로 취업 미경험자 43.1%에 비해 높았다.

〈표 2-30〉 (인공지능 채용 경험자) 인공지능 기반 채용에서 중요하게 평가하는 기준/항목을 사전에 통지받은 경험

(단위 : 명, %)

		사례 수	통지를 받았다	통지를 받지 못했다
전 체		(265)	56.2	43.8
성별	남자	(175)	58.1	41.9
	여자	(90)	52.4	47.6
연령	20~24세	(48)	72.7	27.3
	25~29세	(115)	51.0	49.0
	30~34세	(72)	54.5	45.5
	35~39세	(30)	53.2	46.8
거주지역	서울	(84)	61.8	38.2
	인천/경기	(95)	52.0	48.0
	대전/충청	(22)	56.0	44.0
	광주/전라	(20)	57.8	42.2
	대구/경북	(13)	57.5	42.5
	부산/울산/경남	(28)	51.0	49.0
	강원/제주	(3)	64.1	35.9
학력	고졸	(20)	84.2	15.8
	2~3년제 대학	(30)	54.3	45.7
	4년제 대학	(201)	52.9	47.1
	대학원 이상	(14)	66.1	33.9
고등학교 유형(고졸)	일반계	(14)	87.9	12.1
	직업계	(7)	76.8	23.2
대학 전공 계열 (대재 이상)	사회과학 계열	(58)	55.0	45.0
	경상 계열	(29)	45.8	54.2
	인문어학 계열	(50)	64.5	35.5
	예체능 계열	(14)	77.5	22.5
	이공학 계열	(85)	47.9	52.1
	보건의료 계열	(9)	33.5	66.5
이전 취업 경험	있음	(216)	59.1	40.9
	없음	(49)	43.1	56.9
취업 경력 기간	2년 미만	(78)	58.8	41.2
	2~5년 미만	(90)	61.3	38.7
	5년 이상	(49)	55.7	44.3

자료 : 저자 작성.

4) 인공지능 기반 채용의 각 과정이 어떤 역량을 평가하기 위해 활용된 것인지 인지 여부

인공지능 기반 채용의 각 과정이 어떤 역량(인지능력, 기억능력 등)을 평가하기 위해 활용된 것인지 인지하는 비율은 '잘 알고 있다' 20.6%, '어느 정도 알고 있다' 60.6%, '잘 모른다' 18.9%로 조사되었다.

[그림 2-25] (인공지능 채용 경험자) 인공지능 기반 채용의 각 과정이 어떤 역량을 평가하기 위해 활용된 것인지 인지 여부

(단위 : %)

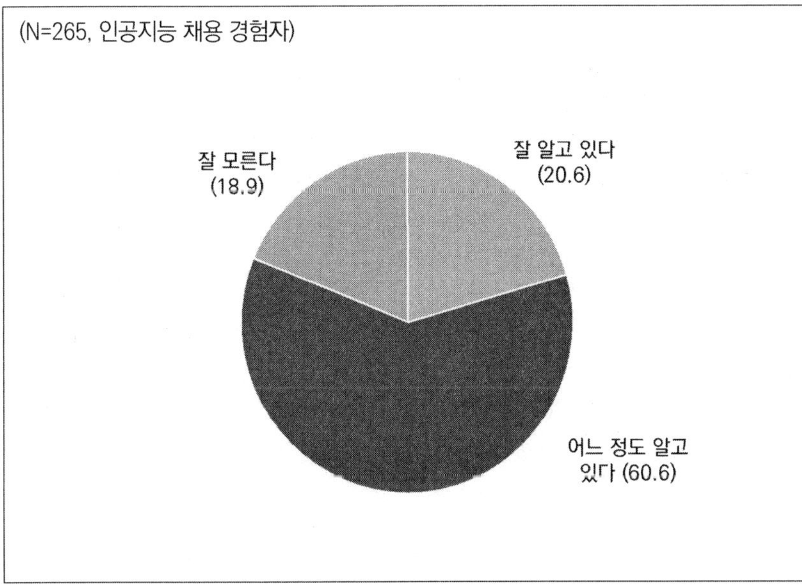

자료 : 저자 작성.

'잘 모른다'의 응답률을 연령별로 살펴보면 20~24세 9.4%, 25~29세 22.3%, 30~34세 21.5%, 35~39세 14.6%로 25~34세 연령층에서 높은 특징을 보였다.

학력별로 '잘 모른다' 응답률은 대학원 이상에서 29.9%로 가장 높은 특징을 보였다.

전공계열별로 '잘 모른다' 응답률은 경상 계열(36.7%)과 이공학 계열(23.0%)에서 높은 특징을 보였다.

〈표 2-31〉 (인공지능 채용 경험자) 인공지능 기반 채용의 각 과정이 어떤 역량을 평가하기 위해 활용된 것인지 인지 여부

(단위 : 명, %)

		사례 수	잘 알고 있다	어느 정도 알고 있다	잘 모른다
전 체		(265)	20.6	60.6	18.9
성별	남자	(175)	21.4	59.5	19.1
	여자	(90)	19.0	62.6	18.4
연령	20~24세	(48)	22.5	68.1	9.4
	25~29세	(115)	19.9	57.7	22.3
	30~34세	(72)	22.7	55.8	21.5
	35~39세	(30)	14.7	70.7	14.6
거주지역	서울	(84)	21.9	61.3	16.9
	인천/경기	(95)	18.8	56.0	25.2
	대전/충청	(22)	30.6	45.6	23.9
	광주/전라	(20)	35.9	64.1	0.0
	대구/경북	(13)	5.2	62.9	31.9
	부산/울산/경남	(28)	6.4	86.0	7.6
	강원/제주	(3)	72.9	19.1	8.0
학력	고졸	(20)	30.8	55.0	14.2
	2~3년제 대학	(30)	27.1	60.2	12.7
	4년제 대학	(201)	19.9	60.6	19.5
	대학원 이상	(14)	2.1	68.0	29.9
고등학교 유형 (고졸)	일반계	(14)	34.8	50.1	15.0
	직업계	(7)	22.4	65.0	12.6
대학 전공 계열 (대재 이상)	사회과학 계열	(58)	20.3	64.8	15.0
	경상 계열	(29)	5.3	58.0	36.7
	인문어학 계열	(50)	17.6	71.1	11.2
	예체능 계열	(14)	55.5	39.7	4.8
	이공학 계열	(85)	20.1	56.9	23.0
	보건의료 계열	(9)	15.9	62.2	21.9
이전 취업 경험	있음	(216)	22.4	58.7	18.9
	없음	(49)	12.4	68.6	19.0
취업 경력 기간	2년 미만	(78)	22.2	59.0	18.8
	2~5년 미만	(90)	24.8	60.1	15.2
	5년 이상	(49)	18.4	55.9	25.7

자료 : 저자 작성.

5) 인공지능 기반 채용 과정에서 필요한 도움말을 고지받은 경험

인공지능 기반 채용 과정에서 필요한 도움말(과정의 목적 및 채점 기준 등)을 고지받았는가에 대해서는 '상세히 고지받았다' 23.1%, '어느 정도 고지받았다' 58.2%, '고지받지 못했다' 18.7%로 조사되었다.

[그림 2-26] (인공지능 채용 경험자) 인공지능 기반 채용 과정에서 필요한 도움말을 고지받은 경험

(단위 : %)

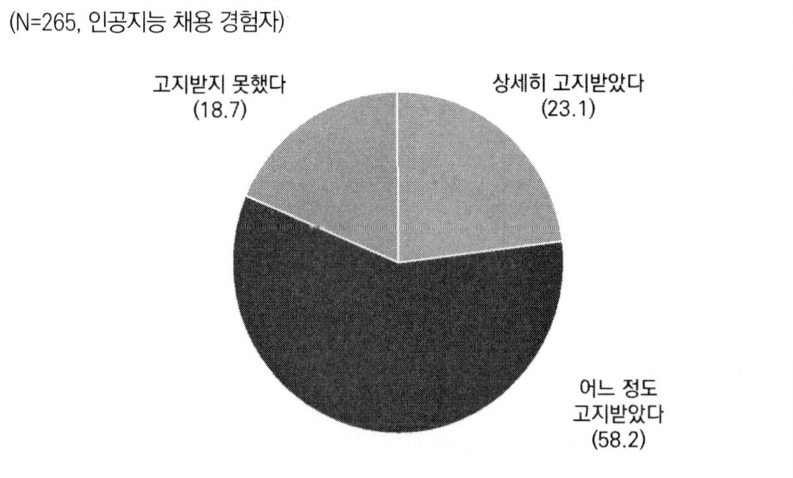

자료 : 저자 작성.

'고지받지 못했다' 응답률을 성별로 살펴보면 여자가 28.3%로 남자 13.7%에 비해 높게 나타났다.

'상세히 고지받았다' 응답률을 연령별로 살펴보면 20~24세 34.1%, 25~29세 21.9%, 30~34세 21.0%, 35~39세 15.3%로 연령이 낮을수록 높게 나타났다.

학력별 '상세히 고지받았다' 응답률을 살펴보면 고졸 35.9%, 2~3년제 대학 38.0%, 4년제 대학 20.4%, 대학원 이상 12.6%로 2~3년제 대학 이하 학력층에서 높게 나타났지만, '어느 정도 고지받았다' 응답률은 고졸 43.5%. 2~3년제 대학 50.8%, 4년제 대학 60.4%, 대학원 이상 63.4%로 4년제 대학 이상 학력층에서 높은 특징을 보였다.

〈표 2-32〉 (인공지능 채용 경험자) 인공지능 기반 채용 과정에서 필요한 도움말을 고지받은 경험

(단위 : 명, %)

		사례 수	상세히 고지받았다	어느 정도 고지받았다	고지받지 못했다
전 체		(265)	23.1	58.2	18.7
성별	남자	(175)	24.1	62.1	13.7
	여자	(90)	21.2	50.5	28.3
연령	20~24세	(48)	34.1	49.7	16.2
	25~29세	(115)	21.9	59.4	18.7
	30~34세	(72)	21.0	58.9	20.1
	35~39세	(30)	15.3	65.4	19.3
거주지역	서울	(84)	21.3	62.4	16.3
	인천/경기	(95)	24.5	54.7	20.8
	대전/충청	(22)	29.1	47.1	23.9
	광주/전라	(20)	40.3	49.6	10.1
	대구/경북	(13)	15.5	53.8	30.8
	부산/울산/경남	(28)	6.3	77.9	15.8
	강원/제주	(3)	72.9	19.1	8.0
학력	고졸	(20)	35.9	43.5	20.6
	2~3년제 대학	(30)	38.0	50.8	11.2
	4년제 대학	(201)	20.4	60.4	19.2
	대학원 이상	(14)	12.6	63.4	24.0
고등학교 유형(고졸)	일반계	(14)	36.8	48.2	15.0
	직업계	(7)	34.0	33.9	32.1
대학 전공 계열 (대재 이상)	사회과학 계열	(58)	29.0	49.4	21.5
	경상 계열	(29)	10.4	62.3	27.3
	인문어학 계열	(50)	22.1	72.9	5.0
	예체능 계열	(14)	41.4	51.0	7.6
	이공학 계열	(85)	20.5	60.6	18.9
	보건의료 계열	(9)	0.0	43.1	56.9
이전 취업 경험	있음	(216)	25.9	55.0	19.0
	없음	(49)	10.8	72.0	17.2
취업 경력 기간	2년 미만	(78)	27.4	50.1	22.5
	2~5년 미만	(90)	28.6	57.8	13.6
	5년 이상	(49)	18.7	57.9	23.4

자료 : 저자 작성.

이전 취업 경험 여부에 따라서는 이전 취업 경험자의 경우 '상세히 고지받았다'의 응답률이 25.9%로 취업 미경험자 10.8%에 비해 높았으며, 취업 미경험자는 '어느 정도 고지받았다'의 응답률이 72.0%로 취업 경험자 55.0%에 비해 높았다.

다. 인공지능 기반 채용의 평가 결과

1) 인공지능 기반 채용이 자신을 평가하는 정확성에 대한 의견

인공지능 기반 채용이 자신을 어느 정도로 정확히 평가할 수 있는가에 대해서는 '보통이다'라는 응답이 42.2% 차지한 가운데, "정확하게 평가한다"는 의견은 '매우 정확하게 평가한다' 6.2%, '다소 정확하게 평가한다' 34.4% 등 40.6%였으며, "부정확하게 평가한다"는 의견은 '매우 부정확하게 평가한다' 2.5%, '부정확하게 평가한다' 14.7% 등 17.2%로 조사되었다.

[그림 2-27] (인공지능 채용 경험자) 인공지능 기반 채용이 자신을 평가하는 정확성에 대한 의견

(단위 : %)

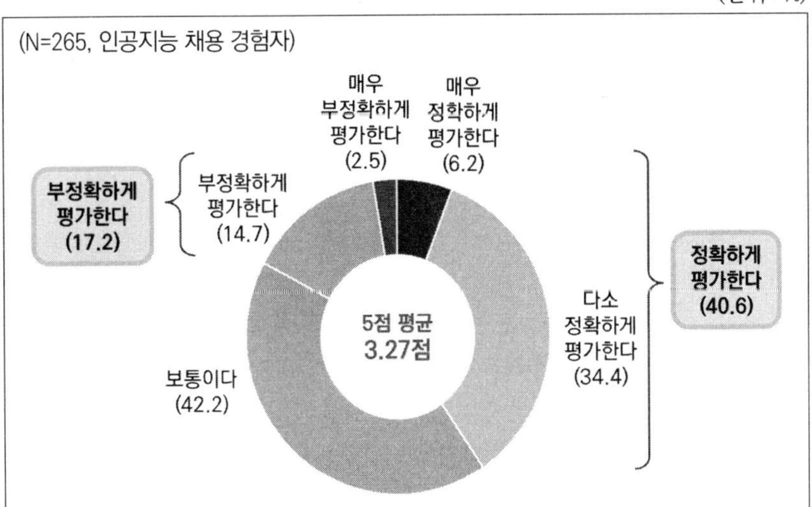

주 : 평균산출(매우 부정확하게 평가한다=1점, 부정확하게 평가한다=2점, 보통이다=3점, 다소 정확하게 평가한다=4점, 매우 정확하게 평가한다=5점).
자료 : 저자 작성.

〈표 2-33〉 (인공지능 채용 경험자) 인공지능 기반 채용이 자신을 평가하는 정확성에 대한 의견

(단위 : 명, %, 점)

		사례 수	⑤ 매우 정확하게 평가한다	④ 다소 정확하게 평가한다	③ 보통이다	② 부정확하게 평가한다	① 매우 부정확하게 평가한다	종합			5점 평균
								④+⑤ 정확하게 평가한다	③ 보통이다	①+② 부정확하게 평가한다	
전 체		(265)	6.2	34.4	42.2	14.7	2.5	40.6	42.2	17.2	3.27
성별	남자	(175)	7.3	37.2	40.9	12.4	2.2	44.5	40.9	14.6	3.35
	여자	(90)	4.0	29.0	44.6	19.1	3.3	33.1	44.6	22.4	3.11
연령	20~24세	(48)	8.2	39.2	30.0	18.1	4.5	47.3	30.0	22.7	3.28
	25~29세	(115)	6.2	35.2	41.8	16.2	0.7	41.3	41.8	16.9	3.30
	30~34세	(72)	6.3	29.5	51.0	10.6	2.6	35.8	51.0	13.2	3.26
	35~39세	(30)	3.2	35.4	42.1	12.9	6.5	38.6	42.1	19.3	3.16
거주지역	서울	(84)	5.2	37.4	37.4	17.9	2.1	42.6	37.4	20.0	3.26
	인천/경기	(95)	10.5	32.2	44.9	11.3	1.1	42.7	44.9	12.4	3.40
	대전/충청	(22)	0.0	36.8	48.8	10.7	3.8	36.8	48.8	14.5	3.19
	광주/전라	(20)	10.8	35.8	21.3	21.1	11.0	46.6	21.3	32.1	3.14
	대구/경북	(13)	0.0	28.5	60.7	10.8	0.0	28.5	60.7	10.8	3.18
	부산/울산/경남	(28)	0.0	36.2	45.0	15.5	3.2	36.2	45.0	18.7	3.14
	강원/제주	(3)	0.0	0.0	72.1	27.9	0.0	0.0	72.1	27.9	2.72
학력	고졸	(20)	18.5	24.4	45.7	11.4	0.0	42.9	45.7	11.4	3.50
	2~3년제 대학	(30)	7.4	37.1	49.5	6.0	0.0	44.5	49.5	6.0	3.46

〈표 2-33〉의 계속

		사례 수	⑤ 매우 정확하게 평가한다	④ 다소 정확하게 평가한다	③ 보통이다	② 부정확하게 평가한다	① 매우 부정확하게 평가한다	종합			5점 평균
								④+⑤ 정확하게 평가한다	③ 보통이다	①+② 부정확하게 평가한다	
학력	4년제 대학	(201)	4.4	35.4	40.1	16.8	3.4	39.8	40.1	20.2	3.21
	대학원 이상	(14)	12.6	28.9	51.4	7.1	0.0	41.4	51.4	7.1	3.47
고등학교 유형(고졸)	일반계	(14)	27.5	6.9	48.7	16.9	0.0	34.4	48.7	16.9	3.45
	직업계	(7)	0.0	60.4	39.6	0.0	0.0	60.4	39.6	0.0	3.60
대학 전공 계열 (대재 이상)	사회과학 계열	(58)	0.0	39.0	44.5	16.6	0.0	39.0	44.5	16.6	3.22
	경상 계열	(29)	6.1	33.0	45.2	12.9	2.9	39.1	45.2	15.8	3.26
	인문어학 계열	(50)	5.8	33.0	46.9	10.4	3.9	38.8	46.9	14.3	3.26
	예체능 계열	(14)	22.6	58.0	11.8	7.6	0.0	80.6	11.8	7.6	3.96
	이공학 계열	(85)	5.9	31.1	39.3	19.1	4.7	36.9	39.3	23.8	3.14
	보건의료 계열	(9)	0.0	35.1	56.9	8.0	0.0	35.1	56.9	8.0	3.27
이전 취업 경험	있음	(216)	7.1	35.6	43.0	11.6	2.7	42.7	43.0	14.3	3.33
	없음	(49)	2.5	29.0	38.4	28.3	1.7	31.6	38.4	30.0	3.02
취업 경력 기간	2년 미만	(78)	5.2	34.0	46.7	11.3	2.8	39.1	46.7	14.2	3.27
	2~5년 미만	(90)	9.3	41.9	34.2	10.5	4.1	51.1	34.2	14.6	3.42
	5년 이상	(49)	6.0	26.7	53.3	14.0	0.0	32.8	53.3	14.0	3.25

자료 : 저자 작성.

'매우 정확하게 평가한다'와 '다소 정확하게 평가한다'를 합산한 "정확하게 평가한다" 응답 비율은 남자가 44.5%로 여자 33.1%에 비해 높게 나타났다.

연령별 "정확하게 평가한다" 응답률은 20~24세 47.3%, 25~29세 41.3%, 30~34세 35.8%, 35~39세 38.6%로 30대보다 20대 연령층에서 높게 나타났다.

이전 취업 경험 여부에 따라서는 취업 경험자의 "정확하게 평가한다" 응답률은 42.7%로 취업 미경험자 31.6%보다 높았으며, 취업 미경험자의 "부정확하게 평가한다(매우 부정확하게 평가한다+부정확하게 평가한다)" 응답률은 30.0%로 취업 경험자 14.3%보다 높게 나타났다.

2) 인공지능 기반 채용이 자신을 평가한 결과에 동의 정도

인공지능 기반 채용이 자신을 평가한 결과에 대해 동의하는 정도는 '매우 동의한다' 8.2%, '다소 동의한다' 37.5% 등 "동의한다"는 응답이 45.7%를 차지하였다. 반면, "동의하지 않는다"는 응답은 '매우 동의하지 않는다' 3.7%,

[그림 2-28] (인공지능 채용 경험자) 인공지능 기반 채용이 자신을 평가한 결과에 동의 정도

(단위 : %)

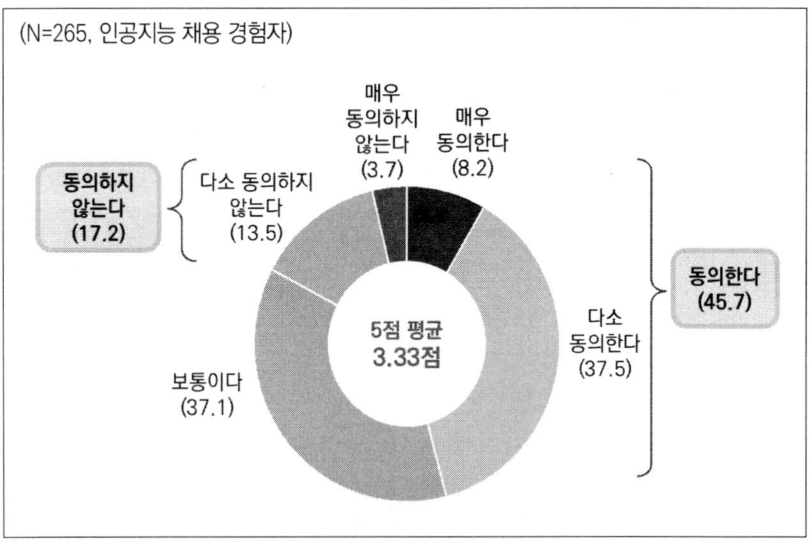

주 : 평균산출(매우 동의하지 않는다=1점, 다소 동의하지 않는다=2점, 보통이다=3점, 다소 동의한다=4점, 매우 동의한다=5점).

자료 : 저자 작성.

〈표 2-34〉 (인공지능 채용 경험자) 인공지능 기반 채용이 자신을 평가한 결과에 동의 정도

(단위 : 명, %, 점)

		사례 수	⑤ 매우 동의한다	④ 다소 동의한다	③ 보통이다	② 다소 동의하지 않는다	① 매우 동의하지 않는다	종합			5점 평균
								④+⑤ 동의한다	③ 보통이다	①+② 동의하지 않는다	
전 체		(265)	8.2	37.5	37.1	13.5	3.7	45.7	37.1	17.2	3.33
성별	남자	(175)	10.3	38.7	37.9	10.3	2.7	49.0	37.9	13.1	3.44
	여자	(90)	4.0	35.1	35.6	19.6	5.6	39.1	35.6	25.2	3.12
연령	20~24세	(48)	3.7	43.6	36.6	13.4	2.6	47.3	36.6	16.1	3.32
	25~29세	(115)	9.2	37.2	38.3	12.0	3.2	46.4	38.3	15.3	3.37
	30~34세	(72)	11.5	33.7	35.6	16.9	2.2	45.3	35.6	19.1	3.35
	35~39세	(30)	3.3	37.8	37.0	10.9	10.9	41.2	37.0	21.8	3.12
거주지역	서울	(84)	7.7	40.3	35.4	14.2	2.5	47.9	35.4	16.7	3.36
	인천/경기	(95)	13.8	32.1	37.1	14.7	2.2	45.9	37.1	16.9	3.41
	대전/충청	(22)	0.0	40.2	44.1	8.2	7.5	40.2	44.1	15.7	3.17
	광주/전라	(20)	10.8	51.3	18.6	8.2	11.0	62.2	18.6	19.2	3.43
	대구/경북	(13)	0.0	11.6	62.1	20.7	5.6	11.6	62.1	26.3	2.80
	부산/울산/경남	(23)	0.0	49.6	34.5	12.1	3.7	49.6	34.5	15.9	3.30
	강원/제주	(3)	0.0	19.1	72.9	8.0	0.0	19.1	72.9	8.0	3.11
학력	고졸	(20)	6.9	46.9	28.8	17.4	0.0	53.8	28.8	17.4	3.43
	2~3년제 대학	(30)	10.1	32.2	42.8	12.3	2.5	42.3	42.8	14.9	3.35

〈표 2-34〉의 계속

		사례 수	⑤ 매우 동의한다	④ 다소 동의한다	③ 보통이다	② 다소 동의하지 않는다	① 매우 동의하지 않는다	종합			5점 평균
								④+⑤ 동의한다	③ 보통이다	①+② 동의하지 않는다	
학력	4년제 대학	(201)	7.7	37.5	37.6	13.2	4.0	45.2	37.6	17.2	3.32
	대학원 이상	(14)	12.6	35.2	30.1	14.7	7.4	47.7	30.1	22.2	3.31
고등학교 유형(고졸)	일반계	(14)	10.3	53.2	16.3	20.2	0.0	63.5	16.3	20.2	3.54
	직업계	(7)	0.0	33.9	54.5	11.6	0.0	33.9	54.5	11.6	3.22
대학 전공 계열 (대재 이상)	사회과학 계열	(58)	8.0	40.0	33.6	12.8	5.5	48.0	33.6	18.4	3.32
	경상 계열	(29)	6.1	34.3	38.7	15.5	5.5	40.4	38.7	21.0	3.20
	인문어학 계열	(50)	5.8	37.3	41.8	13.1	2.1	43.1	41.8	15.2	3.32
	예체능 계열	(14)	29.0	38.6	17.9	14.5	0.0	67.6	17.9	14.5	3.82
	이공학 계열	(85)	8.3	35.8	37.3	13.9	4.7	44.1	37.3	18.6	3.29
	보건의료 계열	(9)	0.0	25.7	74.3	0.0	0.0	25.7	74.3	0.0	3.26
이전 취업 경험	있음	(216)	9.1	37.8	37.1	13.3	2.7	46.9	37.1	16.0	3.37
	없음	(49)	4.3	36.0	37.3	14.3	8.1	40.3	37.3	22.4	3.14
취업 경력 기간	2년 미만	(78)	8.4	39.5	37.3	11.8	3.0	47.9	37.3	14.8	3.39
	2~5년 미만	(90)	12.0	41.3	31.0	11.8	4.0	53.3	31.0	15.7	3.46
	5년 이상	(49)	4.7	28.9	47.9	18.5	0.0	33.6	47.9	18.5	3.20

자료 : 저자 작성.

'다소 동의하지 않는다' 13.5% 등 17.2%였으며, '보통이다' 응답은 37.1%로 조사되었다.

"동의한다" 응답률은 남자 49.0%, 여자 39.1%로 남자가 여자보다 높았으며, "동의하지 않는다" 응답률은 여자 25.2%, 남자 13.1%로 여자가 남자보다 높게 나타났다.

"동의한다" 응답률을 연령별로 살펴보면, 20~24세 47.3%, 25~29세 46.4%, 30~34세 45.3%, 35~39세 41.2%로 연령이 낮을수록 높은 경향을 보였다.

이전 취업 경험 여부에 따라서는 취업 경험자의 "동의한다" 응답률이 46.9%로 취업 미경험자 40.3%보다 약간 더 높았다.

3) 인공지능의 평가 결과에 동의하지 않는 이유

인공지능이 평가한 결과에 동의하지 않는 이유에 대해서는 '인공지능의 평가 기준이 공개되지 않기 때문에'의 응답률이 40.3%로 가장 높았으며, 그 다음으로 '인공지능이 학습한 편견이나 편향이 자신에게 적용되었기 때문에' 19.5%, '인공지능의 기술적 한계가 자신을 제대로 평가하지 못하기 때문에' 18.3%, '인공지능이 평가한 결과에 대한 피드백이 부족하기 때문에'

[그림 2-29] (인공지능 채용 경험자) 인공지능의 평가 결과에 동의하지 않는 이유

(단위 : %)

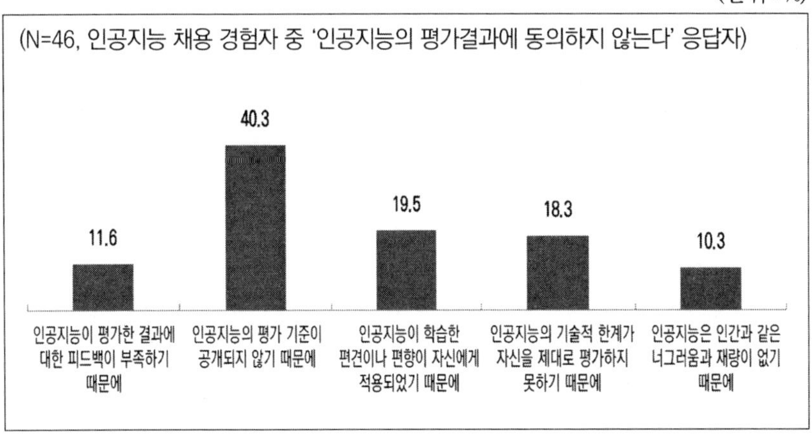

자료 : 저자 작성.

〈표 2-35〉 (인공지능 채용 경험자) 인공지능의 평가 결과에 동의하지 않는 이유

(단위 : 명, %)

		사례 수	인공지능이 평가한 결과에 대한 피드백이 부족하기 때문에	인공지능의 평가 기준이 공개되지 않기 때문에	인공지능이 학습한 편견이나 편향이 자신에게 적용되었기 때문에	인공지능의 기술적 한계가 자신을 제대로 평가하지 못하기 때문에	인공지능은 인간과 같은 너그러움과 재량이 없기 때문에
전 체		(46)	11.6	40.3	19.5	18.3	10.3
성별	남자	(23)	5.4	36.7	22.2	19.8	15.8
	여자	(23)	17.8	43.9	16.8	16.8	4.8
연령	20~24세	(8)	0.0	45.5	27.8	0.0	26.7
	25~29세	(18)	5.4	57.7	10.2	26.6	0.0
	30~34세	(14)	19.0	13.9	36.2	16.9	14.0
	35~39세	(7)	26.2	42.6	0.0	20.3	10.8
거주지역	서울	(14)	4.9	38.4	27.5	29.2	0.0
	인천/경기	(16)	24.2	47.2	13.6	10.6	4.4
	대전/충청	(4)	0.0	0.0	24.1	52.1	23.9
	광주/전라	(4)	0.0	66.3	33.7	0.0	0.0
	대구/경북	(4)	19.9	0.0	21.3	0.0	58.8
	부산/울산/경남	(4)	0.0	59.9	0.0	15.9	24.2
	강원/제주	(0)	0.0	100.0	0.0	0.0	0.0
학력	고졸	(4)	0.0	21.8	0.0	19.9	58.2
	2~3년제 대학	(4)	0.0	21.5	39.8	38.7	0.0

〈표 2-35〉의 계속

		사례 수	인공지능이 평가한 결과에 대한 피드백이 부족하기 때문에	인공지능의 평가 기준이 공개되지 않기 때문에	인공지능이 학습한 편견이나 편향이 자신에게 적용되었기 때문에	인공지능의 기술적 한계가 자신을 제대로 평가하지 못하기 때문에	인공지능은 인간과 같은 너그러움과 재량이 없기 때문에
학력	4년제 대학	(35)	13.3	44.2	20.7	14.1	7.6
	대학원 이상	(3)	21.9	44.7	0.0	33.4	0.0
고등학교 유형(고졸)	일반계	(3)	0.0	0.0	0.0	25.5	74.5
	직업계	(1)	0.0	100.0	0.0	0.0	0.0
대학 전공 계열 (대재 이상)	사회과학 계열	(11)	15.1	36.5	16.1	22.3	10.1
	경상 계열	(6)	31.9	4.8	37.1	12.4	13.8
	인문어학 계열	(8)	22.9	43.0	25.2	8.8	0.0
	예체능 계열	(2)	0.0	47.5	0.0	52.5	0.0
	이공학 계열	(16)	0.0	58.5	19.3	17.6	4.5
이전 취업 경험	있음	(35)	13.3	45.1	23.6	8.9	9.1
	없음	(11)	6.0	25.1	6.8	47.9	14.1
취업 경력 기간	2년 미만	(11)	0.0	55.0	27.0	0.0	18.0
	2~5년 미만	(14)	19.1	35.7	27.1	10.4	7.7
	5년 이상	(9)	21.3	47.2	13.7	17.8	0.0

자료 : 저자 작성.

11.6%, '인공지능은 인간과 같은 너그러움과 재량이 없기 때문에' 10.3% 등의 순으로 조사되었다.

라. 인공지능 기반 채용의 차별적 편향성

1) 인공지능 기반 채용 알고리즘에 차별적 편향성을 보일 지표가 사전에 배제되어 있다는 점을 통지받은 경험

인공지능 기반 채용 알고리즘에 차별적 편향성을 보일 수 있는 지표가 사전에 배제되어 있다는 점에 대해서 통지받은 경험이 있는가에 대해서는 '통지를 받았다' 54.3%, '통지를 받지 못했다' 45.7%로 조사되었다.

[그림 2-30] (인공지능 채용 경험자) 인공지능 기반 채용 알고리즘에 차별적 편향성을 보일 지표가 사전에 배제되어 있다는 점을 통지받은 경험

(단위 : %)

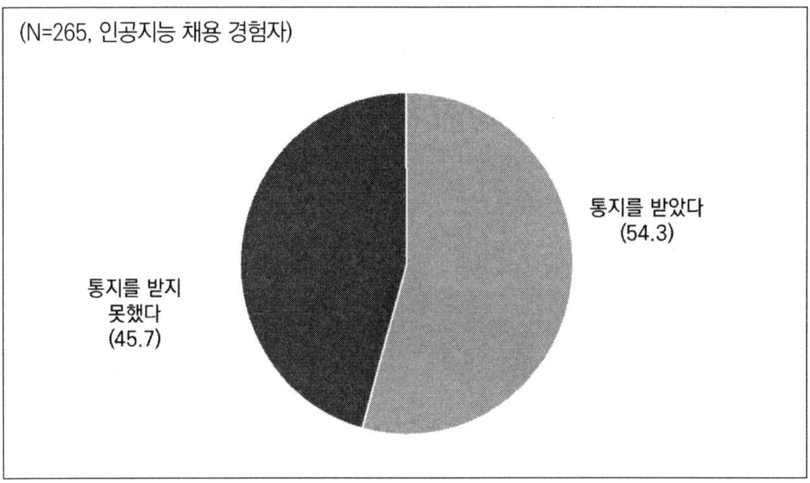

자료 : 저자 작성.

'통지를 받았다' 응답률은 남자 56.0%, 여자 50.9%로 여자보다 남자에게서 약간 더 높게 나타났다.

연령별 '통지를 받았다' 응답률은 20~24세 67.3%, 25~29세 46.8%, 30~34세 58.3%, 35~39세 52.3%로 20~24세 연령층에서 가장 높았다.

〈표 2-36〉 (인공지능 채용 경험자) 인공지능 기반 채용 알고리즘에 차별적 편향성을 보일 지표가 사전에 배제되어 있다는 점을 통지받은 경험

(단위 : 명, %)

		사례 수	통지를 받았다	통지를 받지 못했다
전 체		(265)	54.3	45.7
성별	남자	(175)	56.0	44.0
	여자	(90)	50.9	49.1
연령	20~24세	(48)	67.3	32.7
	25~29세	(115)	46.8	53.2
	30~34세	(72)	58.3	41.7
	35~39세	(30)	52.3	47.7
거주지역	서울	(84)	53.3	46.7
	인천/경기	(95)	48.2	51.8
	대전/충청	(22)	61.2	38.8
	광주/전라	(20)	57.6	42.4
	대구/경북	(13)	62.8	37.2
	부산/울산/경남	(28)	62.0	38.0
	강원/제주	(3)	92.0	8.0
학력	고졸	(20)	69.5	30.5
	2~3년제 대학	(30)	59.1	40.9
	4년제 대학	(201)	51.5	48.5
	대학원 이상	(14)	61.7	38.3
고등학교 유형(고졸)	일반계	(14)	78.9	21.1
	직업계	(7)	50.4	49.6
대학 전공 계열 (대재 이상)	사회과학 계열	(58)	51.7	48.3
	경상 계열	(29)	48.7	51.3
	인문어학 계열	(50)	57.9	42.1
	예체능 계열	(14)	79.5	20.5
	이공학 계열	(85)	51.9	48.1
	보건의료 계열	(9)	19.1	80.9
이전 취업 경험	있음	(216)	55.7	44.3
	없음	(49)	48.0	52.0
취업 경력 기간	2년 미만	(78)	50.9	49.1
	2~5년 미만	(90)	61.5	38.5
	5년 이상	(49)	52.6	47.4

자료 : 저자 작성.

이전 취업 경험 여부에 따라서는 취업 경험자의 '통지를 받았다' 응답률이 55.7%로 취업 미경험자 48.0%에 비해 높았다.

2) 인공지능 기반 채용 과정에서 차별 경험

인공지능 기반 채용 과정에서 차별을 경험했다고 생각하는지에 대해서는 '경험하였다'가 44.2%, '경험하지 않았다'가 55.8%로 조사되었다.

[그림 2-31] (인공지능 채용 경험자) 인공지능 기반 채용 과정에서 차별 경험

(단위 : %)

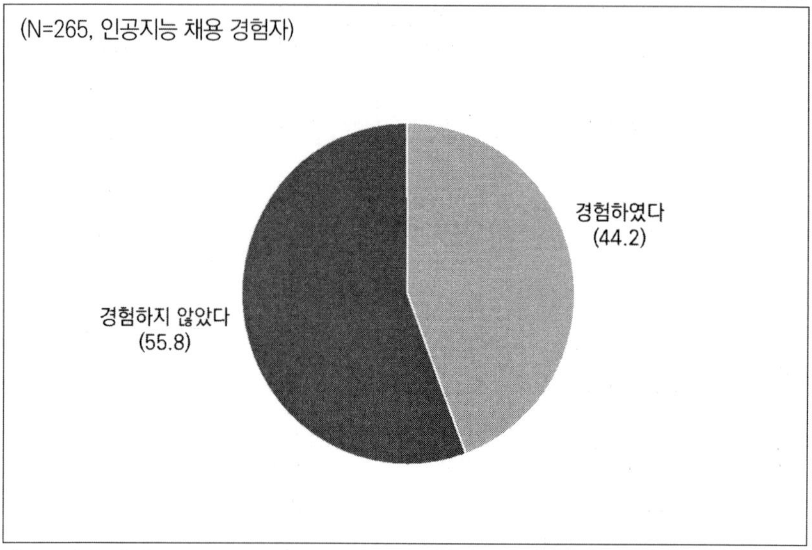

자료 : 저자 작성.

차별을 '경험하였다' 응답률을 연령별로 살펴보면 20~24세 43.5%, 25~29세 39.2%, 30~34세 47.4%, 35~39세 57.2%로 35~39세 연령층에서 가장 높았다.

이전 취업 경험 여부에 따라서는 취업 경험자의 '경험하였다' 응답률이 47.4%로 취업 미경험자 30.2%에 비해 높게 나타났다.

〈표 2-37〉 (인공지능 채용 경험자) 인공지능 기반 채용 과정에서 차별 경험

(단위 : 명, %)

		사례 수	경험하였다	경험하지 않았다
전 체		(265)	44.2	55.8
성별	남자	(175)	43.7	56.3
	여자	(90)	45.3	54.7
연령	20~24세	(48)	43.5	56.5
	25~29세	(115)	39.2	60.8
	30~34세	(72)	47.4	52.6
	35~39세	(30)	57.2	42.8
거주지역	서울	(84)	43.8	56.2
	인천/경기	(95)	44.7	55.3
	대전/충청	(22)	27.4	72.6
	광주/전라	(20)	70.7	29.3
	대구/경북	(13)	38.7	61.3
	부산/울산/경남	(28)	37.0	63.0
	강원/제주	(3)	92.0	8.0
학력	고졸	(20)	55.0	45.0
	2~3년제 대학	(30)	34.9	65.1
	4년제 대학	(201)	43.4	56.6
	대학원 이상	(14)	60.4	39.6
고등학교 유형(고졸)	일반계	(14)	72.5	27.5
	식업계	(7)	19.1	80.9
대학 전공 계열 (대재 이상)	사회과학 계열	(58)	45.6	54.4
	경상 계열	(29)	21.5	78.5
	인문어학 계열	(50)	51.1	48.9
	예체능 계열	(14)	48.6	51.4
	이공학 계열	(85)	47.6	52.4
	보건의료 계열	(9)	9.4	90.6
이전 취업 경험	있음	(216)	47.4	52.6
	없음	(49)	30.2	69.8
취업 경력 기간	2년 미만	(78)	46.9	53.1
	2~5년 미만	(90)	45.6	54.4
	5년 이상	(49)	51.7	48.3

자료 : 저자 작성.

3) 인공지능 기반 채용 과정에서 차별을 경험했다고 생각하는 이유

인공지능 기반 채용 과정에서 차별을 경험했다고 생각하는 이유에 대해서는 '학벌'의 응답률이 48.4%로 가장 높았으며, 그다음으로 '연령' 19.9%, '성별' 12.3%, '목소리와 표정' 10.0%, '종교' 5.1%, '장애 여부' 3.4%, '피부색' 0.9% 등의 순으로 조사되었다.

[그림 2-32] (인공지능 채용 경험자) 인공지능 기반 채용 과정에서 차별을 경험했다고 생각하는 이유

(단위 : %)

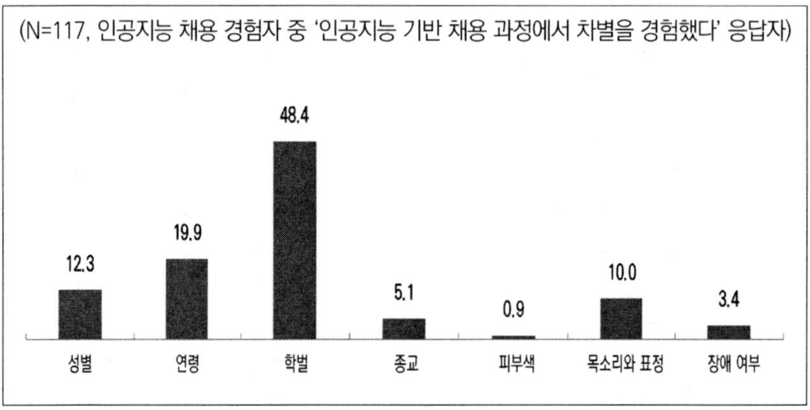

자료 : 저자 작성.

남자의 경우 '학벌'의 응답률이 61.9%로 여자 22.9%에 비해 훨씬 더 높았으며, 여자의 경우 '연령'(28.8%), '목소리와 표정'(17.1%)의 응답률이 남자(각각 15.1%, 6.3%)에 비해 상대적으로 높은 특징을 보였다.

연령별 '성별' 응답률은 20~24세 8.6%, 25~29세 9.9%, 30~34세 16.9%, 35~39세 14.3%로 20대에 비해 30대에서 높았으며, '학벌' 응답률은 20~24세 66.4%, 25~29세 51.3%, 30~34세 36.4%, 35~39세 42.4%로 20대가 30대에 비해 높은 특징을 보였다. '연령' 응답률의 경우 20~24세의 경우 10.0%인 반면, 25세 이상은 20~22% 수준으로 조사되었다.

〈표 2-38〉 (인공지능 채용 경험자) 인공지능 기반 채용 과정에서 차별을 경험했다고 생각하는 이유

(단위 : 명, %)

		사례 수	성별	연령	학벌	종교	피부색	목소리와 표정	장애 여부
전 체		(117)	12.3	19.9	48.4	5.1	0.9	10.0	3.4
성별	남자	(77)	12.5	15.1	61.9	2.0	0.0	6.3	2.2
	여자	(41)	12.0	28.8	22.9	11.0	2.6	17.1	5.5
연령	20~24세	(21)	8.6	10.0	66.4	4.4	0.0	0.0	10.7
	25~29세	(45)	9.9	22.7	51.3	4.4	0.0	11.7	0.0
	30~34세	(34)	16.9	22.1	36.4	5.1	3.2	11.4	5.0
	35~39세	(17)	14.3	20.1	42.4	8.0	0.0	15.2	0.0
거주 지역	서울	(37)	16.4	28.6	29.6	8.1	0.0	14.7	2.6
	인천/경기	(43)	9.1	15.2	63.9	2.2	0.0	7.8	1.8
	대전/충청	(6)	48.7	0.0	42.0	9.3	0.0	0.0	0.0
	광주/전라	(14)	3.8	11.6	59.9	0.0	0.0	14.2	10.5
	대구/경북	(5)	0.0	15.6	54.4	15.6	0.0	0.0	14.4
	부산/울산/경남	(10)	10.4	19.2	43.1	6.8	10.4	10.1	0.0
	강원/제주	(2)	0.0	79.3	20.7	0.0	0.0	0.0	0.0
학력	고졸	(11)	0.0	24.5	53.7	9.0	0.0	5.9	6.9
	2~3년제 대학	(10)	20.4	6.8	46.0	5.5	0.0	0.0	21.3

〈표 2-38〉의 계속

		사례 수	성별	연령	학벌	종교	피부색	목소리와 표정	장애 여부
학력	4년제 대학	(87)	13.2	21.6	45.4	5.1	1.2	12.4	1.1
	대학원 이상	(8)	10.4	11.5	74.7	0.0	0.0	3.5	0.0
고등학교 유형(고졸)	일반계	(10)	0.0	27.6	55.6	10.1	0.0	6.6	0.0
	직업계	(1)	0.0	0.0	39.2	0.0	0.0	0.0	60.8
대학 전공 계열 (대재 이상)	사회과학 계열	(27)	18.8	14.2	40.2	6.6	0.0	11.1	9.0
	경상 계열	(6)	0.0	0.0	80.1	0.0	0.0	19.9	0.0
	인문어학 계열	(25)	4.6	49.6	39.4	2.2	0.0	4.2	0.0
	예체능 계열	(7)	27.3	18.5	14.2	40.0	0.0	0.0	0.0
	이공학 계열	(40)	13.9	7.4	59.6	0.0	2.7	14.5	1.9
	보건의료 계열	(1)	100.0	0.0	0.0	0.0	0.0	0.0	0.0
이전 취업 경험	있음	(103)	14.1	21.7	46.8	5.9	1.1	8.7	1.7
	없음	(15)	0.0	6.8	59.0	0.0	0.0	19.2	14.9
취업 경력 기간	2년 미만	(36)	18.5	30.0	38.7	2.5	0.0	7.6	2.6
	2~5년 미만	(41)	10.5	18.4	55.5	8.6	0.0	5.0	1.9
	5년 이상	(25)	13.7	15.1	44.4	6.3	4.3	16.2	0.0

자료 : 저자 작성.

마. 인공지능 기반 채용 과정 후 기업으로부터 적절한 피드백을 받은 경험

인공지능 기반 채용 과정 후 기업으로부터 적절한 피드백을 받은 경험에 대해서는 '상세히 받았다' 21.8%, '어느 정도 받았다' 42.6%, '받지 못했다' 35.7%로 조사되었다.

[그림 2-33] (인공지능 채용 경험자) 인공지능 기반 채용 과정 후 기업으로부터 적절한 피드백을 받은 경험

(단위 : %)

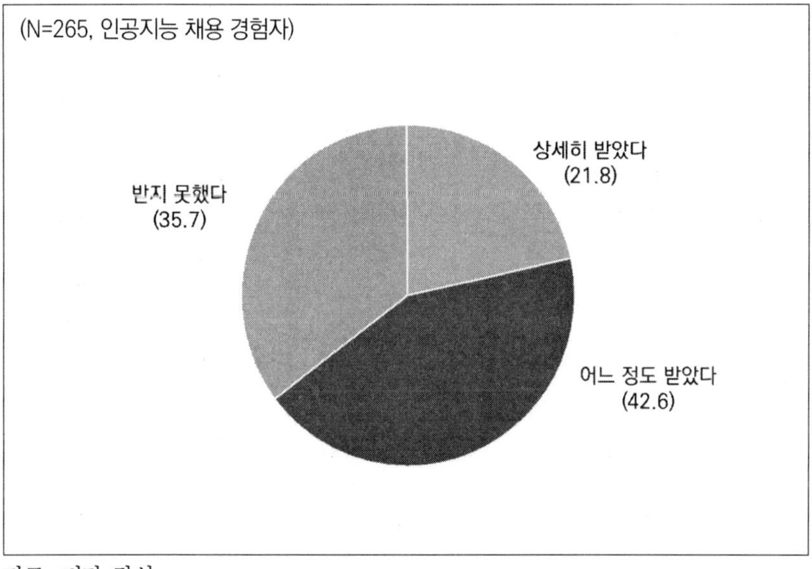

자료 : 저자 작성.

연령별 '상세히 받았다' 응답률은 20~24세 31.2%, 25~29세 20.3%, 30~34세 22.8%, 35~39세 9.4%로 연령이 낮을수록 높은 경향을 보인 반면, '받지 못했다' 응답률의 경우 20~24세 18.8%, 25~29세 40.2%, 30~34세 40.8%, 35~39세 33.1%로 25~34세 연령층에서 높게 나타났다.

이전 취업 경험 여부에 따라서는 취업 경험자의 '상세히 받았다' 응답률이 23.9%로 취업 미경험자 12.4%에 비해 높게 나타났다.

〈표 2-39〉 (인공지능 채용 경험자) 인공지능 기반 채용 과정 후 기업으로부터 적절한 피드백을 받은 경험

(단위 : 명, %)

		사례 수	상세히 받았다	어느 정도 받았다	받지 못했다
전 체		(265)	21.8	42.6	35.7
성별	남자	(175)	21.8	47.6	30.6
	여자	(90)	21.6	32.9	45.5
연령	20~24세	(48)	31.2	50.0	18.8
	25~29세	(115)	20.3	39.4	40.2
	30~34세	(72)	22.8	36.4	40.8
	35~39세	(30)	9.4	57.5	33.1
거주지역	서울	(84)	25.3	34.4	40.3
	인천/경기	(95)	19.4	47.9	32.7
	대전/충청	(22)	23.1	37.3	39.6
	광주/전라	(20)	37.6	35.7	26.6
	대구/경북	(13)	11.3	52.4	36.4
	부산/울산/경남	(28)	13.9	51.4	34.7
	강원/제주	(3)	0.0	64.1	35.9
학력	고졸	(20)	53.8	28.5	17.7
	2~3년제 대학	(30)	23.2	57.1	19.6
	4년제 대학	(201)	18.9	41.8	39.3
	대학원 이상	(14)	12.6	44.0	43.4
고등학교 유형(고졸)	일반계	(14)	63.5	21.5	15.0
	직업계	(7)	34.0	42.8	23.2
대학 전공 계열 (대재 이상)	사회과학 계열	(58)	24.1	36.8	39.1
	경상 계열	(29)	9.7	40.9	49.4
	인문어학 계열	(50)	16.1	62.5	21.4
	예체능 계열	(14)	58.0	32.2	9.8
	이공학 계열	(85)	16.3	40.8	42.9
	보건의료 계열	(9)	0.0	41.5	58.5
이전 취업 경험	있음	(216)	23.9	41.4	34.7
	없음	(49)	12.4	47.6	39.9
취업 경력 기간	2년 미만	(78)	27.6	34.3	38.2
	2~5년 미만	(90)	25.3	45.1	29.5
	5년 이상	(49)	15.3	46.0	38.7

자료 : 저자 작성.

바. 경험한 인공지능 기반 채용 과정

경험한 인공지능 기반 채용 과정(복수응답)으로는 '면접'의 비율이 56.7%로 가장 높았으며, '역량/인적성 검사' 48.3%, '서류' 40.6%로 조사되었다.

[그림 2-34] (인공지능 채용 경험자) 경험한 인공지능 기반 채용 과정(복수응답)

(단위 : %)

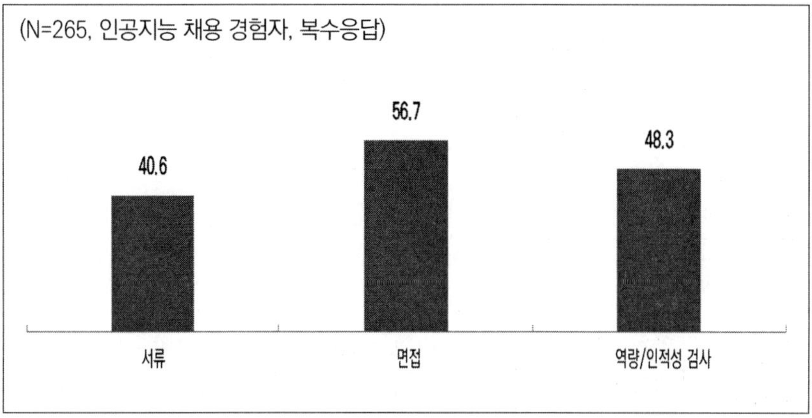

자료 : 저자 작성.

〈표 2-40〉 (인공지능 채용 경험자) 경험한 인공지능 기반 채용 과정(복수응답)

(단위 : 명, %)

		사례 수	서류	면접	역량/인적성 검사
전 체		(265)	40.6	56.7	48.3
성별	남자	(175)	42.8	57.8	46.5
	여자	(90)	36.4	54.5	51.8
연령	20~24세	(48)	43.5	65.4	49.1
	25~29세	(115)	36.2	51.3	49.3
	30~34세	(72)	43.4	59.6	44.6
	35~39세	(30)	45.7	56.1	52.0
거주지역	서울	(84)	37.4	63.3	49.2
	인천/경기	(95)	37.2	54.6	46.1
	대전/충청	(22)	29.6	64.6	48.6

〈표 2-40〉의 계속

		사례 수	서류	면접	역량/인적성 검사
거주지역	광주/전라	(20)	47.5	35.6	60.7
	대구/경북	(13)	51.4	44.7	45.8
	부산/울산/경남	(28)	62.3	55.7	50.2
	강원/제주	(3)	19.1	80.9	0.0
학력	고졸	(20)	63.5	59.7	47.1
	2~3년제 대학	(30)	40.2	59.0	38.7
	4년제 대학	(201)	35.9	56.4	51.3
	대학원 이상	(14)	74.4	51.9	27.5
고등학교 유형(고졸)	일반계	(14)	79.0	67.0	42.1
	직업계	(7)	31.7	44.6	57.5
대학 전공 계열 (대재 이상)	사회과학 계열	(58)	38.9	64.7	48.0
	경상 계열	(29)	23.8	47.4	50.6
	인문어학 계열	(50)	43.9	58.6	30.2
	예체능 계열	(14)	69.7	46.6	27.0
	이공학 계열	(85)	37.6	55.4	60.5
	보건의료 계열	(9)	20.1	44.7	62.2
이전 취업 경험	있음	(216)	43.1	55.4	47.9
	없음	(49)	29.5	62.2	49.9
취업 경력 기간	2년 미만	(78)	43.2	49.2	51.0
	2~5년 미만	(90)	43.0	58.1	50.4
	5년 이상	(49)	43.1	60.2	38.6

자료 : 저자 작성.

4. 인공지능 기반 면접 경험

가. 인공지능 기반 면접 전형 장소 및 비용

1) 인공지능 기반 면접 전형에 참여한 장소

인공지능 기반 면접 전형에 참여한 장소는 '자택'의 비율이 51.1%로 가장 높았으며, 그다음으로 '구인회사의 면접장' 42.3%, '학교 내 시설' 5.9% 등의 순으로 조사되었다.

[그림 2-35] (인공지능 면접 경험자) 인공지능 기반 면접 전형에 참여한 장소

(단위 : %)

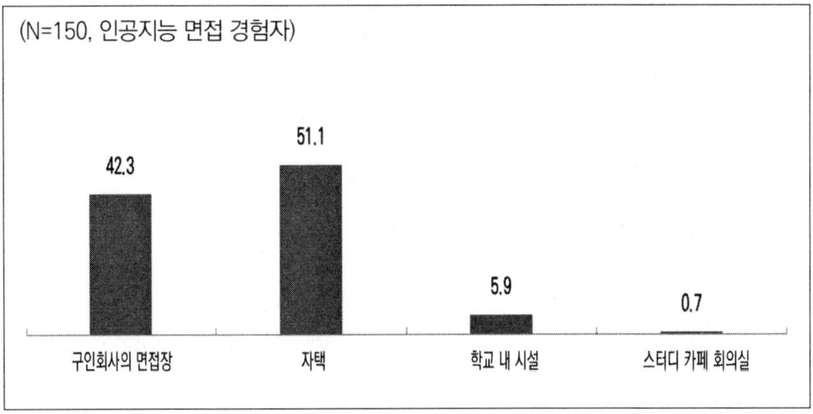

자료 : 저자 작성.

남자의 경우 '자택'의 비율이 55.2%로 여자 42.6%에 비해 상대적으로 더 높았으며, 여자의 경우 '구인회사의 면접장'의 비율이 46.2%로 남자 40.3%에 비해 높은 특징을 보였다.

연령별로는 25~29세 연령층의 경우 '자택'의 비율이 66.2%로 다른 연령층에 비해 상대적으로 더 높은 특징을 보였고, 20~24세 연령층의 경우 '학교 내 시설'을 답한 비율이 19.3%로 다른 연령층에 비해 높았다.

〈표 2-41〉 (인공지능 면접 경험자) 인공지능 기반 면접 전형에 참여한 장소

(단위 : 명, %)

		사례 수	구인회사의 면접장	자택	학교 내 시설	스터디 카페 회의실
전 체		(150)	42.3	51.1	5.9	0.7
성별	남자	(101)	40.3	55.2	4.4	0.0
	여자	(49)	46.2	42.6	9.0	2.1
연령	20~24세	(32)	49.2	31.5	19.3	0.0

〈표 2-41〉의 계속

		사례 수	구인회사의 면접장	자택	학교 내 시설	스터디 카페 회의실
연령	25~29세	(59)	27.3	66.2	4.8	1.8
	30~34세	(43)	55.9	44.1	0.0	0.0
	35~39세	(17)	47.1	52.9	0.0	0.0
거주지역	서울	(53)	43.5	52.8	1.7	2.0
	인천/경기	(52)	36.4	57.2	6.4	0.0
	대전/충청	(14)	29.2	70.8	0.0	0.0
	광주/전라	(7)	79.7	20.3	0.0	0.0
	대구/경북	(6)	42.9	57.1	0.0	0.0
	부산/울산/경남	(16)	50.5	19.5	30.0	0.0
	강원/제주	(2)	55.7	44.3	0.0	0.0
학력	고졸	(12)	69.0	24.6	6.4	0.0
	2~3년제 대학	(18)	29.2	70.8	0.0	0.0
	4년제 대학	(113)	41.1	50.8	7.2	0.9
	대학원 이상	(7)	46.6	53.4	0.0	0.0
고등학교 유형(고졸)	일반계	(9)	75.1	24.9	0.0	0.0
	직업계	(3)	50.2	23.8	26.0	0.0
대학 전공 계열 (대재 이상)	사회과학 계열	(38)	49.8	45.3	2.1	2.8
	경상 계열	(14)	38.3	61.7	0.0	0.0
	인문어학 계열	(29)	32.5	54.6	12.9	0.0
	예체능 계열	(6)	57.2	28.5	14.3	0.0
	이공학 계열	(47)	38.1	56.1	5.8	0.0
	보건의료 계열	(4)	0.0	100.0	0.0	0.0
이전 취업 경험	있음	(120)	42.1	54.9	3.1	0.0
	없음	(31)	42.9	36.4	17.2	3.4
취업 경력 기간	2년 미만	(38)	40.4	52.0	7.5	0.0
	2~5년 미만	(52)	43.9	54.6	1.5	0.0
	5년 이상	(29)	41.0	59.0	0.0	0.0

자료 : 저자 작성.

2) 인공지능 기반 면접에 응시하기 위해 별도 공간을 빌려 이용한 경험

인공지능 기반 면접에 응시하기 위해 별도 공간을 빌려 이용한 경험에 대해서는 '있다' 38.0%, '없다' 62.0%로 조사되었다.

[그림 2-36] (인공지능 면접 경험자) 인공지능 기반 면접에 응시하기 위해 별도 공간을 빌려 이용한 경험

(단위 : %)

(N=87, 인공지능 면접 경험자 중 면접장소 '자택, 학교 내 시설, 카페, 기타' 응답자)

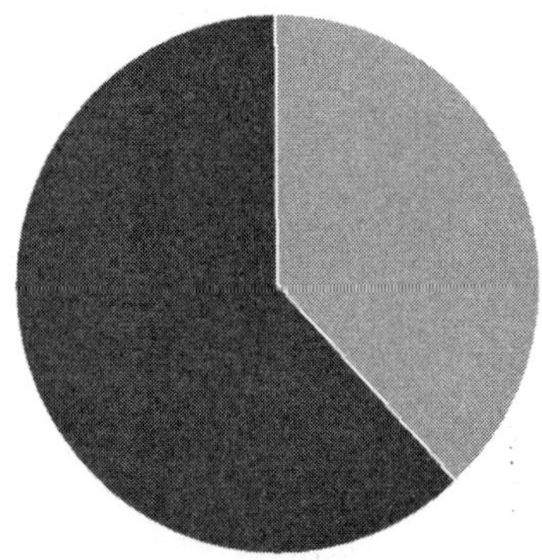

자료 : 저자 작성.

〈표 2-42〉 (인공지능 면접 경험자) 인공지능 기반 면접에 응시하기 위해 별도 공간을 빌려 이용한 경험

(단위 : 명, %)

		사례 수	있나	없나
전 체		(87)	38.0	62.0
성별	남자	(60)	35.7	64.3
	여자	(26)	43.4	56.6
연령	20~24세	(16)	39.5	60.5
	25~29세	(43)	32.0	68.0
	30~34세	(19)	43.7	56.3
	35~39세	(9)	52.4	47.6

〈표 2-42〉의 계속

		사례 수	있다	없다
거주지역	서울	(30)	44.9	55.1
	인천/경기	(33)	32.8	67.2
	대전/충청	(10)	41.3	58.7
	광주/전라	(1)	0.0	100.0
	대구/경북	(3)	78.1	21.9
	부산/울산/경남	(8)	13.6	86.4
	강원/제주	(1)	77.6	22.4
학력	고졸	(4)	81.2	18.8
	2~3년제 대학	(12)	44.0	56.0
	4년제 대학	(67)	33.3	66.7
	대학원 이상	(4)	58.4	41.6
고등학교 유형(고졸)	일반계	(2)	100.0	0.0
	직업계	(1)	52.2	47.8
대학 전공 계열 (대재 이상)	사회과학 계열	(19)	48.0	52.0
	경상 계열	(9)	29.2	70.8
	인문어학 계열	(20)	36.4	63.6
	예체능 계열	(3)	100.0	0.0
	이공학 계열	(29)	26.2	73.8
	보건의료 계열	(4)	20.9	79.1
이전 취업 경험	있음	(69)	42.0	58.0
	없음	(17)	22.3	77.7
취업 경력 기간	2년 미만	(23)	42.9	57.1
	2~5년 미만	(29)	37.4	62.6
	5년 이상	(17)	48.5	51.5

자료 : 저자 작성.

3) 인공지능 면접을 위해 별도 공간 이용 시 비용

인공지능 면접을 위해 별도 공간을 이용한 경우 지불한 비용에 대해서는

'1만 원 미만' 13.7%, '1만 원~3만 원 미만' 43.1%, '3만 원~5만 원 미만' 31.1%, '5만 원~10만 원 미만' 12.2% 등으로 조사되었다.

[그림 2-37] (인공지능 면접 경험자) 인공지능 면접을 위해 별도 공간 이용 시 1회 비용

(단위 : %)

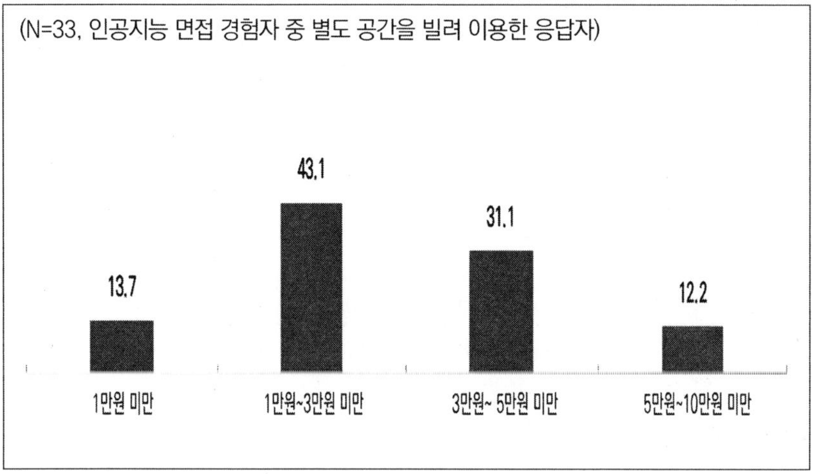

자료 : 저자 작성.

〈표 2-43〉 (인공지능 면접 경험자) 인공지능 면접을 위해 별도 공간 이용 시 1회 비용

(단위 : 명, %)

		사례 수	1만 원 미만	1만~ 3만 원 미만	3만~ 5만 원 미만	5만~ 10만 원 미만
전 체		(33)	13.7	43.1	31.1	12.2
성별	남자	(22)	9.3	46.1	26.0	18.6
	여자	(11)	21.9	37.5	40.6	0.0
연령	20~24세	(6)	12.2	26.7	61.0	0.0
	25~29세	(14)	13.1	50.6	23.0	13.3
	30~34세	(8)	15.1	46.9	11.4	26.5
	35~39세	(5)	14.6	36.6	48.8	0.0
거주지역	서울	(13)	18.5	36.4	38.2	7.0
	인천/경기	(11)	18.6	56.8	13.1	11.4
	대전/충청	(4)	0.0	43.3	13.5	43.3

〈표 2-43〉의 계속

		사례 수	1만 원 미만	1만~ 3만 원 미만	3만~ 5만 원 미만	5만~ 10만 원 미만
거주지역	대구/경북	(3)	0.0	22.4	77.6	0.0
	부산/울산/경남	(1)	0.0	0.0	100.0	0.0
	강원/제주	(1)	0.0	100.0	0.0	0.0
학력	고졸	(3)	65.8	0.0	34.2	0.0
	2~3년제 대학	(5)	0.0	33.4	66.6	0.0
	4년제 대학	(22)	8.1	52.7	21.1	18.1
	대학원 이상	(2)	30.0	31.3	38.7	0.0
고등학교 유형(고졸)	일반계	(2)	54.2	0.0	45.8	0.0
	직업계	(1)	100.0	0.0	0.0	0.0
대학 전공 계열 (대재 이상)	사회과학 계열	(9)	19.1	18.7	18.2	44.1
	경상 계열	(2)	0.0	100.0	0.0	0.0
	인문어학 계열	(7)	0.0	67.3	32.7	0.0
	예체능 계열	(3)	0.0	66.5	33.5	0.0
	이공학 계열	(8)	9.9	45.1	45.0	0.0
	보건의료 계열	(1)	0.0	0.0	100.0	0.0
이전 취업 경험	있음	(29)	11.9	39.1	35.2	13.8
	없음	(4)	27.0	73.0	0.0	0.0
취업 경력 기간	2년 미만	(10)	0.0	58.2	32.2	9.6
	2~5년 미만	(11)	7.1	22.9	53.3	16.7
	5년 이상	(8)	31.9	38.0	15.3	14.8

자료 : 저자 작성.

나. 인공지능 면접의 평가

1) 인공지능 면접으로 구직자를 평가하는 것에 대한 의견

인공지능 면접으로 구직자를 평가하는 것에 대해서는 '매우 긍정적으로 평가한다' 10.2%, '긍정적으로 평가한다' 54.5% 등 "긍정적으로 평가한다"는 응답이 64.7%로 '매우 부정적으로 평가한다' 4.6%, '부정적으로 평가한다'

30.7% 등 부정적 의견 35.3%보다 높게 나타났다.

"긍정적 평가" 의견은 남자가 67.7%로 여자 58.4%에 비해 높았다.

"긍정적 평가" 응답률을 연령별로 살펴보면, 20~24세 86.8%, 25~29세 56.1%, 30~34세 65.5% 등 20~24세 연령층에서 가장 높았다.

[그림 2-38] (인공지능 면접 경험자) 인공지능 면접으로 구직자를 평가하는 것에 대한 의견

(단위 : %)

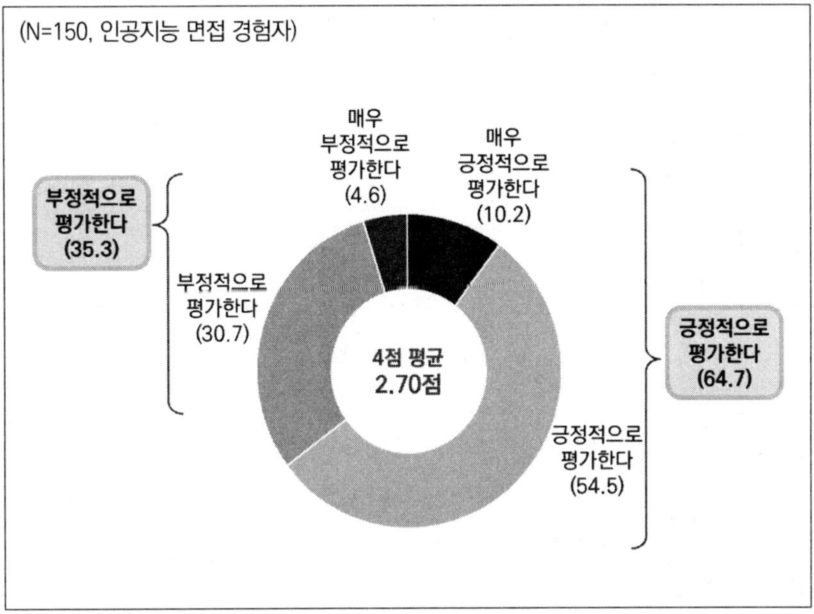

주 : 평균산출(매우 부정적으로 평가한다=1점, 부정적으로 평가한다=2점, 긍정적으로 평가한다=3점, 매우 긍정적으로 평가한다=4점).

자료 : 저자 작성.

학력별 "긍정적 평가" 응답률은 고졸 91.8%, 2~3년제 대학 85.7%, 4년제 대학 60.8% 등으로 2~3년제 대학 이하 학력층이 4년제 대학 이상보다 더 높았다.

이전 취업 경험 여부에 따라서는 취업 미경험자의 "긍정적 평가" 응답률이 72.4%로 취업 경험자 62.7%보다 높게 조사되었다.

〈표 2-44〉 (인공지능 면접 경험자) 인공지능 면접으로 구직자를 평가하는 것에 대한 의견

(단위 : 명, %, 점)

		사례 수	④ 매우 긍정적으로 평가한다	③ 긍정적으로 평가한다	② 부정적으로 평가한다	① 매우 부정적으로 평가한다	종합		4점 평균
							③+④ 긍정적으로 평가한다	①+② 부정적으로 평가한다	
전 체		(150)	10.2	54.5	30.7	4.6	64.7	35.3	2.70
성별	남자	(101)	11.4	56.3	28.5	3.8	67.7	32.3	2.75
	여자	(49)	7.6	50.7	35.2	6.4	58.4	41.6	2.60
연령	20~24세	(32)	14.1	72.7	13.2	0.0	86.8	13.2	3.01
	25~29세	(59)	2.5	53.5	40.4	3.6	56.1	43.9	2.55
	30~34세	(43)	19.2	46.2	27.7	6.9	65.5	34.5	2.78
	35~39세	(17)	6.8	44.4	37.3	11.5	51.2	48.8	2.47
거주지역	서울	(53)	7.4	53.0	33.8	5.7	60.5	39.5	2.62
	인천/경기	(52)	13.4	42.8	39.4	4.4	56.2	43.8	2.65
	대전/충청	(14)	3.9	77.6	18.5	0.0	81.5	18.5	2.85
	광주/전라	(7)	54.0	33.1	0.0	12.8	87.2	12.8	3.28
	대구/경북	(6)	0.0	60.7	26.8	12.5	60.7	39.3	2.48
	부산/울산/경남	(16)	0.0	84.0	16.0	0.0	84.0	16.0	2.84
	강원/제주	(2)	0.0	55.7	44.3	0.0	55.7	44.3	2.56
학력	고졸	(12)	27.0	64.8	8.2	0.0	91.8	8.2	3.19
	2~3년제 대학	(18)	20.3	65.3	10.1	4.3	85.7	14.3	3.02

〈표 2-44〉의 계속

		사례 수	④ 매우 긍정적으로 평가한다	③ 긍정적으로 평가한다	② 부정적으로 평가한다	① 매우 부정적으로 평가한다	종합		4점 평균
							③+④ 긍정적으로 평가한다	①+② 부정적으로 평가한다	
학력	4년제 대학	(113)	7.5	53.3	33.7	5.5	60.8	39.2	2.63
	대학원 이상	(7)	0.0	29.0	71.0	0.0	29.0	71.0	2.29
고등학교 유형(고졸)	일반계	(9)	27.3	61.8	10.9	0.0	89.1	10.9	3.16
	직업계	(3)	26.0	74.0	0.0	0.0	100.0	0.0	3.26
대학 전공 계열 (대재 이상)	사회과학 계열	(38)	7.2	54.1	36.0	2.8	61.3	38.7	2.66
	경상 계열	(14)	0.0	38.8	52.2	9.0	38.8	61.2	2.30
	인문어학 계열	(29)	2.0	69.7	24.8	3.6	71.6	28.4	2.70
	예체능 계열	(6)	33.7	66.3	0.0	0.0	100.0	0.0	3.34
	이공학 계열	(47)	14.0	45.5	32.7	7.8	59.5	40.5	2.66
	보건의료 계열	(4)	0.0	56.6	43.4	0.0	56.6	43.4	2.57
이전 취업 경험	있음	(120)	9.5	53.2	33.0	4.3	62.7	37.3	2.68
	없음	(31)	12.9	59.5	21.7	5.9	72.4	27.6	2.79
취업 경력 기간	2년 미만	(38)	9.8	55.0	35.2	0.0	64.8	35.2	2.75
	2~5년 미만	(52)	5.3	60.9	28.0	5.7	66.2	33.8	2.66
	5년 이상	(29)	16.5	37.1	38.9	7.4	53.6	46.4	2.63

자료 : 저자 작성.

2) 인공지능 면접을 긍정적으로 생각하는 이유

인공지능 면접으로 구직자를 평가하는 것을 긍정적으로 생각하는 이유에 대해서는 '인간의 주관이 들어가지 않기 때문'의 응답률이 52.2%로 가장 높았으며, 그다음으로 '인맥 · 학벌 등의 비정형적 요소가 들어가지 않기 때문' 23.2%, '신속 · 공정하기 때문' 21.5%, '자신의 능력을 정확하게 판단해 줄 것 같아서' 1.8% 등의 순으로 조사되었다.

[그림 2-39] (인공지능 면접 경험자) 인공지능 면접을 긍정적으로 생각하는 이유

(단위 : %)

(N=97, 인공지능 면접 경험자 중 인공지능 면접을 긍정적으로 평가하는 응답자)

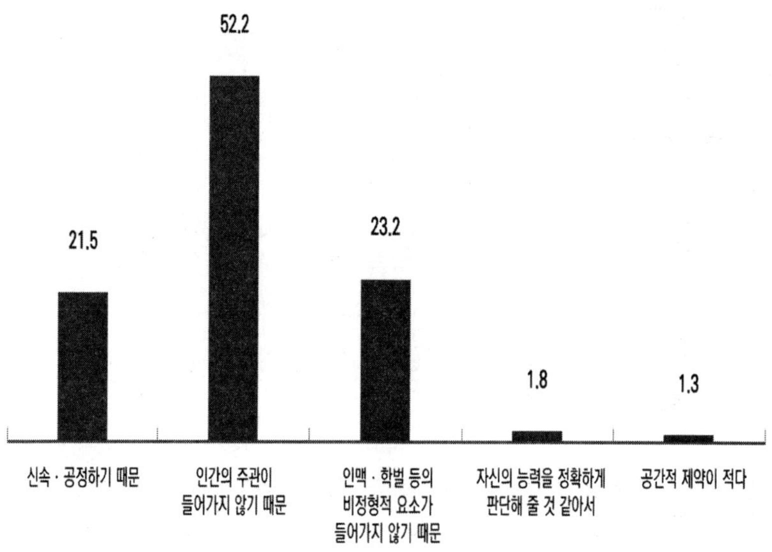

자료 : 저자 작성.

여자의 경우 '인간의 주관이 들어가지 않기 때문'의 응답률이 68.8%로 남자 45.2%에 비해 높았으며, 남자의 경우 '신속 · 공정하기 때문'이 26.7%로 여자 9.1%에 비해 높은 특징을 보였다.

〈표 2-45〉 (인공지능 면접 경험자) 인공지능 면접을 긍정적으로 생각하는 이유

(단위 : 명, %)

		사례 수	신속·공정하기 때문	인간의 주관이 들어가지 않기 때문	인맥·학벌 등의 비정형적 요소가 들어가지 않기 때문	자신의 능력을 정확하게 판단해 줄 것 같아서	공간적 제약이 적다
전 체		(97)	21.5	52.2	23.2	1.8	1.3
성별	남자	(69)	26.7	45.2	23.7	2.6	1.8
	여자	(29)	9.1	68.8	22.1	0.0	0.0
연령	20~24세	(27)	24.9	46.4	28.7	0.0	0.0
	25~29세	(33)	11.4	56.1	27.2	5.3	0.0
	30~34세	(28)	23.4	59.4	12.7	0.0	4.4
	35~39세	(9)	43.7	32.2	24.1	0.0	0.0
거주지역	서울	(32)	24.3	47.5	28.2	0.0	0.0
	인천/경기	(29)	20.3	58.6	10.8	6.1	4.3
	대전/충청	(12)	22.6	57.0	20.4	0.0	0.0
	광주/전라	(6)	14.7	64.4	20.8	0.0	0.0
	대구/경북	(4)	0.0	20.6	79.4	0.0	0.0
	부산/울산/경남	(13)	27.7	43.5	28.8	0.0	0.0
	강원/제주	(1)	0.0	100.0	0.0	0.0	0.0
학력	고졸	(11)	26.7	56.0	17.3	0.0	0.0
	2~3년제 대학	(15)	15.2	62.5	22.3	0.0	0.0

〈표 2-45〉의 계속

		사례 수	신속 · 공정하기 때문	인간의 주관이 들어가지 않기 때문	인맥 · 학벌 등의 비정형적 요소가 들어가지 않기 때문	자신의 능력을 정확하게 판단해 줄 것 같아서	공간적 제약이 적다
학력	4년제 대학	(69)	22.7	47.8	25.1	2.6	1.8
	대학원 이상	(2)	0.0	100.0	0.0	0.0	0.0
고등학교 유형(고졸)	일반계	(8)	0.0	76.4	23.6	0.0	0.0
	직업계	(3)	100.0	0.0	0.0	0.0	0.0
대학 전공 계열 (대재 이상)	사회과학 계열	(23)	11.3	50.6	38.1	0.0	0.0
	경상 계열	(5)	0.0	76.7	0.0	0.0	23.3
	인문어학 계열	(21)	21.6	53.4	16.5	8.5	0.0
	예체능 계열	(6)	19.4	53.7	26.9	0.0	0.0
	이공학 계열	(28)	34.4	41.9	23.7	0.0	0.0
	보건의료 계열	(2)	0.0	100.0	0.0	0.0	0.0
이전 취업 경험	있음	(75)	19.9	56.7	21.7	0.0	1.7
	없음	(22)	26.9	36.8	28.3	8.0	0.0
취업 경력 기간	2년 미만	(25)	21.0	47.5	26.4	0.0	5.0
	2~5년 미만	(35)	15.8	57.7	26.5	0.0	0.0
	5년 이상	(16)	27.5	68.9	3.6	0.0	0.0

자료 : 저자 작성.

3) 인공지능 면접을 부정적으로 생각하는 이유

인공지능 면접으로 구직자를 평가하는 것을 부정적으로 생각하는 이유에 대해서는 '정확한 평가지표를 알 수 없어서'가 39.9%로 가장 높은 응답률을 보였으며, 그다음으로 '인공지능 역시 편견과 차별을 학습하기 때문' 25.2%, '평가에 있어 인간의 판단이 없는 비인간적인 성격 때문' 22.1%, '새로운 과정을 준비하는 데 드는 시간과 비용 때문' 12.8% 등의 순으로 조사되었다.

[그림 2-40] (인공지능 면접 경험자) 인공지능 면접을 부정적으로 생각하는 이유

(단위 : %)

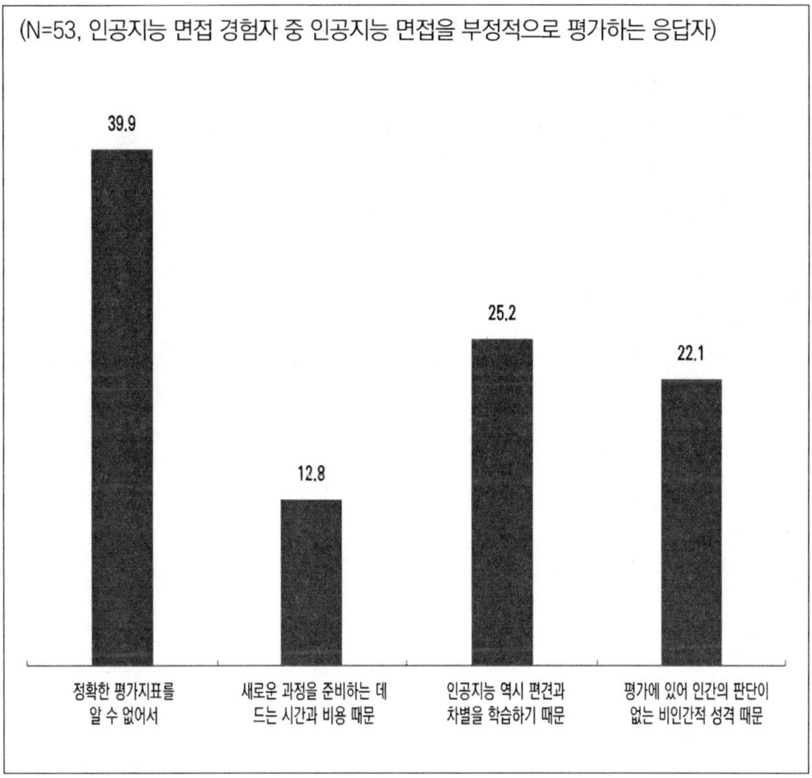

자료 : 저자 작성.

〈표 2-46〉 (인공지능 면접 경험자) 인공지능 면접을 부정적으로 생각하는 이유

(단위 : 명, %)

		사례 수	정확한 평가지표를 알 수 없어서	새로운 과정을 준비하는 데 드는 시간과 비용 때문	인공지능 역시 편견과 차별을 학습하기 때문	평가에 있어 인간의 판단이 없는 비인간적 성격 때문
전 체		(53)	39.9	12.8	25.2	22.1
성별	남자	(33)	35.9	14.4	35.4	14.3
	여자	(20)	46.2	10.3	8.8	34.7
연령	20~24세	(4)	40.7	0.0	18.6	40.7
	25~29세	(26)	34.8	17.8	30.2	17.2
	30~34세	(15)	46.9	14.8	16.7	21.7
	35~39세	(8)	43.0	0.0	27.9	29.1
거주지역	서울	(21)	42.4	18.1	12.6	26.9
	인천/경기	(23)	26.2	13.2	40.8	19.8
	대전/충청	(3)	100.0	0.0	0.0	0.0
	광주/전라	(1)	100.0	0.0	0.0	0.0
	대구/경북	(2)	31.8	0.0	0.0	68.2
	부산/울산/경남	(3)	71.6	0.0	28.4	0.0
	강원/제주	(1)	22.4	0.0	77.6	0.0

〈표 2-46〉의 계속

		사례 수	정확한 평가지표를 알 수 없어서	새로운 과정을 준비하는 데 드는 시간과 비용 때문	인공지능 역시 편견과 차별을 학습하기 때문	평가에 있어 인간의 판단이 없는 비인간적 성격 때문
학력	고졸	(1)	0.0	0.0	0.0	100.0
	2~3년제 대학	(3)	29.7	0.0	70.3	0.0
	4년제 대학	(44)	44.5	15.3	19.9	20.3
	대학원 이상	(5)	13.1	0.0	53.5	33.4
대학 전공 계열 (대재 이상)	사회과학 계열	(15)	35.8	24.4	12.2	27.6
	경상 계열	(8)	37.1	11.2	8.9	42.8
	인문어학 계열	(8)	21.3	27.8	42.6	8.3
	이공학 계열	(19)	48.6	0.0	38.6	12.8
	보건의료 계열	(2)	100.0	0.0	0.0	0.0
이전 취업 경험	있음	(45)	43.4	11.2	28.2	17.2
	없음	(8)	21.3	21.4	9.2	48.1
취업 경력 기간	2년 미만	(13)	56.7	14.8	28.5	0.0
	2~5년 미만	(18)	33.9	10.0	34.3	21.8
	5년 이상	(14)	42.5	9.1	20.0	28.4

자료 : 저자 작성.

다. 인공지능 면접과 실제 면접의 비교

1) 인공지능 면접과 실제 면접 중 더 부담되는 방식

인공지능 면접과 실제 면접 중 더 부담되는 방식에 대해서는 '인공지능 면접이 더 부담된다'는 응답이 52.6%로 '기존 실제 면접이 더 부담된다' 47.4%보다 약간 더 높게 조사되었다.

[그림 2-41] (인공지능 면접 경험자) 인공지능 면접과 실제 면접 중 더 부담되는 방식

(단위 : %)

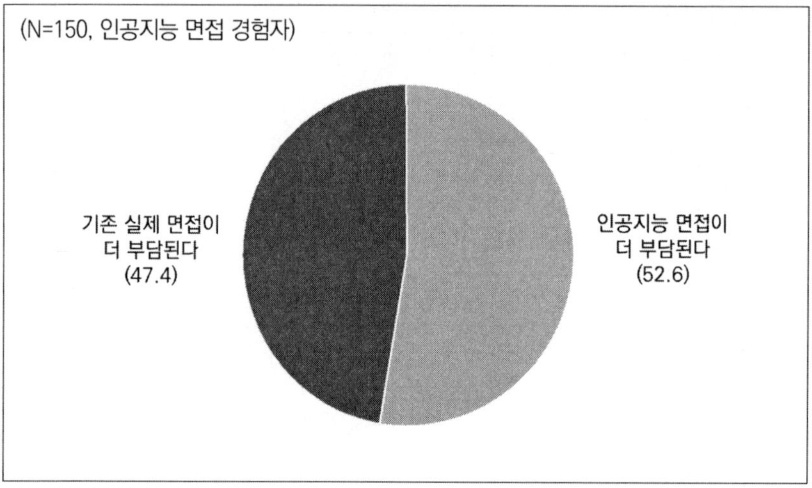

자료 : 저자 작성.

남자의 경우 '기존 실제 면접이 더 부담된다'가 52.5%인 반면 여자는 '인공지능 면접이 더 부담된다'가 63.0%로 조사되었다.

연령별 '인공지능 면접이 더 부담된다' 응답률은 20~24세 41.1%, 25~29세 49.4%. 30~34세 62.6%, 35~39세 59.8%로 20대 연령층의 경우 기존 면접에 더 부담을 갖는 비율이 높고, 30대 연령층은 인공지능 면접에 더 부담을 갖는 비율이 높은 것으로 조사되었다.

이전 취업 경험 여부에 따라서는 취업 경험자의 경우 '인공지능 면접이 더 부담된다'가 56.7%인 반면 취업 미경험자는 '기존 실제 면접이 더 부담된다'가 63.8%로 조사되었다.

〈표 2-47〉 (인공지능 면접 경험자) 인공지능 면접과 실제 면접 중 더 부담되는 방식

(단위 : 명, %)

		사례 수	인공지능 면접이 더 부담된다	기존 실제 면접이 더 부담된다
전 체		(150)	52.6	47.4
성별	남자	(101)	47.5	52.5
	여자	(49)	63.0	37.0
연령	20~24세	(32)	41.1	58.9
	25~29세	(59)	49.4	50.6
	30~34세	(43)	62.6	37.4
	35~39세	(17)	59.8	40.2
거주지역	서울	(53)	66.8	33.2
	인천/경기	(52)	46.6	53.4
	대전/충청	(14)	32.3	67.7
	광주/전라	(7)	54.0	46.0
	대구/경북	(6)	87.5	12.5
	부산/울산/경남	(16)	35.5	64.5
	강원/제주	(2)	0.0	100.0
학력	고졸	(12)	49.9	50.1
	2~3년제 대학	(18)	57.4	42.6
	4년제 대학	(113)	52.0	48.0
	대학원 이상	(7)	53.4	46.6
고등학교 유형(고졸)	일반계	(9)	57.6	42.4
	직업계	(3)	26.0	74.0
대학 전공 계열 (대재 이상)	사회과학 계열	(38)	59.1	40.9
	경상 계열	(14)	68.3	31.7
	인문어학 계열	(29)	48.8	51.2
	예체능 계열	(6)	85.7	14.3
	이공학 계열	(47)	44.0	56.0
	보건의료 계열	(4)	20.9	79.1
이전 취업 경험	있음	(120)	56.7	43.3
	없음	(31)	36.2	63.8
취업 경력 기간	2년 미만	(38)	45.1	54.9
	2~5년 미만	(52)	61.6	38.4
	5년 이상	(29)	63.1	36.9

자료 : 저자 작성.

2) 인공지능 면접이 더 부담되는 이유

인공지능 면접이 더 부담되는 이유에 대해서는 '표정과 억양 화법 등에 신경 써야 해서'의 응답률이 50.8%로 가장 높았으며, 그다음으로 '질문의 유형 또는 내용을 추측할 수 없어서' 28.3%, '대면 면접보다 시간이 촉박한 느낌이어서' 10.9%, '관찰 받는 오랜 시간 동안 집중해야 해서' 7.8%, '인터넷 연결이나 소프트웨어 오작동이 불안해서' 2.2% 등의 순으로 조사되었다.

[그림 2-42] (인공지능 면접 경험자) 인공지능 면접이 더 부담되는 이유

(단위 : %)

(N=79, 인공지능 면접 경험자 중 '인공지능 면접이 더 부담된다' 응답자)

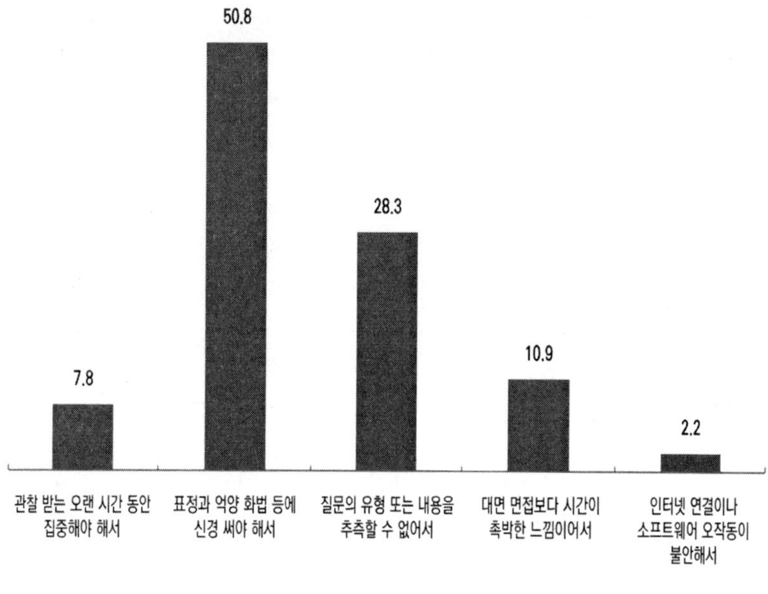

자료 : 저자 작성.

〈표 2-48〉 (인공지능 면접 경험자) 인공지능 면접이 더 부담되는 이유

(단위 : 명, %)

		사례 수	관찰 받는 오랜 시간 동안 집중해야 해서	표정과 억양 화법 등에 신경 써야 해서	질문의 유형 또는 내용을 추측할 수 없어서	대면 면접보다 시간이 촉박한 느낌이어서	인터넷 연결이나 소프트웨어 오작동이 불안해서
전 체		(79)	7.8	50.8	28.3	10.9	2.2
성별	남자	(48)	10.7	57.3	25.3	6.7	0.0
	여자	(31)	3.3	40.7	32.9	17.5	5.6
연령	20~24세	(13)	0.0	41.4	45.5	7.1	6.0
	25~29세	(29)	7.7	64.9	20.5	3.6	3.3
	30~34세	(27)	14.6	44.0	24.5	16.9	0.0
	35~39세	(10)	0.0	40.1	38.4	21.5	0.0
거주지역	서울	(36)	11.9	48.6	22.0	17.5	0.0
	인천/경기	(24)	5.1	63.5	24.3	0.0	7.1
	대전/충청	(5)	0.0	75.1	24.9	0.0	0.0
	광주/전라	(4)	0.0	38.7	47.5	13.9	0.0
	대구/경북	(5)	0.0	14.3	70.2	15.5	0.0
	부산/울산/경남	(6)	12.8	31.8	35.9	19.5	0.0
학력	고졸	(6)	0.0	49.8	50.2	0.0	0.0
	2~3년제 대학	(10)	12.3	50.5	37.2	0.0	0.0

〈표 2-48〉의 계속

		사례 수	관찰 받는 오랜 시간 동안 집중해야 해서	표정과 억양 화법 등에 신경 써야 해서	질문의 유형 또는 내용을 추측할 수 없어서	대면 면접보다 시간이 촉박한 느낌이어서	인터넷 연결이나 소프트웨어 오작동이 불안해서
학력	4년제 대학	(59)	8.4	51.5	24.8	12.4	2.9
	대학원 이상	(4)	0.0	42.4	22.6	35.0	0.0
고등학교 유형(고졸)	일반계	(5)	0.0	57.0	43.0	0.0	0.0
	직업계	(1)	0.0	0.0	100.0	0.0	0.0
대학 전공 계열 (대재 이상)	사회과학 계열	(22)	11.0	43.0	25.1	20.9	0.0
	경상 계열	(9)	0.0	59.0	20.2	20.8	0.0
	인문어학 계열	(14)	5.0	55.5	34.7	4.8	0.0
	예체능 계열	(5)	0.0	73.2	12.1	14.7	0.0
	이공학 계열	(21)	14.6	48.8	25.7	2.5	8.4
	보건의료 계열	(1)	0.0	0.0	100.0	0.0	0.0
이전 취업 경험	있음	(68)	7.3	50.6	29.4	11.4	1.4
	없음	(11)	11.2	52.2	21.3	8.3	7.0
취업 경력 기간	2년 미만	(17)	18.3	46.9	23.9	10.9	0.0
	2~5년 미만	(32)	3.2	56.6	26.5	10.8	3.0
	5년 이상	(19)	4.1	43.6	39.6	12.8	0.0

자료 : 저자 작성.

3) 실제 면접이 더 긴장되는 이유

실제 면접이 더 긴장되는 이유에 대해서는 '면접관의 주관적인 선호도를 몰라서' 30.5%, '압박면접이 나올 경우 힘들어서' 25.0%, '옷차림이나 매너 등의 격식을 따져야 해서' 19.5%, '평소 대면 접촉이 낯설어서' 16.3%, '면접관의 즉각적인 표정이나 반응 등에 당황해서' 8.7% 등의 순으로 조사되었다.

[그림 2-43] (인공지능 면접 경험자) 실제 면접이 더 긴장되는 이유

(단위 : %)

(N=71, 인공지능 면접 경험자 중 '기존 실제 면접이 더 부담된다' 응답자)

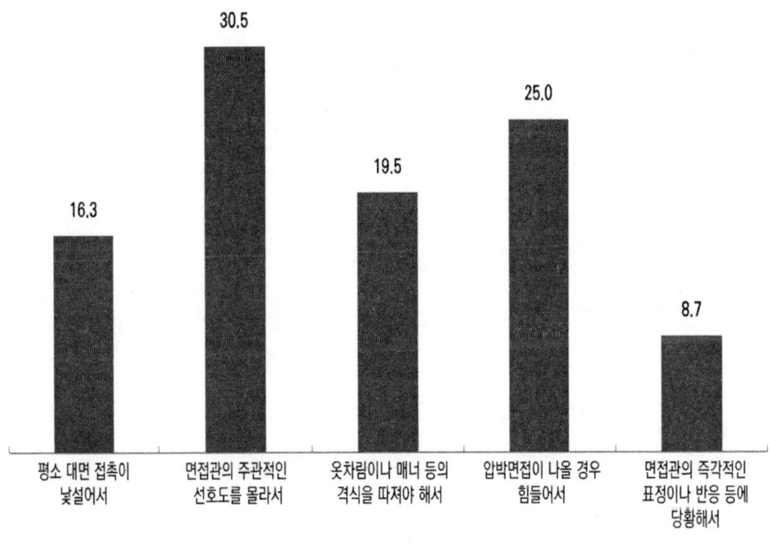

자료 : 저자 작성.

〈표 2-49〉 (인공지능 면접 경험자) 실제 면접이 더 긴장되는 이유

(단위 : 명, %)

		사례 수	평소 대면 접촉이 낯설어서	면접관의 주관적인 선호도를 몰라서	옷차림이나 매너 등의 격식을 따져야 해서	압박면접이 나올 경우 힘들어서	면접관의 즉각적인 표정이나 반응 등에 당황해서
전 체		(71)	16.3	30.5	19.5	25.0	8.7
성별	남자	(53)	12.5	30.0	20.8	29.6	7.2
	여자	(18)	27.7	31.8	15.9	11.6	13.0
연령	20~24세	(19)	0.0	42.0	26.2	22.7	9.1
	25~29세	(30)	19.9	16.6	24.1	27.5	11.8
	30~34세	(16)	35.6	42.0	7.8	10.5	4.2
	35~39세	(7)	0.0	32.4	8.6	54.6	4.3
거주지역	서울	(18)	17.0	28.9	24.0	23.2	6.9
	인천/경기	(28)	20.3	24.6	21.8	15.3	18.0
	대전/충청	(10)	0.0	28.5	37.4	34.1	0.0
	광주/전라	(3)	0.0	16.3	0.0	83.7	0.0
	대구/경북	(1)	0.0	100.0	0.0	0.0	0.0
	부산/울산/경남	(10)	29.9	43.1	0.0	27.0	0.0
	강원/제주	(2)	0.0	65.6	0.0	34.4	0.0
학력	고졸	(6)	15.6	67.3	17.2	0.0	0.0
	2~3년제 대학	(7)	0.0	27.1	40.5	0.0	32.5

〈표 2-49〉의 계속

		사례 수	평소 대면 접촉이 낯설어서	면접관의 주관적인 선호도를 몰라서	옷차림이나 매너 등의 격식을 따져야 해서	압박면접이 나올 경우 힘들어서	면접관의 즉각적인 표정이나 반응 등에 당황해서
학력	4년제 대학	(54)	19.7	25.4	17.6	30.9	6.4
	대학원 이상	(3)	0.0	51.9	8.6	30.8	8.6
고등학교 유형(고졸)	일반계	(4)	24.4	48.8	26.9	0.0	0.0
	직업계	(2)	0.0	100.0	0.0	0.0	0.0
대학 전공 계열 (대재 이상)	사회과학 계열	(15)	8.0	37.4	24.6	24.1	6.0
	경상 계열	(4)	50.0	21.6	28.4	0.0	0.0
	인문어학 계열	(15)	13.9	21.4	32.3	16.1	16.4
	예체능 계열	(1)	0.0	0.0	100.0	0.0	0.0
	이공학 계열	(26)	19.8	29.3	8.1	34.9	7.9
	보건의료 계열	(3)	0.0	0.0	0.0	76.7	23.3
이전 취업 경험	있음	(52)	16.3	31.9	17.6	22.3	11.9
	없음	(20)	16.4	26.6	24.6	32.3	0.0
취업 경력 기간	2년 미만	(21)	18.6	28.6	14.7	28.6	9.5
	2~5년 미만	(20)	10.3	23.1	27.3	21.7	17.7
	5년 이상	(11)	23.0	54.4	5.4	11.1	6.1

자료 : 저자 작성.

5. 인공지능 기반 역량/인적성 검사 경험

가. 인공지능 기반 역량/인적성 검사 장소 및 비용

1) 인공지능 기반 역량/인적성 검사 전형에 참여한 장소

인공지능 기반 역량/인적성 검사 전형에 참여한 장소로는 '자택'의 비율이 60.0%로 가장 높았으며, 그다음으로 '구인회사의 면접장' 33.5%, '학교 내 시설' 4.3% 등의 순으로 조사되었다.

[그림 2-44] (인공지능 역량검사 경험자) 인공지능 기반 역량/인적성 검사 전형에 참여한 장소

(단위 : %)

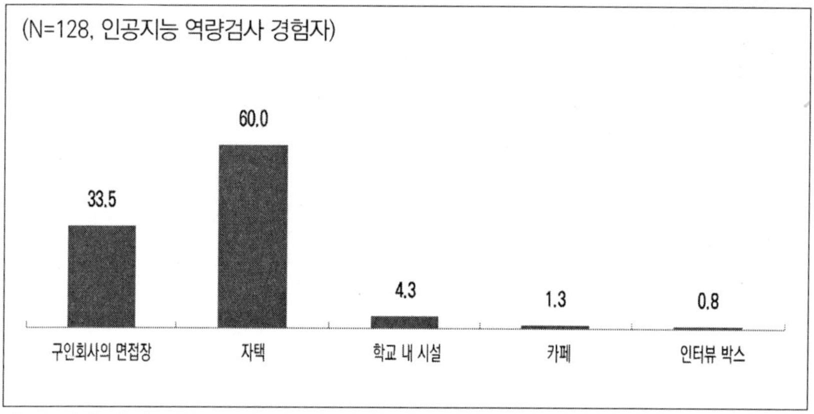

자료 : 저자 작성.

〈표 2-50〉 (인공지능 역량검사 경험자) 인공지능 기반 역량/인적성 검사 전형에 참여한 장소

(단위 : 명, %)

		사례 수	구인 회사의 면접장	자택	학교 내 시설	카페	인터뷰 박스
전 체		(128)	33.5	60.0	4.3	1.3	0.8
성별	남자	(82)	39.5	56.2	4.3	0.0	0.0
	여자	(47)	23.1	66.7	4.2	3.7	2.3

〈표 2-50〉의 계속

		사례 수	구인 회사의 면접장	자택	학교 내 시설	카페	인터뷰 박스
연령	20~24세	(24)	45.0	40.4	11.3	3.3	0.0
	25~29세	(57)	14.1	77.4	5.0	1.7	1.8
	30~34세	(32)	50.8	49.2	0.0	0.0	0.0
	35~39세	(16)	51.3	48.7	0.0	0.0	0.0
거주지역	서울	(41)	28.4	60.0	9.0	0.0	2.5
	인천/경기	(44)	32.1	59.9	4.0	3.9	0.0
	대전/충청	(11)	10.7	89.3	0.0	0.0	0.0
	광주/전라	(12)	51.4	48.6	0.0	0.0	0.0
	대구/경북	(6)	66.6	33.4	0.0	0.0	0.0
	부산/울산/경남	(14)	40.9	59.1	0.0	0.0	0.0
학력	고졸	(10)	63.4	36.6	0.0	0.0	0.0
	2~3년제 대학	(12)	68.2	22.7	9.1	0.0	0.0
	4년제 대학	(103)	27.8	66.0	3.5	1.7	1.0
	대학원 이상	(4)	7.6	69.7	22.7	0.0	0.0
고등학교 유형(고졸)	일반계	(6)	81.9	18.1	0.0	0.0	0.0
	직업계	(4)	35.6	64.4	0.0	0.0	0.0
대학 전공 계열 (대재 이상)	사회과학 계열	(28)	33.9	62.9	3.1	0.0	0.0
	경상 계열	(15)	46.6	53.4	0.0	0.0	0.0
	인문어학 계열	(15)	18.9	64.1	11.8	5.2	0.0
	예체능 계열	(4)	18.8	28.3	52.9	0.0	0.0
	이공학 계열	(51)	31.6	64.5	0.0	1.9	2.1
	보건의료 계열	(6)	12.9	72.1	15.1	0.0	0.0
이전 취업 경험	있음	(104)	34.0	60.7	2.6	1.7	1.0
	없음	(25)	31.2	57.3	11.5	0.0	0.0
취업 경력 기간	2년 미만	(40)	28.8	62.4	6.8	2.0	0.0
	2~5년 미만	(45)	42.1	53.5	0.0	2.1	2.3
	5년 이상	(19)	25.7	74.3	0.0	0.0	0.0

자료 : 저자 작성.

2) 인공지능 기반 역량/인적성 검사에 응시하기 위해 별도 공간을 빌려 이용한 경험

인공지능 기반 역량/인적성 검사에 응시하기 위해 별도 공간을 빌린 경험에 대해서는 '없다' 73.4%, '있다' 26.6%로 조사되었다.

[그림 2-45] (인공지능 역량검사 경험자) 인공지능 기반 역량/인적성 검사에 응시하기 위해 별도 공간을 빌려 이용한 경험

(단위 : %)

(N=85, 인공지능 역량검사 경험자 중 역량검사 장소 '자택, 학교 내 시설, 카페, 기타' 응답자)

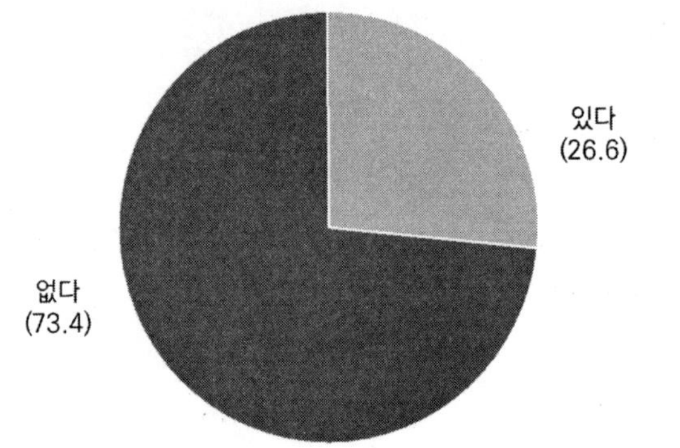

자료 : 저자 작성.

별도 공간을 빌린 경험이 있다는 응답 비율은 여자가 35.2%로 남자 20.3%보다 높게 나타났다.

〈표 2-51〉 (인공지능 역량검사 경험자) 인공지능 기반 역량/인적성 검사에 응시하기 위해 별도 공간을 빌려 이용한 경험

(단위 : 명, %)

		사례 수	있다	없다
전 체		(85)	26.6	73.4
성별	남자	(49)	20.3	79.7
	여자	(36)	35.2	64.8

〈표 2-51〉의 계속

		사례 수	있다	없다
연령	20~24세	(13)	27.1	72.9
	25~29세	(49)	25.8	74.2
	30~34세	(16)	22.6	77.4
	35~39세	(8)	39.2	60.8
거주지역	서울	(30)	38.7	61.3
	인천/경기	(30)	20.2	79.8
	대전/충청	(10)	18.8	81.2
	광주/전라	(6)	0.0	100.0
	대구/경북	(2)	29.2	70.8
	부산/울산/경남	(8)	33.8	66.2
학력	고졸	(4)	29.8	70.2
	2~3년제 대학	(4)	36.6	63.4
	4년제 대학	(74)	25.9	74.1
	대학원 이상	(4)	27.2	72.8
고등학교 유형(고졸)	일반계	(1)	100.0	0.0
	직업계	(2)	0.0	100.0
대학 전공 계열 (대재 이상)	사회과학 계열	(19)	29.0	71.0
	경상 계열	(8)	7.6	92.4
	인문어학 계열	(12)	15.0	85.0
	예체능 계열	(3)	100.0	0.0
	이공학 계열	(35)	30.9	69.1
	보건의료 계열	(5)	0.0	100.0
이전 취업 경험	있음	(68)	26.9	73.1
	없음	(17)	25.6	74.4
취업 경력 기간	2년 미만	(28)	22.0	78.0
	2~5년 미만	(26)	32.5	67.5
	5년 이상	(14)	26.0	74.0

자료 : 저자 작성.

3) 인공지능 기반 역량/인적성 검사를 위해 별도 공간 이용 시 비용

인공지능 기반 역량/인적성 검사를 위해 별도 공간 이용 시 지불한 비용은 '1만 원 미만' 14.4%, '1만 원~3만 원 미만' 46.6%, '3만 원~5만 원 미만' 28.4%, '5만 원~10만 원 미만' 9.4%, '10만 원 이상' 1.3% 등으로 조사되었다.

[그림 2-46] (인공지능 역량검사 경험자) 인공지능 기반 역량/인적성 검사를 위해 별도 공간 이용 시 1회 비용

(단위 : %)

(N=23, 인공지능 역량검사 경험자 중 별도 공간을 빌려 이용한 응답자)

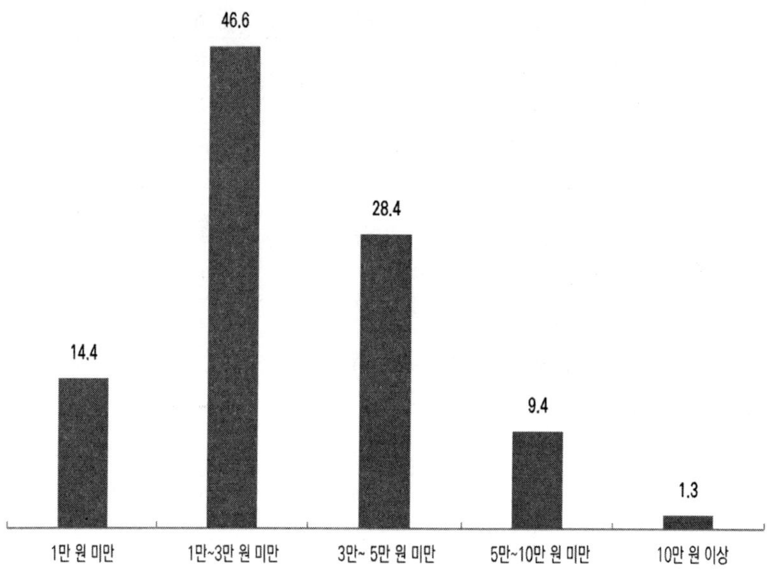

자료 : 저자 작성.

〈표 2-52〉 (인공지능 역량검사 경험자) 인공지능 기반 역량/인적성 검사를 위해 별도 공간 이용 시 1회 비용

(단위 : 명, %)

		사례 수	1만 원 미만	1만~3만 원 미만	3만~ 5만 원 미만	5만~10만 원 미만	10만 원 이상
전 체		(23)	14.4	46.6	28.4	9.4	1.3
성별	남자	(10)	7.1	53.6	15.3	21.1	2.9
	여자	(13)	20.2	41.1	38.7	0.0	0.0
연령	20~24세	(4)	26.0	22.0	52.0	0.0	0.0
	25~29세	(13)	7.6	53.7	24.3	14.5	0.0
	30~34세	(4)	20.0	45.1	34.9	0.0	0.0
	35~39세	(3)	22.8	47.7	9.8	9.8	9.8
거주지역	서울	(11)	14.0	53.0	27.9	2.6	2.6
	인천/경기	(6)	15.8	47.6	36.5	0.0	0.0
	대전/충청	(2)	0.0	0.0	0.0	100.0	0.0
	대구/경북	(1)	0.0	100.0	0.0	0.0	0.0
	부산/울산/경남	(3)	25.2	37.4	37.4	0.0	0.0
학력	고졸	(1)	0.0	100.0	0.0	0.0	0.0
	2~3년제 대학	(1)	0.0	78.2	21.8	0.0	0.0
	4년제 대학	(19)	13.4	43.9	31.8	9.5	1.5

〈표 2-52〉의 계속

		사례 수	1만 원 미만	1만~3만 원 미만	3만~ 5만 원 미만	5만~10만 원 미만	10만 원 이상
학력	대학원 이상	(1)	69.9	0.0	0.0	30.1	0.0
대학 전공 계열 (대재 이상)	사회과학 계열	(5)	30.4	12.4	23.1	34.1	0.0
	경상 계열	(1)	0.0	100.0	0.0	0.0	0.0
	인문어학 계열	(2)	0.0	83.9	0.0	16.1	0.0
	예체능 계열	(3)	0.0	69.6	30.4	0.0	0.0
	이공학 계열	(11)	15.1	42.8	39.5	0.0	2.7
이전 취업 경험	있음	(18)	17.8	40.6	30.0	10.0	1.6
	없음	(4)	0.0	72.0	21.3	6.8	0.0
취업 경력 기간	2년 미만	(6)	26.8	36.8	36.5	0.0	0.0
	2~5년 미만	(9)	10.8	44.2	23.5	21.5	0.0
	5년 이상	(4)	18.8	39.0	34.2	0.0	8.1

자료 : 저자 작성.

나. 인공지능 전략게임 경험

1) 인공지능 전략게임 경험 여부

인공지능 전략게임(면접 시 지원자에게 전략적 의사 및 문제 해결 기술에 필요한 일련의 과제 또는 시나리오를 제시하는 대화형 컴퓨터 기반 시뮬레이션)을 경험한 적이 있는지에 대해서는 '있다' 72.3%, '없다' 27.7%로 조사되었다.

[그림 2-47] (인공지능 역량검사 경험자) 인공지능 전략게임 경험 여부

(단위 : %)

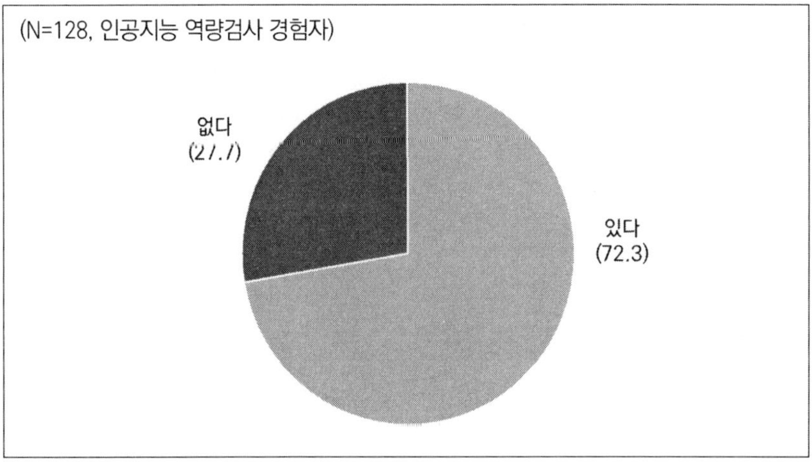

자료 : 저자 작성.

인공지능 전략게임을 경험해 본 응답 비율은 남자가 74.3%로 여자 68.8%보다 상대적으로 높게 나타났다.

〈표 2-53〉 (인공지능 역량검사 경험자) 인공지능 전략게임 경험 여부

(단위 : 명, %)

		사례 수	있다	없다
전 체		(128)	72.3	27.7
성별	남자	(82)	74.3	25.7
	여자	(47)	68.8	31.2

〈표 2-53〉의 계속

		사례 수	있다	없다
연령	20~24세	(24)	88.7	11.3
	25~29세	(57)	66.3	33.7
	30~34세	(32)	73.8	26.2
	35~39세	(16)	66.0	34.0
거주지역	서울	(41)	82.6	17.4
	인천/경기	(44)	62.7	37.3
	대전/충청	(11)	75.5	24.5
	광주/전라	(12)	86.5	13.5
	대구/경북	(6)	61.6	38.4
	부산/울산/경남	(14)	62.1	37.9
학력	고졸	(10)	68.7	31.3
	2~3년제 대학	(12)	77.7	22.3
	4년제 대학	(103)	72.9	27.1
	대학원 이상	(4)	47.9	52.1
고등학교 유형(고졸)	일반계	(6)	70.4	29.6
	직업계	(4)	66.1	33.9
대학 전공 계열 (대재 이상)	사회과학 계열	(28)	70.6	29.4
	경상 계열	(15)	63.0	37.0
	인문어학 계열	(15)	37.6	62.4
	예체능 계열	(4)	71.7	28.3
	이공학 계열	(51)	85.0	15.0
	보건의료 계열	(6)	87.1	12.9
이전 취업 경험	있음	(104)	71.2	28.8
	없음	(25)	76.9	23.1
취업 경력 기간	2년 미만	(40)	63.8	36.2
	2~5년 미만	(45)	76.5	23.5
	5년 이상	(19)	74.0	26.0

자료 : 저자 작성.

2) 인공지능 전략게임이 구직자의 능력을 평가하는 정확성에 대한 의견

인공지능 전략게임이 구직자의 능력을 어느 정도 정확하게 평가할 수 있다고 생각하는지에 대해서는 '매우 정확히 평가한다' 7.3%, '다소 정확하게 평가한다' 41.5% 등 "정확하게 평가한다"는 의견이 48.8%로 나타났다. '보통이다'라는 의견은 28.4%, "부정확하게 평가한다"는 의견은 '매우 부정확하게 평가한다' 4.9%, '다소 부정확하게 평가한다' 17.9% 등 22.8%로 조사되었다.

[그림 2-48] (인공지능 역량검사 경험자) 인공지능 전략게임이 구직자의 능력을 평가하는 정확성에 대한 의견

(단위 : %)

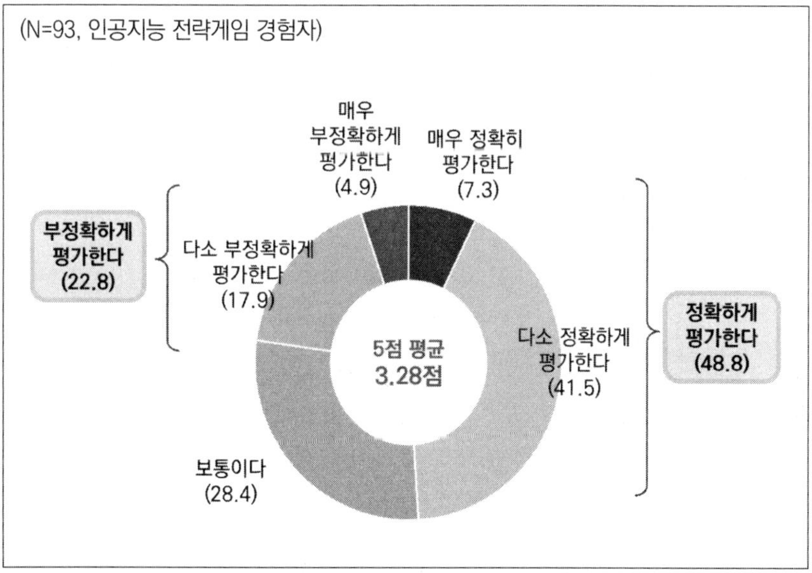

주 : 평균산출(매우 부정확하게 평가한다=1점, 다소 부정확하게 평가한다=2점, 보통이다=3점, 다소 정확하게 평가한다=4점, 매우 정확히 평가한다=5점).
자료 : 저자 작성.

인공지능 전략게임이 구직자의 능력을 "정확하게 평가(매우 정확히 평가+다소 정확하게 평가)"한다는 의견에 대해서는 남자가 60.2%로 여자(27.3%)에 비해 매우 높게 나타났다.

연령별로는 20~24세 54.9%, 25~29세 32.3%, 30~34세 63.2%, 35~39세 63.4% 등 30대가 20대에 비해 높게 나타났다.

〈표 2-54〉 (인공지능 역량검사 경험자) 인공지능 전략게임이 구직자의 능력을 평가하는 정확성에 대한 의견

(단위 : 명, %, 점)

		사례 수	⑤ 매우 정확히 평가한다	④ 다소 정확하게 평가한다	③ 보통이다	② 다소 부정확하게 평가한다	① 매우 부정확하게 평가한다	종합			5점 평균
								④+⑤ 정확하게 평가한다	③ 보통이다	①+② 부정확하게 평가한다	
전 체		(93)	7.3	41.5	28.4	17.9	4.9	48.8	28.4	22.8	3.28
성별	남자	(61)	8.5	51.7	21.6	13.4	4.9	60.2	21.6	18.3	3.45
	여자	(32)	5.1	22.2	41.3	26.5	4.9	27.3	41.3	31.5	2.96
연령	20~24세	(21)	8.6	46.3	19.2	15.4	10.4	54.9	19.2	25.9	3.27
	25~29세	(38)	0.0	32.3	41.5	24.2	2.0	32.3	41.5	26.2	3.04
	30~34세	(24)	19.7	43.5	18.9	11.1	6.8	63.2	18.9	17.9	3.58
	35~39세	(10)	2.8	60.5	21.0	15.6	0.0	63.4	21.0	15.6	3.51
거주지역	서울	(34)	8.9	30.6	38.1	14.6	7.7	39.6	38.1	22.3	3.18
	인천/경기	(27)	9.0	47.9	19.2	21.5	2.4	56.9	19.2	23.9	3.40
	대전/충청	(8)	0.0	89.7	0.0	10.3	0.0	89.7	0.0	10.3	3.79
	광주/전라	(10)	5.1	19.2	33.3	30.0	12.3	24.3	33.3	42.4	2.75
	대구/경북	(4)	18.6	35.6	27.3	18.6	0.0	54.2	27.3	18.6	3.54
	부산/울산/경남	(9)	0.0	47.4	40.6	12.0	0.0	47.4	40.6	12.0	3.35
학력	고졸	(7)	0.0	72.4	15.9	11.7	0.0	72.4	15.9	11.7	3.61
	2~3년제 대학	(9)	21.7	28.0	42.4	7.9	0.0	49.7	42.4	7.9	3.63

〈표 2-54〉의 계속

		사례 수	⑤ 매우 정확히 평가한다	④ 다소 정확하게 평가한다	③ 보통이다	② 다소 부정확하게 평가한다	① 매우 부정확하게 평가한다	종합			5점 평균
								④+⑤ 정확하게 평가한다	③ 보통이다	①+② 부정확하게 평가한다	
학력	4년제 대학	(75)	6.4	41.0	26.5	20.1	6.1	47.4	26.5	26.2	3.22
	대학원 이상	(2)	0.0	15.8	84.2	0.0	0.0	15.8	84.2	0.0	3.16
고등학교 유형(고졸)	일반계	(4)	0.0	74.3	25.7	0.0	0.0	74.3	25.7	0.0	3.74
	직업계	(3)	0.0	69.5	0.0	30.5	0.0	69.5	0.0	30.5	3.39
대학 전공 계열 (대재 이상)	사회과학 계열	(20)	6.3	42.6	27.1	20.7	3.4	48.9	27.1	24.0	3.28
	경상 계열	(9)	0.0	40.6	22.1	29.1	8.1	40.6	22.1	37.3	2.95
	인문어학 계열	(6)	0.0	31.2	41.6	27.2	0.0	31.2	41.6	27.2	3.04
	예체능 계열	(3)	60.7	0.0	39.3	0.0	0.0	60.7	39.3	0.0	4.21
	이공학 계열	(44)	8.9	45.2	23.9	14.8	7.2	54.1	23.9	22.0	3.34
	보건의료 계열	(5)	0.0	0.0	79.4	20.6	0.0	0.0	79.4	20.6	2.79
이전 취업 경험	있음	(74)	7.5	40.5	29.0	19.0	4.0	48.0	29.0	23.0	3.28
	없음	(19)	6.6	45.3	26.1	13.7	8.4	51.8	26.1	22.1	3.28
취업 경력 기간	2년 미만	(25)	3.6	29.5	40.3	21.4	5.1	33.2	40.3	26.5	3.05
	2~5년 미만	(35)	6.1	53.2	16.4	19.4	4.9	59.3	16.4	24.3	3.36
	5년 이상	(14)	17.8	28.8	39.7	13.7	0.0	46.6	39.7	13.7	3.51

자료 : 저자 작성.

6. 인공지능 기반 채용 관련 어려움 및 건의 사항

인공지능 기반 채용에 있어 직면한 어려움 또는 불만에 대한 응답은 '관련 정보 부족'(16.4%), '평가 기준 모호'(10.0%), '무엇을 준비해야 할지 몰라서'(7.9%), '신뢰도가 떨어져서'(3.7%), '공정하지 못할 것 같아서'(3.1%) 등이 주된 내용이었다.

인공지능 기반 채용 경험자의 경우 '평가 기준 모호'(17.6%) 응답이 가장 많았으며, 미경험자의 경우 '관련 정보 부족'(18.9%)에 대한 응답이 가장 많았다.

〈표 2-55〉 인공지능 기반 채용에 있어 직면한 어려움 또는 불만(복수응답)

(단위 : 명, %)

	전 체		성별				인공지능 기반 채용			
			남자		여자		경험 있음		경험 없음	
	N	%	N	%	N	%	N	%	N	%
관련 정보가 부족해서	173	(16.4)	96	(16.2)	77	(16.6)	23	(8.7)	149	(18.9)
평가 기준이 모호해서	105	(10.0)	65	(11.0)	40	(8.6)	47	(17.6)	58	(7.4)
무엇을 준비해야 할지 몰라서	84	(7.9)	37	(6.3)	46	(10.0)	14	(5.1)	70	(8.9)
신뢰도가 떨어져서/믿음이 가지 않아서	39	(3.7)	20	(3.3)	19	(4.2)	8	(2.9)	31	(4.0)
공정하지 못할 것 같아서	33	(3.1)	25	(4.2)	8	(1.8)	9	(3.4)	24	(3.1)
새로운 과정을 준비해 야해서	29	(2.8)	13	(2.3)	16	(3.4)	4	(1.4)	25	(3.2)
인공지능 대응이 어려워서	28	(2.7)	18	(3.1)	10	(2.2)	4	(1.5)	24	(3.1)
감정 전달이 제대로 되지 않아서	24	(2.2)	19	(3.1)	5	(1.1)	3	(1.2)	20	(2.6)
정확도가 떨어져서	17	(1.6)	10	(1.6)	7	(1.6)	8	(3.2)	9	(1.1)
비용 발생이 있어서	16	(1.5)	9	(1.5)	7	(1.5)	7	(2.6)	9	(1.1)
인공지능 채용이 낯설어서	16	(1.5)	8	(1.3)	8	(1.8)	4	(1.4)	12	(1.5)
평가방식을 잘 몰라서	14	(1.3)	5	(0.9)	9	(1.9)	2	(0.7)	12	(1.5)
인공지능은 오류가 있을 것 같아서	13	(1.2)	6	(1.1)	7	(1.4)	2	(0.6)	11	(1.4)
사람이 평가하지 않아서	10	(1.0)	6	(1.0)	4	(0.9)	4	(1.4)	7	(0.9)
준비할 종류가 많아져서	10	(1.0)	4	(0.7)	6	(1.3)	3	(1.2)	7	(0.9)
준비과정이 어려워서	10	(1.0)	0	(0.0)	10	(2.1)	4	(1.5)	6	(0.8)

〈표 2-55〉의 계속

	전 체		성별				인공지능 기반 채용			
			남자		여자		경험 있음		경험 없음	
	N	%	N	%	N	%	N	%	N	%
융통성이 없을 것 같아서	10	(0.9)	5	(0.9)	5	(1.0)	1	(0.5)	8	(1.1)
인공지능 채용에 대한 거부감이 들어서	9	(0.9)	7	(1.2)	2	(0.4)	3	(1.2)	6	(0.7)
평가 기준이 엄격해서	8	(0.8)	7	(1.2)	1	(0.2)	0	(0.0)	8	(1.0)
제대로 판별을 하는지 의문이 들어서	8	(0.7)	7	(1.2)	1	(0.1)	3	(1.1)	5	(0.6)
사람과의 소통보다 더 긴장되어서	7	(0.7)	2	(0.4)	5	(1.1)	5	(2.0)	2	(0.3)
적응하는 데 시간이 필요해서	7	(0.7)	1	(0.2)	6	(1.2)	1	(0.4)	6	(0.8)
시스템 사용이 어려워서	7	(0.7)	4	(0.7)	3	(0.5)	2	(0.7)	5	(0.6)
기계가 사람을 평가하는 것이 불편해서	7	(0.6)	4	(0.6)	3	(0.7)	2	(0.7)	5	(0.6)
면접 난이도가 어려워서	7	(0.6)	4	(0.6)	3	(0.6)	3	(1.3)	3	(0.4)
인성 평가가 제대로 되지 않을 것 같아서	6	(0.6)	3	(0.5)	3	(0.8)	2	(0.9)	4	(0.5)
면접관의 표정을 알 수 없어서	6	(0.6)	5	(0.9)	1	(0.2)	2	(0.8)	4	(0.5)
사람의 인재 역량을 판단하는 범위가 좁아질 것 같아서	6	(0.6)	5	(0.8)	2	(0.4)	4	(1.6)	2	(0.2)
부담이 되어서	6	(0.6)	5	(0.8)	1	(0.3)	1	(0.4)	5	(0.6)
나에 대한 것을 좀 더 표출하기가 어려울 것 같아서	6	(0.6)	5	(0.8)	1	(0.2)	0	(0.0)	6	(0.8)
인공지능만으로 판단하기는 어려워서	6	(0.5)	4	(0.6)	2	(0.4)	4	(1.5)	2	(0.2)
사람이 아니므로 예측이 불가해서	5	(0.5)	4	(0.7)	1	(0.2)	3	(1.1)	2	(0.2)
획일화된 평가 기준이 생길 것 같아서	5	(0.4)	3	(0.4)	2	(0.4)	0	(0.0)	5	(0.6)
인공지능 기술력의 한계가 있어서	5	(0.4)	3	(0.5)	2	(0.4)	1	(0.5)	3	(0.4)
로봇 같은 느낌이어서	5	(0.4)	3	(0.5)	2	(0.4)	0	(0.0)	5	(0.6)

주 : 응답 사례 수 5명 이상만 제시.
자료 : 저자 작성.

가. 인공지능 기반 채용에 있어 만족스러운 점

인공지능 기반 채용에 있어 만족스러운 점에 대해서는 '공정할 것 같아서'(26.6%)가 가장 많았으며, 그다음으로 '간편해서'(6.4%), '편견이 없을 것 같아서'(5.9%), '긴장감이 덜할 것 같아서'(4.4%), '결과 도출이 빨라서'(4.1%) 등이 주요 응답 내용이었다.

'공정할 것 같아서'라는 응답은 인공지능 기반 채용 미경험자(29.6%)가 경험자(17.8%)에 비해 높게 나타났다.

〈표 2-56〉 인공지능 기반 채용에 있어 만족스러운 점(복수응답)

(단위 : 명, %)

	전 체		성별				인공지능 기반 채용			
	N	%	남자		여자		경험 있음		경험 없음	
			N	%	N	%	N	%	N	%
공정할 것 같아서	281	(26.6)	166	(28.0)	115	(24.9)	47	(17.8)	234	(29.6)
간편해서	68	(6.4)	46	(7.8)	22	(4.6)	27	(10.0)	41	(5.2)
편견이 없을 것 같아서	62	(5.9)	29	(4.9)	34	(7.3)	15	(5.6)	48	(6.0)
긴장감이 덜할 것 같아서	46	(4.4)	19	(3.2)	27	(5.9)	13	(4.9)	33	(4.2)
결과 도출이 빨라서	43	(4.1)	21	(3.5)	22	(4.8)	13	(5.0)	30	(3.8)
차별 없이 평등할 것 같아서	39	(3.7)	16	(2.6)	23	(5.0)	7	(2.6)	32	(4.0)
객관적일 것 같아서	34	(3.3)	17	(2.9)	17	(3.8)	9	(3.3)	26	(3.2)
선입견이 배제될 것 같아서	27	(2.6)	14	(2.3)	14	(3.0)	2	(0.6)	26	(3.3)
신속해서	24	(2.3)	19	(3.2)	5	(1.1)	9	(3.5)	15	(1.8)
형평성이 있어서	23	(2.2)	16	(2.6)	8	(1.7)	6	(2.1)	18	(2.2)
정확성이 있을 것 같아서	22	(2.1)	9	(1.5)	13	(2.9)	9	(3.5)	13	(1.7)
사람과 대면하지 않아도 되어서	19	(1.8)	12	(2.0)	8	(1.7)	11	(4.2)	8	(1.0)
부담감이 적어서	18	(1.7)	11	(1.9)	6	(1.4)	5	(2.0)	13	(1.6)
채용 절차가 투명할 것 같아서	17	(1.6)	10	(1.6)	7	(1.5)	1	(0.5)	15	(1.9)
시간이 절약되어서	17	(1.6)	10	(1.8)	6	(1.3)	2	(0.8)	14	(1.8)
믿음이 가서/신뢰가 가서	14	(1.3)	11	(1.8)	3	(0.7)	3	(1.2)	11	(1.3)
혈연, 지연 등 인맥을 이용한 채용을 막을 수 있어서	12	(1.2)	6	(1.1)	6	(1.3)	3	(1.3)	9	(1.1)
사람의 주관이 들어가지 않아서	12	(1.2)	8	(1.4)	4	(0.9)	3	(1.0)	10	(1.2)
사람의 감정이 들어가지 않아서	12	(1.1)	5	(0.9)	7	(1.4)	5	(2.0)	7	(0.9)
평가 기준이 확실해서	10	(0.9)	7	(1.1)	3	(0.6)	1	(0.3)	9	(1.1)
편안해서	8	(0.8)	4	(0.7)	4	(0.9)	3	(1.0)	6	(0.7)

〈표 2-56〉의 계속

	전 체		성별				인공지능 기반 채용			
	N	%	남자		여자		경험 있음		경험 없음	
			N	%	N	%	N	%	N	%
집에서도 볼 수 있어서	7	(0.7)	0	(0.0)	7	(1.5)	5	(2.0)	2	(0.2)
장소를 구애받지 않아서	6	(0.6)	2	(0.3)	5	(1.0)	5	(2.0)	1	(0.1)
냉정하게 평가할 것 같아서	6	(0.6)	5	(0.9)	1	(0.1)	0	(0.0)	6	(0.7)
블라인드 채용이어서	6	(0.5)	1	(0.1)	5	(1.1)	0	(0.0)	6	(0.7)
새로워서	6	(0.5)	2	(0.4)	3	(0.7)	0	(0.0)	6	(0.7)
능력 위주로 평가될 것 같아서	5	(0.5)	3	(0.5)	2	(0.4)	1	(0.4)	4	(0.5)
정량화된 기준으로 평가되어서	5	(0.5)	2	(0.4)	3	(0.6)	2	(0.6)	3	(0.4)
실수가 없을 것 같아서	5	(0.4)	2	(0.4)	2	(0.5)	3	(1.2)	1	(0.2)
외모에 영향을 받지 않아서	5	(0.4)	2	(0.3)	3	(0.6)	2	(0.7)	3	(0.4)

주 : 응답 사례 수 5명 이상만 제시.
자료 : 저자 작성.

나. 인공지능 기반 채용의 개선을 위해 기업 · 학교 · 정부에 대한 건의 사항

인공지능 기반 채용의 개선을 위한 건의 사항으로는 '공정성 확보'(8.5%), '정확한 기준이나 체계 마련'(6.9%), '채용준비에 필요한 정보제공'(4.5%), '도입 활성화'(3.1%), '평가 기준 공개'(3.0%) 등이 주요 응답 내용이었다.

인공지능 기반 채용 경험자의 경우 '정확한 기준이나 체계 마련'(11.1%), '평가 기준 공개'(8.0%) 등을 응답한 비율이 미경험자에 비해 높게 나타났다.

〈표 2-57〉 인공지능 기반 채용의 개선을 위해 기업, 학교, 정부에 대한 건의 사항(복수응답)

(단위 : 명, %)

	전 체		성별				인공지능 기반 채용			
	N	%	남자		여자		경험 있음		경험 없음	
			N	%	N	%	N	%	N	%
공정성 확보 필요	90	(8.5)	49	(8.2)	41	(8.9)	15	(5.5)	75	(9.5)
정확한 기준이나 체계를 갖추었으면	73	(6.9)	40	(6.8)	33	(7.1)	30	(11.1)	43	(5.5)
채용준비에 필요한 정보제공을 해주었으면	48	(4.5)	20	(3.4)	28	(6.0)	10	(3.7)	38	(4.8)

〈표 2-57〉의 계속

	전 체		성별				인공지능 기반 채용			
			남자		여자		경험 있음		경험 없음	
	N	%	N	%	N	%	N	%	N	%
도입이 가속화되었으면/좀 더 활용했으면	32	(3.1)	26	(4.3)	7	(1.5)	12	(4.7)	20	(2.5)
평가 기준이 공개되었으면	32	(3.0)	18	(3.0)	14	(2.9)	21	(8.0)	10	(1.3)
학력/지역성 등 차별 없는 공평성 필요	30	(2.9)	16	(2.8)	14	(3.0)	3	(1.0)	28	(3.5)
인공지능의 기능이 좀 더 발전되었으면	24	(2.2)	18	(3.1)	6	(1.2)	5	(1.9)	19	(2.4)
인공지능 채용을 안 했으면	23	(2.2)	12	(2.0)	12	(2.5)	4	(1.4)	19	(2.5)
인공지능과 사람이 함께 평가했으면	23	(2.2)	15	(2.6)	8	(1.7)	8	(3.1)	15	(1.9)
적극적인 홍보를 해주었으면	22	(2.1)	14	(2.3)	8	(1.7)	0	(0.0)	22	(2.7)
채용 과정의 투명성 필요	16	(1.5)	11	(1.9)	5	(1.0)	4	(1.3)	13	(1.6)
인공지능의 무조건적 신뢰 지양했으면/검증 필요	15	(1.4)	8	(1.4)	7	(1.4)	3	(1.0)	12	(1.5)
평가결과에 대한 피드백이 있었으면	12	(1.2)	7	(1.2)	5	(1.2)	8	(3.0)	4	(0.6)
직접 경험할 수 있는 곳이 생겼으면	12	(1.1)	3	(0.5)	9	(1.9)	3	(1.1)	9	(1.1)
충분한 논의나 발전이 이루어진 후 도입되었으면	12	(1.1)	6	(1.0)	6	(1.2)	2	(0.7)	10	(1.2)
신뢰성 필요	10	(0.9)	1	(0.2)	8	(1.8)	3	(1.0)	7	(0.9)
필요한 부분만 수용하여 적용했으면	8	(0.8)	2	(0.4)	6	(1.3)	2	(0.7)	6	(0.8)
공공기관 차원에서 채용에 필요한 교육이 이루어졌으면	7	(0.7)	4	(0.7)	3	(0.7)	2	(0.7)	6	(0.7)
채용 과정 기간을 줄여주었으면	6	(0.5)	5	(0.8)	1	(0.2)	1	(0.4)	5	(0.6)
사람의 개입이 없었으면	6	(0.5)	6	(1.0)	0	(0.0)	1	(0.5)	4	(0.6)
사람이 가지고 있는 감정을 어떻게 극복할지 고민했으면	5	(0.5)	1	(0.2)	4	(0.9)	3	(1.0)	3	(0.3)
필요한 곳에 적절하게 사용되었으면	5	(0.5)	3	(0.4)	2	(0.5)	1	(0.3)	4	(0.5)
인간적인 부분에 대해 어떻게 대처할지에 대해 고민했으면	5	(0.5)	3	(0.5)	2	(0.5)	0	(0.0)	5	(0.6)

자료 : 저자 작성.

제3절 소결 및 시사점

이상 청년 구직자를 대상으로 실행한 인공지능 채용에 관한 인식 및 실태 설문조사에서 찾을 수 있는 시사점은 다음과 같다.

첫째, 인공지능 기반 채용 과정에 대해 기대와 염려를 동시에 하고 있다는 것이다. 이는 인공지능을 활용한 채용이 점차 늘어나는 가운데 구직자의 태도는 일종의 과도기적 현상이라 생각된다. 인공지능 기반 채용이 더 공정하다는 인식(53.9%)과 기존 채용 과정이 더 공정하다는 인식(46.1%) 간의 격차가 그렇게 크지 않다는 점은 아직 인공지능 기반 채용이 보편화되지 않은 상태에서 큰 신뢰를 주지 못하고 있으며, 다만 그럴 것이라는 기대가 높다는 뜻으로 파악된다. 인공지능 기반 채용이 더 공정하다고 생각하지만, 실제 인공지능 기반 채용과 기존 채용 과정 중 무엇을 더 선호하는지에 대해서는 기존 채용 과정을 더 선호한다는 답변(67.7%)이 인공지능 기반 채용을 더 선호한다는 답변(32.3%)보다 확실히 더 높다는 점 역시 인공지능 기반 채용 과정에 대한 신뢰가 높지 않다는 것을 뜻한다.

기존 채용 과정을 더 선호한다는 이유에 대해서는 '사람이 아닌 존재가 사람을 평가한다는 것에 대한 불만'(30.9%), '인공지능이 주재하는 과정에 대한 불신'(28.8%), '새로운 과정을 준비하는 데 드는 시간과 비용'(22.8%)이 높게 나왔는데, 인간이 아닌 기계가 사람을 평가하고 주요한 경력을 결정한다는 것에 대한 두려움 또는 인간 존엄성의 문제를 차치하고, 인공지능 기반 과정에 대한 불신은 그 과정의 판단 기준을 알 수 없다는 '불투명성' 때문이라고 생각한다. 인공지능 기반 채용 도입에 따라 겪을 어려움으로 가장 많이 꼽힌 순으로 '무엇을 준비해야 할지 몰라서'(45.1%), '관련 정보의 부족'(27.4%), '평가 방식을 잘 몰라서'(27.0%)가 지적된 것에서 알 수 있다. 그리고 소수의 응답이지만 인공지능 채용 경험자 중 인공지능의 평가 결과에 동의하지 않는 이유에 대해 '인공지능의 평가 기준이 공개되지 않기 때문'(40.3%)이라는 답변이 가장 높다는 것도 참고해야 한다.

이러한 인공지능 기반 채용 과정의 불투명성으로 인한 신뢰 부족은 구직자의 알 권리를, 역으로는 구인기업의 고지 의무 또는 설명 의무를 권고함으로써 해결될 수 있다.

특히 평가 기준의 고지에 대해 우려스러운 바는 후술할 구직자 FGI에서도 나오는데, 인공지능 면접 과정에서 V4(Visual, Voice, Verbal, Vital)의 평가와 같이 직무능력과 관계없는 외형적 요소에 구직자들이 많은 부담을 느끼고 있다는 것이다. 인공지능 면접 경험자를 대상으로 기존의 면접보다 인공지능 면접이 더 부담되는 이유를 물었을 때 '표정과 억양, 화법 등에 신경 써야 해서'(50.8%)라는 답변이 가장 많았다. 따라서 구인기업은 인공지능 면접 과정에서 대리 시험 방지 등을 위해 V4의 비중을 아예 없앨 수는 없어도 이것이 결정적으로 당락을 결정짓는 요소가 아님을 구직자에게 알릴 필요가 있다.

둘째, 인공지능 기반 채용 경험자 중 채용 과정에서 차별을 경험하였다는 응답은 전체 응답자 265명 중 44.2%, 경험하지 않았다는 응답자는 55.8%로 차별 경험자의 응답이 과반을 넘지는 않았지만 높았다. 그러나 채용의 구체적인 과정이나 채점 결과가 공개되지 않는 상태에서 이들이 객관적으로 무엇 때문에 차별을 당하였는지는 알 수 없다. 다만, 설문조사의 총응답자 1,055명 중 인공지능 기반 채용에서 차별이 우려되는 지표를 물었을 때(복수응답), '학벌'(50.4%), '목소리와 표정'(39.1%), '연령'(38.6%), '성별'(28.1%), '장애 여부'(18.1%)가 나온 것을 생각하면, 이러한 요소들을 차별의 원인으로 걱정하고 있다.

사실 이러한 인공지능 기반 채용 과정에서의 차별 우려는 기존의 사람이 주관하는 채용 과정에서 하는 차별에 대한 걱정과 큰 차이가 없다. 위에서 구직자들이 염려하는 차별 요소로 지적된 '학벌', '외모(목소리와 표정)', '연령', '성별', '장애'는 기존의 사람이 진행하는 채용 과정에서도 그대로 적용될 수 있는 차별 요소이기 때문이다. 따라서 인공지능 채용 과정에서뿐만 아니라 모든 채용 과정에서 이러한 차별 요소에 대한 우려는 불식시켜야 한다. 그런데 인공지능 채용 과정은 이러한 우려를 보완할 사전적 기술 장치를 가지고 있다는 점에 주목해야 한다. 인간이 의도적으로 실행하는 '학벌', '외모(목소리와 표정)', '연령', '성별', '장애'라는 차별적 요소는 법규범으로 금지할 것을 강조하고 사후적으로는 처벌할 수 있을 뿐 그것을 기계적으로 걸

러낼 수 없다. 그러나 인공지능이란 기술적 메커니즘은 편견과 차별을 학습할 수 있지만, 그것 또한 점검할 수 있는 기술적 수단을 갖고 있다. 이를 '편향성 감사(bias audit)'라고 한다. 인공지능 채용 과정의 공정성-차별금지-을 위해서는 이러한 편향성 감사의 도입을 검토하여야 한다.

셋째, 앞의 두 가지 시사점이 인공지능 채용의 투명성과 공정성(차별금지)에 관한 내용이었다면 마지막으로 설문조사에서 채용 과정의 '타당성'에 대한 시사점을 얻을 수 있다. 채용 과정의 '타당성'이란 구직자를 평가하는 정량적 · 정성적 기준이 합리적이고 정확해야 한다는 것이다. 구직자들은 자신이 합리적이고 정확하게 평가받았는지 궁금해하고, 피드백을 받아 타당성을 확인하고 자신의 단점을 보완하기를 원한다. 이러한 궁금점은 인공지능 기반 채용 과정에서도 마찬가지이다. 일단 인공지능 기반 채용이 자신을 정확하게 평가하는지에 대한 설문에서 '보통이다'(42.2%)라는 응답이 가장 높지만, '정확하게 평가한다'(40.6%)라는 응답이 '부정확하게 평가한다'(17.2%)라는 응답보다 월등히 높은 것으로 드러났다. 비슷하게 인공지능 기반 채용의 결과에 대한 수용도 역시 높아 인공지능 기반 채용의 평가 결과에 대한 동의 정도도 '동의한다'(45.7%)로 높고, '보통이다'(37.1%)가 그다음에, '동의하지 않는다'(17.2%)라는 응답은 낮았다. 그러나 수용도가 높다고 해서 채용 과정에 대한 불만이 전혀 없는 것은 아니다. 후술할 구직자 FGI에서 청년 구직자들은 탈락이 되더라도 자신의 단점을 보완하여 추후 취업 과정에 활용하기 위해 평가에 대한 피드백을 받기를 원한다. 이는 본 설문조사의 추가적인 기타 의견에도 반영되어 기업에 평가 결과에 대한 피드백 제공이 요청되기도 했다.

과거에 기존의 사람이 주관하는 채용 과정에서는 이러한 피드백의 제공이 힘들었다. 특히 면접 등은 인간의 주관이 많이 들어가는 단계이기 때문이다. 그러나 인공지능 기반 채용 과정은 채점이 정량화되어 측정되고, 기술적으로도 대량으로 피드백 제공이 가능하기 때문에 구인기업의 피드백 제공을 검토해 보아야 한다.

제 3 장
구인기업 및 구직 청년의 인공지능 채용에 관한 초점집단면접 (FGI)

제1절 구인기업 FGI의 구성 및 내용

1. 구인기업 FGI의 구성

구인기업 대상 FGI는 인공지능을 활용한 채용 절차를 진행해본 경험이 있는 기업의 인사담당자 5인을 대상으로 진행하였다. 다만 현 직장에서는 인공지능을 활용한 채용 절차를 진행하고 있지 않은 상태여서, 이직 전 회사에서의 경험 내지 과거 활용 경험을 토대로 인터뷰가 진행되었다. 또한 바쁜 일정 탓에 5명의 참가자 모두를 한자리에 모으기에 현실적인 어려움이

〈표 3-1〉 구인기업 FGI의 인적 구성

약칭	FGI 차수	성별	업종	기업규모	AI 채용 경험
참가자 1	1차	남	금융	대기업	필기/역량/인적성
참가자 2	1차	남	미디어	공기업	필기/역량/인적성, 면접
참가자 3	1차	남	부동산	중견기업	필기/역량/인적성
참가자 4	2차	남	소비재	대기업	서류, 필기/역량/인적성, 면접
참가자 5	2차	남	바이오	중견기업	필기/역량/인적성

자료 : 저자 작성.

있어 FGI는 1차(3인), 2차(2인)로 나누어 진행하였다.

2. 구인기업 FGI의 내용

가. 인공지능 채용 프로그램의 도입 및 발주 단계

먼저 참가자들은 자체적인 인공지능 서비스를 개발하여 활용하지 않고 외부 기업과 계약을 맺어 인공지능 채용서비스를 도입하여 활용하고 있었는데, 참가자들이 활용한 서비스는 '잡다'(개발사 마이다스아이티)였다. 참가자 3은 과거 한 그룹사의 계열사에서 근무할 당시 구매단가를 낮추기 위해 그룹사 차원에서 약 1천 건의 검사 서비스를 구매하여 계열사에 배분하는 방식으로 계약을 진행하였다고 응답하였다. 참가자 4는 인공지능 채용이 인지과학 등에 기반하고 있다 보니 개별 기업이 서비스를 직접 개발하는 것은 쉽지 않아 전문 서비스를 구매하여 활용하게 되었다고 응답하였다.

> "일단 자체 개발하는 회사는 전 거의 못 봤었는데 사실은 AI 면접하려고 하면 AI 면접으로 평가하는 항목이 여러 가지인데 사실 내용을 평가하기는 조금 어려웠던 것 같아요. 아직까지 사람 말하는 거 가지고 얼마나, 그런데 대신에 그 사람의 눈빛이라든지 얼굴 색깔이라든지 변화, 아마 막상 쓰셔서 표현 설명 들으셨겠지만, 돈이라든시 아주 간략한 정도의 대답에 좀 신빙성이나 이런 것들을 표현하는데 그런 게 다 좀 인지과학이나 이런 거 다 연관되어 있다 보니까 그런 전문가를 따로 뽑아서 하기가 쉽지 않기 때문에 개발을 좀 지양하지 않나 싶습니다. 시간도 오래 걸리고" (참가자 4)

인공지능 채용 서비스의 만족도와 신뢰성에 대해서, 참가자 2는 코로나19 팬데믹으로 인해 인적성 검사 실시나 대면 면접이 어려운 상황에서 인공지능 채용 서비스를 도입하게 되었는데, 기존의 서류전형이나 인적성 시험 시행을 위해 들이는 노력이 줄어들었을 뿐만 아니라, 자의적인 평가가 배제되어 일관된 평가가 가능하다는 점에서 만족하였고, 실제 채용 이후 성과 및 중도퇴사율 등과 비교했을 때 역량평가가 어느 정도 신뢰성을 갖는다고 인식하였다. 현재는 신입사원 채용에서 서류와 필기전형을 인공지능 채용 서비스로 대체하였다고 응답하였다. 다만 언론, 미디어 등 전문직무의 특수성을 반영할 수 있을 정도의 수준에는 아직 이르지 않은 것으로 평가하였다.

반면 참가자 1은 이전 직장(대기업 계열사)에서 인공지능 채용 서비스 도입을 검토하는 단계에서 사내의 과장 및 대리 직급 근무자들이 역량검사 등에 응시해 보았는데 절반 정도가 탈락하여서 과연 이를 통해 회사가 원하는 인재를 채용할 수 있는지에 대한 의문이 들었고, 계열사의 입장에서는 그룹 차원에서 이를 도입하지 않으면 시행하기가 어려워 결국 도입을 보류하였다고 응답하였다. 현 직장의 경우 신입사원을 채용하지 않고 경력직 위주 채용이 이루어지고 있어 역량검사 결과보다는 경력과 업무 방식 등을 검증하는 것이 중요하다 보니 해당 서비스를 활용하지 않았고, 다만 내부적으로는 자체적인 인공지능 검토 시스템을 만드는 것을 검토 중이라고 응답하였다.

참가자 3의 경우도 실제 역량검사 결과를 볼 때 비슷한 항목에서 큰 점수 차이가 발생하는 경우가 있어 신뢰도가 크지는 않지만, 이를 절대적인 기준으로 활용하기보다는 회사가 직군별로 원하는 인재상(예컨대 제조기능직에 대해서는 창의성, 적극성보다는 수용성에 초점)을 파악하고 평가에 반영하고 있다고 응답하였다.

참가자 4의 경우도 인공지능 채용 서비스의 신뢰도(향후 2~3년 후 회사에서 보여주는 성과와의 연관성)가 약 85% 정도라고 업체 측에서 안내하였으나, 실제 내부 검토 결과 약 70% 정도여서 신뢰도가 크지는 않았고, 따라서 이를 확실한 탈락자를 가려내는 정도 내지는 이후 면접 과정에서의 참고 자료로 활용하였다고 응답하였다. 참가자 5의 경우도 인공지능 역량검사 결과와 입사 후 1년간의 성과를 비교해 본 결과, 신뢰성이 높지는 않아서 이후 채용 단계에서 활용할 수 있는 참고 자료로 사용하였다고 응답하였다.

외주업체의 인공지능 채용 서비스를 도입하는 경우, 외주업체가 기본적으로 만들어 둔 프로그램에 개별 업체의 특성과 요구에 부합하도록 평가 시스템을 일부 수정할 수 있는 것으로 확인되었다. 참가자 3은 서류평가에 있어 회사가 원하는 인재상 키워드를 설정할 수 있다고 응답하였고, 참가자 4와 참가자 5는 개별 직군별로 가중 요소를 설정할 수 있다고 답하였다. 다만 기본적으로는 외주업체에서 설정해 둔 지표에 따라 평가가 이루어지고, 구인기업은 이를 바탕으로 이후 면접 등에서 참고 자료로 활용할 뿐 평가가 이루어지는 구체적인 로직이나 알고리즘에 대해서는 알지 못한다고 답변하였다.

> "(개발사에서) 알고리즘을 따로 이렇게 이게 어떠한 방식으로 해서 이렇게 된다라고 알려준 것은 없었어요. 그래서 "여기서 이러한 변수 값을 주면 그 평가가 나올 때 그 가중치로 나옵니다"라는 내용은 있었지만 그걸 뭔가 굉장히 수치화해서 내용의 그런 로직을 설명해 주거나 그런 것은 없었습니다." (참가자 4)

선발 기준의 경우에는 모든 참가자가 현업 부서보다는 인사팀의 주도로 설정이 되고, 이 과정에서 현업 부서의 의견을 참고하며, 이후의 대면면접 단계부터는 현업 부서에서 면접관으로 참여하여 평가가 이루어진다고 응답하였다.

> "단계로 나누자면 서류 전형, AI 역량 검사, 1차 면접, 2차 면접 이렇게 되는데 1차 면접부터는 해당 부서의 팀장이라든지 실무자 들어오고 그전까지는 인사팀에서 전부 다 전담합니다. 그렇기 때문에 역량 검사에 대한 가이드라인을 만드는 것에 대해서는 물론 인사팀에서 어느 어떤 인재가 필요하고 어느 부서에서 어떤 역할을 하고 어떤 직무이고 이런 걸 다 파악을 하고 있기 때문에 그걸 통해서 가이드를 주는 거지, 이 개발 단계라든지 역량 개발 단계에서는 실무 부서가 개입하지 않습니다." (참가자 3)

나. 인공지능 채용의 선발 기준 및 결과 공개 여부

선발 기준 및 결과 공개에 대해서 참가자 4는 정규분포화를 거친 후 분포와 등급 정도는 공개하는 것이 가능하지만, 구체적인 점수에 대해서는 정답이 없으므로 이의제기가 들어와도 설명이 어렵다고 응답하였다. 또한 구체적인 점수 산출 방식이나 공식을 공개하게 되면, 이에 따라서 면접자들이 채용을 준비하여 정확한 평가가 어렵게 되는 문제가 있음을 지적하였다. 참가자 3의 경우에도 채점 기준과 같은 것은 기업의 영업비밀에 속하기 때문에 밝히기 어렵고, 기존 채용 전형에서도 이를 공개하지 않고 있다고 하였다.

다만 참가자 1과 참가자 2의 경우에는 인공지능 채용에 있어서 평가 항목과 지표가 무엇인지 정도는 공개할 수 있고, 참가자 2가 재직 중인 공기업에서는 현재 전형별 평가 항목 및 반영 비율을 공개하고 있다고 응답하였다. 참가자 5의 경우에는 평가의 공정성 및 기준을 중요시하는 MZ세대의 특성을 고려하면 원론적인 수준에서 평가 항목을 공개하는 것이 시대적 요구에 부합할 것 같고, 나아가 모든 구직자에게 이러한 정보가 공개된다면 유불리에 따른 문제도 없을 것 같다고 응답하였다.

> "원론적인 기준 정도는 충분히 사전에 공개할 수 있을 것 같고 제가 문득 든 생각은 사실 기업의 고유 권한이다 보니 그런 것까지 공개하게 되면 가이드라인을 잘 준수해서 이게 잘 운영되게끔 하는 게 주목적일 텐데 이걸 따를 과연 다른 기업들이 몇이나 될까 하고 생각이 들다가도 한편으로는 취업 시장에서 사실 누구나 다 들어가고 싶은 곳은 TO가 적지요. 아무래도 그런데 선발 기준은 아마 공개해도 될 사람들은 되고, 또 안 될 사람은 또 안 될 거예요. 그래서 그런 원론적인 수준 내에서 도전, 창의성, 조직 융합성 이런 부분들에 대해서 정도의 어떤 기준점 그러니까 기준을 미리 공개를 한다고 하면 그 정도는 기업에서 할 수 있지 않을까요." (참가자 5)

다. 인공지능 채용에 대한 동의(거부권) 보장 및 대안 지원

「개인정보보호법」상 동의 절차 및 거부권 보장과 관련하여, 공공기관에서 일하는 참가자 2의 경우 개인정보에 대한 민감도가 높아진 사회적 추세를 반영하여 별도의 정보보호 부서에서 입사 지원 시 관련 사항을 안내하는 것이 강조되고 있지만, 거부 시에는 채용 절차가 진행되지 않는다고 응답하였다. 참가자 1과 3, 4, 5의 경우도 부동의 시에는 채용 절차가 진행되지 않는다고 응답하였다.

만약 인공지능 채용을 거부하는 경우 대안적인 채용 절차(가령 기존의 인적성 검사나 면접)를 거치게 하는 방안에 대해서는 모든 참가자가 업무의 효율성이나 편의성, 상이한 평가 기준에 따라 발생하는 공정성 문제 등을 언급하며 수용하기 어렵다는 취지로 응답하였다.

"한 사람은 이 루트로 들어와서 최종 면접에 올랐고 이 사람은 이 루트로 해서 최종으로 왔는데 한 직무에서 2명을 뽑기로 했는데 두 사람을 어떻게 똑같이 평가를 하나요, 형평성 문제가 생겨버리잖아요. 지원자끼리도 쟤는 왜 저렇게 들어와요? 이렇게 컴플레인이 들어오니까 그걸 그렇게 간단하게 생각할 수는 없고요. 같은 룰을 거쳐야지 서로 동의가 되는 거지요. 그러니까 그런 동일 기회를 부여한다는 측면에서는 평가 전형 통일성 부분에서는 그게 말은 되는데 실제 운영할 때 말이 안 될 것 같아요." (참가자 2)

라. 인공지능 채용 시 개인정보보호 및 편향성(차별) 감사 수용 여부

수집된 개인정보의 관리 주체와 보호 방식에 대해서는 참가자 1과 2는 기업 내 별도의 정보보안팀의 업무에 속하는 것이어서 정확히 알지는 못하지만, 기본적인 데이터는 서비스업체에서 관리하면서 필요시 구인기업에서 확인할 수 있고, 구인기업에서 일정 시점이 경과 후 폐기를 요청하는 방식으로 데이터 폐기가 이루어진다고 응답하였다. 다만 참가자 4와 5는 채용 시작 단계에서 개인정보 수집에 대한 동의를 받는 것과 별개로 구직자의 신체적, 행동적 특징에 대한 민감정보 수집에 추가적인 동의를 받는 절차는 진행하지 않는다고 응답하였다. 만약 채용 절차가 상시 풀(pool) 방식으로 진행되는 경우, 참가자 4는 개인정보 수집 기간을 달리하고 당사자의 요청이 있으면 이를 삭제하는 방식으로 관리하고 있다고 응답하였다.

서류전형에 있어서 인공지능 채용 프로그램이 100% 자동화된 평가를 할 수 있다고 하였는데, 이 과정에서 인공지능이 성별 · 인종 · 국적 · 출신학교에 따른 차별을 하거나 지원자의 가치관 등을 측정하는지를 점검하기 위해 별도의 재검토 과정을 마련하였는지와 관련하여, 참가자 1은 이로 인한 차별의 가능성이 있을 수 있겠다고 인식하면서도 현재 인공지능 채용 서비스가 최종적인 채용 여부 결정을 하는 수준까지는 아니고, 이후의 면접 과정에서 참고 또는 보충 자료로 활용하다 보니 실제 차별 가능성에 대한 우려는 크지 않다고 응답하였다. 참가자 2의 경우도 이에 동의하면서, 외주업체의 서비스 자체를 본인들이 뜯어볼 수 없기 때문에 구인기업의 입장에서는 이를 확인하기 어렵고, 검증의 필요성이 있겠다고 응답하였다. 참가자 4와

5는 현재의 블라인드 채용 방식을 언급하면서 이러한 정보를 반영하고 있지 않은 이상 직접적인 차별의 발생 가능성은 크지 않다고 하면서, 편향성 검사와 같은 추가 검증은 수용 가능하지만, 과연 편향적인지 여부의 판단 기준을 어떻게 세울 것인지에 대해서도 명확한 기준이 있어야 함을 언급하였다.

> "일단 말씀하신 것처럼 편향성 검사를 하라고 하시면 일단 할 것 같아요. 가이드라인이 있고 사실 편향성이 이미 이전부터 말씀하신 편향성의 항목이 성별이나 이런 것들이 아예 묻지 말라고 하는 것들이기 때문에 그런 것들을 기준으로 보라고 하시면 할 것 같은데, 대신에 그 편향성의 기준이 그러면 말씀하시는 정도의 기준을 넘어서는 편향성 기준을 무엇으로 할 거냐의 문제가 있어요." (참가자 4)

마. 인공지능 채용 시 평가 방식 및 선발 기준 등의 공개 여부

필기, 역량검사, 인 · 적성 전형과 관련하여 구인기업들은 별도의 장소 및 시간을 정하지 않고 구직자 개인이 원하는 시간과 장소에서 응시할 수 있도록 안내하고 있었다. 평가 진행 시 구체적인 평가 방식과 목적을 구직자에게 사전 안내하는지와 관련하여 참가자들은 직접 안내는 하지 않고 있으나 서비스 차원에서 대략의 가이드라인이 제시되고 있다는 정도로 인식하고 있었고, 평가 방식과 항목 공개 가능 여부에 대해 참가자 2의 경우, 평가 항목이 공개된다면 구직자들이 이에 맞춰 준비할 수 있으므로 자연스러운 역량 측정이 되지 않는다는 점에서 우려를 표하였다.

> "그걸 공개 안 하는 게 평가를 하려고 하는 건데 그걸 일러주면 힌트가 되잖아요. 힌트가 되니까 예컨대 지구력을 보려고 네가 이 전략 기획을 한다 이렇게 해버리면 거기에 맞춰서 사람이 준비를 하거든요. 근데 그게 아니라 자연스러운 너의 행동이나 행동 패턴을 보려고 사실은 솔직한 것을 보려고 우리가 평가 툴을 집어넣었는데 이게 평가 목적이야 아니면 이 두 개 영역을 평가 목적을 하려고 토론을 붙여, 뭘 해 이렇게 해버리면 정답을 절반은 알려주고 시작하는 거니까." (참가자 2)

반면 참가자 3의 경우에는 대략적인 평가 항목은 공개할 수 있고, 이를 바탕으로 준비한다고 하더라도 어느 정도 범위 이상의 향상은 어려울 것이라고 응답하였다. 참가자 4의 경우 솔루션 제공업체나 사용하는 회사에서 역량 측정 항목이나 과학적 근거 정도는 소개하는 것이 좋을 것 같다고 응답하였다.

> "(개발회사에서는) 심리학적으로 어떤 기준을 가지고 문항들을 계속 풀어내서 행동 요소를 뽑아낸 다음에 그걸 기준으로 만들어내고, 그다음에 개발업체는 본인들이 말하는 뇌 과학 논문이나 자극되는 것을 측정해서 뇌 과학 기준으로 이 영역이 발달된 부분에서는 이러한 역량이 좋습니다라고 하는 본인들이 특허받은 논문을 가지고 하고, 다른 회사들은 머신러닝으로만 하는 게 있어서 어떤 근거와 방식으로 개발했는지는 솔루션 제공업체나 사용한 회사에서 그 정도는 말해주는 게 좋을 거 같아요." (참가자 4)

면접전형에서 인공지능이 측정하는 목소리, 발음, 시선 등이 필요한 요소라고 생각하는지와 관련하여, 참가자 2와 3은 기존의 대면 면접의 경우에도 시선을 회피하거나 불안해하는 경우에는 면접관들이 이를 의식하고 있으며, 참가자 1과 4와 5는 인공지능 면접이 구직자의 특성을 파악하는 데 도움이 되고 특히 답변의 신뢰성을 확인하는 데 유용한 도구라고 인식하고 있었다.

> "인사 부서에서 계속 근무하다 보니 사실 모르는 타인과 한 5분 정도 아이컨택 하면서 얘기를 나눠보면 이 사람이 대략 어떤 사람인지도 감이 좀 오거든요. 그런데 미리 대면으로 그런 물리적인 에너지 낭비 없이 사실 다 녹화를 해서 그린 걸 도대로 지원자를 파악을 할 수 있겠시요." (참가사 5)

인공지능 면접 후 대면 면접을 시행하는지에 대해서는 모든 참가자들이 이를 바탕으로 이후 대면 면접을 실시한다고 응답하였는데, 그 이유로는 아직까지는 인공지능을 100% 신뢰하기 어렵고, 구인기업에서 측정하고 싶어하는 영역을 온전히 반영하기 어렵다는 점, 아직까지 실무담당자들의 평가보다 인공지능의 평가가 정확하다고 확신할 수 없다는 점을 언급하였다. 참가자 4의 경우 인공지능에만 의존하기보다는 최종 단계에서는 직접 대면 면접을 두도록 하거나 인공지능 채용 결과를 인간이 최종 평가하는 것을 두는 방식을 제안하였다.

전형 종료 이후 단계에서는 개인정보가 일정 기간 경과 후 파기되는 것으로 인식하고 있었으며, 단계별 탈락자에 대해서도 탈락의 이유 등에 대해서 피드백을 주고 있지는 않다고 응답하였다. 참가자 1과 2, 3의 경우 피드백을 하는 것 자체가 회사의 평가지표를 알려주는 것과 마찬가지이고, 구직자들의 입장에서도 이를 바탕으로 본인의 부족한 역량을 향상시키는 데 활용되기보다는 탈락에 대한 이의제기 근거로 활용될 수 있다는 점에서 신중한 입장을 취하였다.

"이 사람이 우리한테 적합한 사람이 역량이 있는 사람인가지 그 피드백을 주는 자체는 우리가 면접에서 뽑을 때 그 기준이 되는 지표의 한 영역이기 때문에 제가 이렇게 왜 떨어졌는지 알려주는 것은 문제가 될 소지가 있는 거지요." (참가자 1)

"또 다른 컴플레인이 될 수 있지요. (구직자 입장에서는) 공개된 점수는 높은데 왜 떨어졌어 이럴 수 있어요." (참가자 2)

다만 참가자 4의 경우 정규 분포를 기준으로 구직자의 위치가 합격선에 들지 못하였다는 정도를 알려주는 것은 가능하고, 기존의 채용에 비하여 평가 정보의 수준이 균질하게 도출될 수 있으므로 오히려 정보를 공개하기에 더 좋은 방식이라고 언급하였다. 참가자 5의 경우는 시스템을 통해 단계별로 본인의 위치가 어느 정도였는지 알려주는 것은 가능할 것이라고 응답하였다.

"AI에서 한 것은 정보의 모양과 뎁스가 균질한데 인간이 평가한 내용은 수준이 다 너무 다르세요. 어떤 평가자는 '좋았어' 한마디로 끝나시는 분도 있어요. 어떤 분이 상세하게 적으시는 분도 있어요. 그럼 그걸 가지고 회신하는 게 불가능한 건데 AI로 한 것은 전달할 수 있는 정보가 균질하니까 (피드백이) 가능하지요." (참가자 4)

바. 인공지능 채용 시 노동조합 또는 노사협의회와의 협의 여부

노동조합 또는 노사협의회와의 협의와 관련하여, 참가자 2의 경우에는 단체협약을 통해 채용인원과 채용 절차에 대해 협의를 하도록 되어 있어 노동조합의 의견을 청취하였다고 응답하였으나 나머지 참가자는 이에 대해 협의를 한 적은 없다고 응답하였다. 참가자 2의 협의 경험에 따르면 노동조합은 처음에는 이를 불안 요소로 여기고 인공지능에 대한 신뢰도가 낮았지만, 코로나19 상황에서 기존의 인적성 검사를 실시하게 되면 감독관이 참여하므로 근로자들의 건강에 위해를 미칠 수 있고, 기존 채용 절차의 번거로움을 대신할 수 있다는 점을 설득하였다고 한다.

"(노동조합은) 불안해했어요. 저희도 불안했지만, 처음에는 코로나 때문에 방법이 없지 않냐는 거였어요. 저희가 일단 진행은 하긴 해야 되는데 지원자 모아놓고 필기 시험하는 게 불안 불안했고, 또 열 재고, 사람들 오고, 마스크 쓰고 했는데도 또 실제 확진자가 2명이나 와 가지고 별도 강의실 배정하고, 이러다 나중에 소송 걸리면 감당 안 된다라고 사측에서 설득했고 그래서 노조가 양보해서 간 거예요." (참가자 2)

사. 인공지능 채용 시 발생한 위법행위의 책임 소재

인공지능 채용 과정에서 차별적 요소 또는 관련 법령 위반 사항이 발견된 경우, 참가자들 1, 2, 3, 4는 인공지능 채용 서비스 공급업체가 아니라 구인기업이 법적 책임을 부담하여야 한다고 응답하였다. 이는 채용의 주체는 어디까지나 구인기업이고, 채용 서비스 공급업체를 선택한 것도 구인기업의 책임에 포함된다는 인식에서 비롯된 것이었고, 만약 문제가 될 경우에는 우선 구인기업이 책임을 지고 사후적으로 서비스 공급업체에 대해 구상권을 행사하는 것이 필요하다고 응답하였다. 다만 참가자 5의 경우에는 서비스를 공급한 업체에 1차 책임이 있지만 도의적인 책임에서 구인기업도 자유로울 수 없을 것이라고 응답하였다.

"우리가 검증 못 했으니까 우리가 져야지요. 채용 주체가 누구냐가 중요한 거예요. 그래서 그걸 설사 법적으로 계약 관계이고 해서 하는데 계약 관계는 당사자한테만 영향을 미치잖아요. 계약 관계가 아닌 지원자들이 우리한테 컴플레인을 제기하면 채용 주체가 누구야 그러면 채용 모집한 회사지요. 그럼 회사가 그 영역을 떼서 아웃소싱을 준 거잖아요. 당연히 법적으로도 회사가 져야 되고 법적인 게 아니어도 도의적으로 언론적으로 거의 질타를 엄청 받겠지요." (참가자 2)

구인업체가 인공지능 채용이 초래한 문제에 대해서 무과실책임을 져야 한다는 주장에 대해, 참가자 1과 2, 3은 인공지능 채용은 아직 초기 단계일 뿐인데 과도한 입법이 마련될 경우 기업과 신산업 성장을 저해할 수 있다고 지적하면서 우선 가이드라인 정도의 권고를 마련하고, 향후 운영 실태에 따라 이를 점차 강화하는 것이 필요하다는 점을 강조하였다.

이후의 인공지능 채용 활용 방안에 대해서, 참가자들은 앞으로 인공지능 채용이 점차 확대될 것이라고 생각하면서, 특히 참가자 2는 영세업체의 경우에 인공지능 채용을 통해 기존의 번거로운 채용 절차를 완전히 대체하는 방식으로 활용될 수 있음을 언급하였다.

제2절 구직 청년 FGI 결과

1. 구직 청년 FGI의 구성

구직 청년 대상 FGI는 남성 구직자 2명, 여성 구직자 2명을 대상으로 진

〈표 3-2〉 구직 청년 FGI의 인적 구성

약칭	연령대, 성별	근무경험	AI 채용 경험
참가자 1	29세, 남성	없음	인적성 검사
참가자 2	32세, 남성	있음(경력직 채용 준비)	면접+인적성 검사
참가자 3	33세, 여성	있음(경력직 채용 준비)	인적성 검사
참가자 4	24세, 여성	없음	면접+인적성 검사

자료 : 저자 작성.

행되었고, 연령별로는 20대 2명, 30대 2명이었다. 이들 중 30대 구직자들은 취업 경험이 있고 경력직 채용을 준비 중이었다.

2. 구직 청년 FGI의 내용

가. 인공지능 채용 준비 과정에 대한 부담감 등 의견

먼저 구직자들은 인공지능 채용이 가지고 있는 이미지를 '규격화', '비인간적', '부담감', '알 수 없는'과 같은 표현으로 드러내었다. 그 이유로는 기존의 채용 방식과 달리 사람과 직접 대면하지 않고 정해진 틀에 의해 평가가 이루어진다는 점, 인공지능 채용의 경우 어떤 방식과 원리로 평가가 이루어지는 것인지 정확히 알기 어렵다는 점을 언급하였다.

다음으로 참가자 중 3인은 채용 준비 과정에서 인공지능(Chat-GPT 등)의 도움을 받은 것으로 확인되었는데, 구체적으로는 자기소개서 작성에 있어서 교정 및 윤문을 위해 인공지능을 활용하였다. 한 참가자는 인공지능을 활용하여 면접 시뮬레이션을 하는 주변의 사례를 소개하기도 하였다. 이처럼 인공지능을 활용하여 채용을 준비하는 것이 일반적으로 자리 잡고 있고, 이에 대해 구직자들의 거부감이나 공정성에 대한 우려도 크지 않은 것으로 확인되었다. 다만 인공지능의 도움을 받지 않았다는 참가자는 자기소개서 등이 획일화될 것을 우려하기도 하였다.

구직자들은 인공지능 채용이 종전의 채용 절차에 비해 준비 부담이 적은 것으로 인식하고 있었는데, 이는 과거 회사별 인·적성 시험을 준비하기 위해 도서를 구매하여 문제를 풀어보아야 했던 것에 비해 간편하게 모의 역량검사 및 면접에 응시할 수 있어서라고 응답하였다. 또한 유튜브 등을 통해 유의 사항이나 높은 점수를 받는 방법 등에 대한 정보를 쉽고 간편하게 얻을 수 있다는 점도 언급되었다. 이처럼 구직자들은 인공지능 채용을 준비하는 과정에서도 비대면 방식 자체에서 오는 정신적인 피로감이 있고, 인공지능 채용 절차가 기존의 채용 절차에 새로이 추가되면서 전체적인 채용 단계가 길어졌다는 점이 부담스럽다고 응답하였으나, 그 준비 과정에 대한 경제적 부담은 크지 않다고 인식하였다. 다만 한 참가자는 인공지능 면접 등을 잘 보기 위해서는 밝고 조용하며 배경이 깨끗한 곳에서 응시하여야 한다는 이야기들이 있어 스터디 카페에서 응시해 왔는데, 그 과정에서 대관 비용(1시간 1만 원) 등이 지속적으로 발생하여 부담스럽다는 이야기를 하였다.

> "일단 원래 필기시험이 이전에 진행했던 방식이라고 하면 저도 경험을 해본 적이 있어요. 그런데 원래 회사의 채용 전형에서 AI 면접을 추가로 또 진행하는 경우도 있거든요. 그래서 그 모든 과정을 생각했을 때 전반적으로 너무 길다라는 생각이 들었었고, 또 AI 면접 자체도 잘 보기 위해서는 하나의 약간 공식이 있는데 되게 조용한 곳에서 해야 되고, 배경도 좀 깔끔하고 계속 웃는 모습으로 있어야 하고, 이런 것들이 있어요. 그래서 그런 것을 고려하다 보면 스터디 카페를 많이 가는데, 여기에 드는 비용이 좀 있어서 경제적인 측면에도 계속 하다 보면 부담이 가게 되는 것 같아요." (참가자 3)

또한 30대의 구직자는 본인이 더 어린 구직자들에 비해 전자기기 사용이 익숙하지 않아 역량검사 등이 불리하게 작용할 가능성에 대해서 우려를 표하였다. 또한 참가자 4는 인공지능 채용을 도와주는 컨설팅 업체가 있다는 점을 알고 있었으나, 현재까지는 인공지능 채용 결과가 좋아 이를 이용할 의향은 없었고, 참가자 1은 이러한 컨설팅 업체가 있다고 하더라도 유튜브 등에서 정보를 얻을 수 있어 이용할 의향이 없다고 답하였다.

그럼에도 불구하고 모든 참가자들은 앞으로 인공지능을 활용한 채용에 지원하겠다고 응답하였는데, 그 이유로는 양질의 일자리를 제공하는 대기업 중심으로 인공지능 채용이 이루어지고 있는 상황인데다, 시대 흐름에 따라 어쩔 수 없는 현상이라는 점을 언급하였다.

> "제가 아까 말씀드렸다시피 대기업이나 이런 양질의 일자리에서 AI 역량 검사를 진행하는 경우가 많은데, 저는 이런 양질의 일자리에 취직을 하고 싶기 때문에 조금 부담스럽긴 하지만 제가 바뀌어야지요. 시대 흐름에 따라가야지요." (참가자 2)

나. 인공지능 채용 시 차별 가능성 여부

인공지능 채용 과정에서 알고리즘에 의해 특정 집단이 차별받을 가능성이 있는지에 대해서 2명의 참가자는 가능성이 있다고 응답하였으나, 다른 2명은 잘 모르겠다고 응답하였다. 가능성이 있다고 응답한 참가자는 모두 여성이었다. 취업경력이 있는 참가자 3은 과거 인사팀에서 일했던 당시 인공지능 채용 도구에 회사 측이 필요로 하는 요소를 반영할 수 있는 것으로 인식하여 이를 바탕으로 나이, 학력, 출신 지역 등에 대한 차별이 이루어질 수 있을 것 같다고 응답하였고, 참가자 4는 인공지능 채용 과정에서 개인의 인상이 관련된 정보가 수집되므로 차별적 구별이 있을 수 있다고 응답하였다.

> "저도 확실하게 아는 거는 아닌데, 면접자들 사이에서 도는 이야기로는 머리를 꼭 묶어야 되고 밝은 색을 써야 되고 그래야 AI가 좋은 인상의 사람으로 인식할 수 있다고 했기 때문에 그냥 그 자체에서 오는 차별적인 구별이 있을 거 같아요." (참가자 4)

다. 인공지능 채용 시 관련 내용의 사전 고지 인지 여부

사전 고지와 관련하여, 참가자들은 채용 공고 등을 통해 해당 기업의 채용절차에서 인공지능이 활용된다는 점을 인식하였고, 이를 고지하는 것이 당연히 필요하다고 응답하였다. 다만 과정에서 인공지능 활용을 거부할 권리나 대체 방식을 요구할 권리 등에 대해서는 안내받지 못하였다고 응답하였으나, 이에 대해 참가자들은 채용 방식은 회사의 고유한 권한이고, 구직자가 채용 방식을 선택할 수 있게 되면 평가도구에 대한 신뢰성과 공정성 문제가 발생할 수 있다는 점을 언급하면서 이에 대해 납득하는 모습을 보였다.

라. 인공지능 채용 평가에 대한 거부감 및 수용 여부

인공지능이 본인의 역량과 인성 등을 평가하는 데 거부감을 느끼는지에 대해서 참가자 3인이 거부감을 느낀다고 응답하였다. 일관된 표정이나 제스

처를 측정하는 것만으로 역량을 정확하게 평가할 수 있는 것인지, 질문에 대한 대답의 수준이나 내용보다는 형식적인 요소만으로 평가가 이루어지고, 유튜브 등에 공개된 공식 등을 따라 실시되는 시험이 평가를 공정하게 할 수 있는 것인지에 대해 의문을 제기하였다. 특히 경력직 참가자의 경우 인공지능 면접이 피상적으로 이루어지고 결국 이후 대면 면접의 참조자료가 된다는 점에서 신뢰도에 의문을 표시하였다. 거부감이 크지 않다고 응답한 참가자는 대학 재학 당시부터 모의 인공지능 면접 비용 등에 대해 학교에서 지원받았고, 인공지능 활용 단계에서 탈락한 경험이 아직은 없어서인지 거부감이 덜하다고 응답하였다.

> "어떤 게임을 통해서 내(결과)가 그렇게 나왔는지도 모르고 그런데 이게 뭔데 나를 이렇게 평가하지 이런 생각도 들고, 그리고 그걸 대비할 때 아까 유튜브 봤다고 말씀드렸잖아요. 유튜브가 그냥 일반 컴퓨터 게임 공략집처럼 또 그렇게 나와 있거든요. 그래서 이대로 이대로 순서대로 하고 탑을 어떻게 순서대로 쌓으면 점수가 잘 나온다 이렇게 설명을 해주는데 이런 게 진짜로 공정하게 평가를 하는 건가 하는 의문이 들었어요." (참가자3)

인공지능이 구직자의 어떤 역량을 어떻게 평가하는지 알고 있는지에 대해서 참가자 대부분은 정확히 알지 못한다고 응답하였다. 역량검사 서비스 업체가 제공한 모의고사에서는 검사 항목이 표시되어 있기도 하였으나 실제 응시 과정에서는 이에 대한 안내가 없었고, 유튜브 등을 통해 관련된 내용을 간접적으로 학습하였다는 응답이 있었다.

평가 결과에 대해서도 참가자들은 신뢰하지 못한다는 응답을 하였다. 물론 이러한 응답은 인공지능 채용 전형에서 탈락한 경험이 있는 구직자들에게서 나타났는데, 그 이유로는 애초에 역량검사 등에는 정답이 없는 데다가 인공지능의 판단 기준에 대해서도 알 수 없고, 면접에서는 업무능력과 무관한 제스처나 표정 등에 의해 합격 여부가 결정된다고 인식한 점을 언급하였다.

> "정확한 이유를 안 알려주는 정답이 있는 것도 아니고. 사람 면접관을 대면하고 면접을 하게 되면 자기가 이런 직무를 하기 위해서 이런 경험을 쌓았다 이

런 것을 더 어필하거나 그런 걸 할 수 있을 것 같은데, AI 면접 같은 경우에는 그냥 자기소개 적는 게 끝이거든요. 애초에 좀 이상하잖아요. 밝은 모습으로 항상 있어야 되고 제스처도 이렇게 해야 되고 그런 게 정해져 있다 보니까 정확한 평가를 하는지 잘 모르겠어요." (참가자 1)

마. 인공지능 채용 평가 결과에 대한 고지(피드백) 수령 여부

응시 결과에 대해서 피드백을 받았다는 참가자는 없었는데, 인공지능 전형 결과가 이후 전형(대면 면접)에서 참고 자료로 활용되기도 하고, 향후 본인의 부족한 점을 발전시키기 위해서라도 피드백을 받는 것이 좋다고 모든 참가자가 응답하였다. 특히 참가자 3은 본인의 개인정보를 제공하여 AI 채용 절차가 이루어지는 만큼 그에 대한 처리 결과를 요구하는 것은 당연하다고 응답하였다. 피드백의 방식과 관련해서 참가자 3은 구체적인 탈락 이유를 알려주는 것보다 본인이 부족한 영역이 무엇인지 알려주는 것이 바람직하다고 응답하였다.

"알려주면 좋을 것 같은데. 그 이유는 일단 예전 전통적인 방식하고는 다르게 AI 면접은 기준은 일단 일관된 거잖아요. 사람이 개입되지 않으니까 그렇기 때문에 좀 더 점수화해서 좀 보여주기 쉬운 면도 있고, 데이터를 프로세싱하기 더 쉬우니까 그런 것도 있고. 이게 어쨌든 기계를 통해서 내 정보를 먼저 주는 거잖아요. 마이데이터 이런 거랑 비슷한 맥락인데, 그렇다면 내 정보에 대한 결과를 요구할 권리 같은 것도 있어야 하지 않을까요." (참가자 3)

바. 인공지능 면접과 대면 면접 중 선호도

참가자들은 인공지능 면접과 실제 면접 중 인공지능 면접이 덜 긴장되었다고 응답하였다. 그 이유로는 질문이 기본적인 사항에 대해서 이루어져 답하기 쉽고 예측이 가능하며, 집과 같은 편한 장소에서 응시할 수 있으며, 질문에 대해 생각할 시간이 1분 정도 주어지고 반복 연습이 가능하다는 점을 언급하였다.

기존 채용 방식인 대면 면접과 인공지능 면접의 선호도와 관련해서, 만약 선택권이 주어진다면 무엇을 선택할지에 대해 참가자 2인은 인공지능 면접, 다른 2인은 대면 면접을 택하였다. 인공지능 면접을 택한 이유로는 덜 긴장된다는 점을 언급하였고, 대면 면접을 택한 이유로는 인공지능 채용을 배제하여 채용 단계가 간소화된다는 점을 언급하였다. 경력직 구직자인 참가자 3은 인공지능 면접이 신입 채용에서는 괜찮을지 몰라도 경력이나 전문성을 확인해야 하는 경력직 채용에서는 기존 채용이 나을 것이라고 응답하였다.

사. 인공지능 채용과 기존 채용 과정의 공정성 평가

기존 채용 과정과 인공지능 채용 중 어떤 것이 더 공정하다고 여기는지와 관련하여, 인공지능 채용이 더 공정하다는 참가자는 1명이었다. 그 이유로는 인간의 고정관념이나 편견이 개입할 여지가 없다는 점을 언급하였고, 공정하지 않다고 본 참가자들은 인공지능 채용의 경우에는 정답이 있어도 우리가 알 수 없으므로 공정성과 형평성에 의심이 들고, 또한 인공지능 채용에는 개별적으로 응시하다 보니 응시 시점과 환경에 따라 유불리가 있을 수 있다는 점을 단점으로 제시하였다.

> "일단 공정한지 안 한 지를 판단하려면 이 검사가 왜 합격을 했는지 불합격했는지 이런 부분에 대해서 알아야 되는데 그런 부분에 대해서 모르니까 이게 형평성이 맞나 이런 의구심이 들고 더 나아가서는 공정성이 있나 이런 부분도 의심이 드는 거지요." (참가자 2)

> "보통 기업의 채용 전형을 보면 이전에 인적성 검사로 진행했던 것을 AI 면접으로 대체하는 경우가 많거든요. 그래서 그런 걸 따졌을 때 기업의 인적성 검사는 어디를 가거나 해서 같은 시간에 같은 문제를 풀고 끝나는 거잖아요. 근데 AI 면접은 아무리 체계가 같다고 하더라도 언제 보느냐에 따라서도 좀 다를 것 같고 또 기존의 인적성 검사는 답이 있는 반면에 인공지능 AI 면접은 답이 있어도 우리가 알지 못하잖아요. 그래서 그런 부분이 좀 덜 공정하지 않나 생각했어요" (참가자 4)

아. 인공지능 면접 과정 시 차별 경험 여부

인공지능 면접 과정에서 성별이나 출신학교, 지역 등을 이유로 차별적 경험을 했다는 참가자는 없었다. 오히려 인간의 주관이 개입하는 것보다는 인공지능을 활용한 채용이 오히려 차별적인 요소를 없애는 데 도움이 될 것으로 인식하였다.

인공지능 채용 과정에서 개인의 신체적, 행동적 특성을 알 수 있는 민감한 개인정보에 대해서 별도의 수집 및 활용 동의를 받았는지에 대해서, 구직자들은 지원 단계에서 개인정보 제공에 동의하기는 하였으나 영상 및 음성 정보에 대한 내용이 포함되어 있었는지, 또는 이에 대해 별도의 동의를 하였는지는 명확히 기억하지 못하였다. 또한 이러한 정보가 노출되거나, 노출되어 딥페이크 범죄 등에 활용될 가능성에 대해 우려하는 의견도 있었다.

제3절 시사점

먼저 FGI 결과, 인공지능 채용 과정에서 구직자들과 구인기업 모두 인공지능에 의한 차별이 발생할 가능성이 있음을 인식하고 있었다. 인공지능에 의해 채용이 이루어지는 경우에도 그 결과가 차별적이거나 편향적이지 않은지에 대해서 구인기업과 서비스 개발업체는 지속적으로 검토할 필요가 있다. 사업주가 채용 조건이나 근로조건은 동일하게 적용하더라도 그 조건을 충족할 수 있는 집단이 현저히 적고, 그에 따라 특정 집단에게 불리한 결과를 초래하며, 그 조건이 정당한 것임을 증명할 수 없는 경우에는 「남녀고용평등과 일·가정 양립지원에 관한 법률」 제2조 등에서 금지하는 간접차별에 해당할 수 있고, 이것이 인공지능의 판단에 의한 것이라고 하더라도 결과적인 간접차별에 대한 책임을 면할 수는 없기 때문이다. 따라서 인공지능 채용 프로그램을 개발하는 경우에는 차별적인 데이터 학습이 이루어지지 않도록 할 뿐만 아니라 결과가 차별적이지는 않은지를 지속적으로 확인하는 편향성 검사를 수행할 필요가 있고, 구인기업이 관련 프로그램 개발을 외부에 위탁하거나 구매하여 사용하는 경우에도 차별적 요소가 포함되지 않도록 주의할 의무가 있다고 보아야 할 것이다.

한편 FGI를 통하여 인공지능 채용 과정에서 수집되는 개인정보 문제와 관련하여 현행 법령에서 요구하는 수준의 개인정보 보호가 이루어지고 있는지, 관련 법령 위반 문제는 없는지를 살펴볼 수 있었다. 개인정보와 관련하여 현행 「개인정보보호법」 제37조의2는 정보주체가 인공지능 기술을 적용한 완전 자동화된 시스템으로 개인정보를 처리하여 이루어지는 결정이 자신의 권리 또는 의무에 중대한 영향을 미치는 경우에는 해당 개인정보처리자에 대하여 해당 결정을 거부할 수 있는 권리를 가지며, 개인정보처리자가 자동화된 결정을 한 경우에는 그 결정에 대하여 설명 등을 요구할 수 있다. 또한 개인정보처리자는 정보주체가 자동화된 결정을 거부하거나 이에 대한 설명 등을 요구한 경우에는 정당한 사유가 없는 한 자동화된 결정을 적용하지 아니하거나 인적 개입에 의한 재처리 · 설명 등 필요한 조치를 하여야 하고, 자동화된 결정의 기준과 절차, 개인정보가 처리되는 방식 등을 정보주체가 쉽게 확인할 수 있도록 공개하는 것이 원칙이다.

FGI를 통하여 채용 과정에서 인공지능을 활용한 평가가 이후 실무진 면접을 위한 참고자료로 사용되는 경우도 있지만 그 자체로 합격과 불합격을 나누는 전형으로 활용되는 경우도 발견되었다. 물론 후자의 경우도 최종 결정 전 개인정보처리자가 확인 · 개입하는 경우에는 '완전' 자동화된 결정은 아니어서 관련 규정이 적용되지는 않는다고 보아야겠으나, 관련 법령의 취지를 고려한다면 구인기업과 서비스제공자는 구직자에게 인공지능의 판단기준과 절차, 개인정보처리 및 관리 방식에 대해 안내하는 것이 바람직할 것이다. 다만 개인정보처리자는 '정당한 사유'가 있는 경우에는 자동화된 결정에 대한 거부권 행사에도 불구하고 이를 적용할 수 있는데, 이와 관련하여 대체적인 평가 방식을 마련하는 것은 구인기업과 구직자 모두 평가의 공정성과 형평성을 이유로 우려를 표하였으므로, 인공지능 채용과 관련하여 구직자가 거부권을 행사하였다고 하더라도 별도의 평가 절차를 마련할 필요는 없다고 보아도 될 것이다.

또한 개인정보보호위원회의 「생체정보 보호 가이드라인(2021. 9.)」은 생체정보를 "개인의 신체적, 생리적, 행동적 특징에 관한 정보로서 특정 개인을 인증 · 식별하거나 개인에 관한 특징(연령 · 성별 · 감정 등)을 알아보기 위해 일정한 기술적 수단을 통해 처리되는 정보"로 정의하면서, 전자를 「개인정보보호법」 제23조의 적용을 받는 '생체인식정보'로, 후자를 '일반적인 생체정보'로 분류하고 있다. 이러한 일반적인 생체정보의 경우에는 생체인식정보에 적용되는 저장 시 암호화, 원본 정보 보관 시 분리보관 등이 의무사항은 아니지만, 동 가이드라인에서는 해당 정보가 수집, 전송, 보관 등 처리되는 과정에서 유출되거나 오 · 남용되는 경우에 예상되는 개인정보 침해위험성을 고려하여 생체인식정보에 준하는 보호 조치 이행을 권장하고 있다. 그 구체적인 권장 사항으로는 전송 구간 보호, 저장 시 암호화, 특별한 이유가 없는 경우 생체정보 활용 이후 즉각적 파기, 보관 시 분리보관을 권장하고 있다. 만약 인공지능 채용 과정에서 수집된 정보를 본인 여부 확인 등을 위해 인증 · 식별 목적으로 사용하게 되면 「개인정보보호법」 제23조의 적용을 받는 생체인식정보에 해당할 수 있으므로, 대체 수단 마련이나 민감정보에 대한 별도의 수집, 이용 동의가 이루어져야 함을 유념하여야 한다.

또한 현재 인공지능 채용 도입과 관련하여 많은 기업에서는 이에 대한 노사협의가 이루어지지 않고 있는 것으로 보이는데, 「근로자참여 및 협력증진에 관한 법률」에 따라 30인 이상 사업장의 경우에는 노사협의회를 설치하도록 하고 있고, 노사협의회의 협의 사항으로는 '근로자의 채용 · 배치 및 교육훈련'에 대한 사항이 포함되어 있다(동법 제20조 제1항 제2호). 물론 이러한 협의 사항은 노사 공동이익의 증진을 위하여 노사협의회에서 협의해야 할 사항으로서 노사 일방 또는 쌍방이 협의 안건을 제시함으로써 협의회의 협의 의제로 다루어지게 되는 것이므로 각 협의 사항의 구체적인 범위는 일반적인 원칙 · 기준 등을 중심으로 노사가 자율적으로 결정할 사항이다(고용노동부행정해석 노사 68107-41, 1998. 2. 14.). 그러나 향후 인공지능을 활용한 노무관리가 채용 단계 이외의 성과평가 등에도 활용될 가능성이 있다는 점 등을 고려하면, 이에 대한 노사 간의 이해를 촉진하기 위해 사전적으로 노사협의를 하는 것이 바람직할 것이다.

제 4 장 해외의 인공지능 채용 관련 법제 및 가이드라인

제1절 미국의 인공지능 채용 법제

1. 일리노이주 인공지능 화상면접법[4)5)]

가. 제정 이유

일리노이주의 법(일리노이주 법률 제820편, 고용 제42장, 인공지능 화상면접법, 이하 '일리노이주법')은 근로자 채용 시 인공지능을 사용하는 것을 규제하는 최초의 법으로 평가되고 있다.[6)] 많은 기업에서 근로자를 채용할 때 인공지능을 활용하는 것이 확대되고 있는 상황에서 인공지능의 무분별한 사용이 미칠 수 있는 부정적인 영향을 우려[7)]하여 제정되었다. 일리노이

---

4) 원제목은 "Artificial Intelligence Video Interview Act"이다.

5) 이 외에도 (i) 캘리포니아주 AB 2930, (ii) 조지아주 H.B. 890, (iii) 하와이 H.B. 1607, (iv) 워싱턴 H.B. 1951 등에서 채용상 ADT 차별사용 금지, 연간 영향평가, 통지의무 등을 규정하는 법안을 마련하였다. 'ADT'란, 연령(age), 장애(disability), 그리고 고용 형태(type of employment)를 의미한다.

6) 조원영 · 유재흥 · 추형석(2022), 『인공지능 신뢰 체계 정립 방안 연구』, 소프트웨어정책연구소, p.131; 권오성(2021), 「인공지능과 노동법 - 채용을 중심으로」, 『법학논문집』 45(2), 중앙대학교 법학연구원, p.8, 26.

7) 한국인터넷진흥원(2020), 「미국 일리노이주, 인공지능을 이용한 비디오 인터뷰 규제법 발효」, 『인터넷 법제동향』 149, p.11.

주법은 2019년 8월 미국 일리노이주 의회를 통과하여 2020년 1월 1일부로 시행에 들어갔다.

나. 주요 내용

2020년 1월부터 시행된 주요 내용은 다음과 같다. 일리노이주 기반 사용자(employer)가 지원자(applicants)의 화상면접을 인공지능으로 분석(artificial intelligence analysis) 시 화상면접 결과의 제출을 요청하기 전 각 지원자로부터 (1) 지원자의 직무 적합성 고려 시 인공지능이 활용된다는 사실을 사전에 통지할 의무(통지의무), (2) 인공지능 기술의 작동 방식 및 인공지능 평가에 사용되는 일반적인 유형의 특징에 대한 정보를 공개할 의무(정보제공 의무), (3) 제공된 정보에 따라 인공지능에 따른 평가를 받는 지원자의 동의를 수령할 의무(지원자 동의 없이 인공지능 활용 불가)(동의)의 세 가지 소치를 취할 의무를 부여한다(제5조). 또 면접 영상은 직무 적합성 평가를 위해 전문 지식과 기술이 있는 사람에게 공유하는 것을 예외로 원칙적으로 공유할 수 없다(제10조).[8] 만일 지원자가 요청하는 경우 요청일로부터 30일 이내 면접 영상을 삭제하고, 이를 보유한 모든 제3자에게 백업 사본을 포함한 모든 영상을 삭제하도록 지시하여야 함으로써 영상을 파기할 의무를 부과한다(삭제요청권)(제15조).

2022년 1월 1일부터는 제20조를 아래와 같이 추가함으로써 인종과 민족적 차별성을 띠는지를 분석하도록 의무를 부과하고, 사용자에게 매년 1회씩 12개월분의 데이터를 제출하도록 하며, 상무경제기회국에서 인종 차별적인 요소가 있는지를 조사하도록 하고 있다(제20조).[9]

---

8) 권오성, 앞의 논문, p.27.

9) 제20조 : 인구통계학적 데이터의 수집 및 보고를 위하여, 화상면접 인공지능 분석에만 의존하여 대면 면접 대상자를 결정할 때, (1) 인공지능을 통해 분석하는 기법을 사용한 후, 대면 면접 기회를 제공하는 지원자와 제공하지 않는 지원자 각각의 인종, 민족적 속성과 (2) 채용된 지원자의 인종 및 민족적 속성과 관련한 인구통계학적 데이터를 수집 및 보고하여야 하는데, 이는 11월 30일을 종료 시점으로 하여 12개월간 수집된 데이터를 포함하여 매년 12월 31일까지 '상무경제기회국(Department of Commerce and Economic Opportunity)'에 보고되어야 한다. 상무경제기회국은 보고된 데이터를 분석하고, 매년 7월 1일까지 데이터가 인

2. 뉴욕시의 관련 규제 법령[10)]

가. 뉴욕시 조례(New York City Administrative Code) 제20편 제5장 제25하위장 '자동화된 고용 결정 도구'

뉴욕 시의회는 지원자 또는 승진 대상 직원 선별 시 '자동화된 채용 결정 도구'를 사용할 경우에 대한 규제의 필요성을 절감하여 2021년 12월 11일 '자동화된 채용 결정 도구'의 사용을 규제하는 규범을[11)] 통과시켰고, 동 규범은 2023년 1월 1일부터 시행하게 되었다.[12)] 이 규범의 명칭은 'Code'로 되어 있으나 시의회가 제정한 규범이므로 한국식 법규범 체계의 관점에서 보면 조례에 해당한다고 보는 편이 가까울 것 같다(이하 뉴욕시 조례).

뉴욕시 조례에서는 '고용 결정'(employment decision)을 "뉴욕시 내 고용을 위한 지원자(candidates)나 근로자(employees)를 선별하는 것"으로 정의하였다(제20-870조). 또한 동 조례에서는 '자동화된 고용 결정 도구'(automated employment decision tool)는 "기계학습(machine learning), 통계모델링(statistical modeling), 데이터 분석(data analytics) 또는 인공지능(artificial intelligence)으로부터 도출된 모든 계산과정으로서 자연인(natural persons)에게 영향을 미치는 고용 결정을 내리기 위한 재량적 의사결정(discretionary decision)을 실질적으로 지원하거나 대체하기 위해 사용되는 숫자(score), 분류(classification), 또는 추천(recommendation)을 포함하여 정리된 결과물(simplified output)을 도출하는 것"으로 정의하였다. 정크 메일 필터링, 방화벽, 바이러스 백신 소프트웨어, 계산기, 스프레드시트, 데이터베이스 및 기타 데이터 편집 등 임의의 의사결정 과정을 자동화, 보

공지능 사용에 대한 인종적 편견을 보이는지 여부를 주지사와 의회(General Assembly)에 보고하여야 한다.

10) 원제목은 "Automated Employment Decision Tools Law"이다.

11) New York City, "Automated Employment Decision Tools(AEDT)" (https://rules.cityofnewyork.us/rule/automated-employment-decision-tools-updated/, 검색일 : 2024. 6. 17)

12) New York City, "Automated Employment Decision Tools (AEDT)" (https://rules.cityofnewyork.us/rule/automated-employment-decision-tools-updated/, 검색일 : 2024. 6. 17)

조, 실질적으로 지원하거나 대체하지 않는 도구는 이에 포함되지 아니한다(제20-870조).

뉴욕시 조례는 채용 지원자나 승진 대상 직원에 대하여 고용 결정 도구를 활용하게 되는 경우 (i) 해당 도구가 활용되기 1년 이내에 편향성 감사를 받고, (ii) 홈페이지에 가장 최근에 수행된 편향성 감사 결과 및 검사를 받은 자동화된 고용 결정 도구의 적용일(distribution date)을 요약한 내용을 도구 사용 전에 사용자나 고용대행사의 홈페이지에 공개하는 의무를 부과하고, 이를 위반하는 채용 결정 도구의 사용은 불법임을 명시하였다(영향성 평가 및 결과 공개)(제20-871조).

뉴욕시에서 근로자 또는 채용 지원자의 선별을 위해 자동화된 고용 결정 도구를 사용하는 경우, 사용자 또는 고용대행사는 (i) 자동화된 채용 결정 도구가 측정, 평가에 사용될 것이라는 사실, (ii) 자동화된 채용 결정 도구가 지원자나 근로자를 평가함에 있어 활용할 직무에 대한 자격 및 특성(도구 활용 최소 10영업일 전 통지), (iii) 수집 데이터 유형, 출처, 데이터 보존 정책 정보가 웹사이트에 미공개 시, 지원자나 근로자가 서면으로 요청 시 정보를 제공하도록 하고 있으며, 이러한 정보는 서면 요청일 후 30일 이내 제공되어야 한다. 단, 정보 공개가 지역, 주 또는 연방법을 위반하거나 법 집행을 방해하는 경우 공개하지 아니할 수 있다(정보공개의무)(제20-871조 b.).

본 뉴욕시 조례는 위반 시 벌칙을 규율하고 있는데, 첫 번째 및 첫 번째 위반과 같은 날 발생한 각 추가 위반 시 500달러 이하의 민사 금전벌이 부과되고, 이후의 각 위반 시 500달러 이상 1,500달러 이하의 민사 금전벌의 책임을 부과한다(제20-872조 a.). 이러한 위반이 지속되는 경우에 대하여서도 규율하고 있으며(제20-872조 b.) 제20-871조 b.항 1 내지 3호를 위반하여 통지하지 않은 것은 별도의 위반으로 간주한다(제20-872조 c.).

나. 뉴욕시 규칙(the Rules of the City of New York) 제6편 소비자 및 근로자 보호부 제5장 불공정 거래 행위(Unfair Trade Practices) 제T하위장 '자동화된 고용 결정 도구'

뉴욕시는 뉴욕시 규칙(the Rules of the City of New York) 제6편 소비자 및 근로자 보호부 제5장 불공정 거래행위(Unfair Trade Practices) 제T하위장 '자동화된 고용 결정 도구'(Automated Employment Decision Tools, AEDT)에[13] 관한 내용을 신설하려 하였고, 이에 관하여 2021년 뉴욕 시의회에서 가결하였다. 가결된 내용에 대해서는 2년여 간의 여론수렴 과정 및 개정 작업을 거쳤고 2023. 7. 5.부터 시행되었다(NYC Local Law 144, 이하 '뉴욕시 규칙').

본 뉴욕시 규칙은 뉴욕시 거주자를 고용하고자 하는 기업이 채용이나 승진에 관한 결정 시 뉴욕시 조례 제20-870조상의 자동화된 채용 결정 도구를 활용하는 경우, 성별 · 인종 · 민족뿐만 아니라 리더십 스타일 등 다른 특정 그룹으로 분류할 때도 영향률을 계산하여 그 비율을 공표할 의무를 부과하고 있다.[14]

뉴욕시 규칙은 AEDT 사용 전 편향성 감사 결과의 공개를 의무화한다(정보제공의무). 뉴욕시 내 사용자 또는 고용대행사는 AEDT 사용 전 홈페이지에 가장 최근 진행된 편향성 감사의 날짜와 결과 요약 사항(사용된 데이터의 출처, 설명, "알 수 없음" 범주 인원수, 지원자 또는 후보자 수, 선정률 또는 점수율, 모든 범주 영향률 포함)과 AEDT 적용일(distribution date)을 공개하여야 한다(제5-303조). 만일 하이퍼링크를 사용하는 경우 편향성 감사 결과에 대한 링크로 명확히 식별하여야 하며, AEDT 사용 후 최소 6개월간 게

13) Automated Employment Decision Tools(https://rules.cityofnewyork.us/rule/automated-employment-decision-tools-updated/, 검색일 : 2024. 6. 28)

14) 뉴욕시 규칙(the Rules of the City of New York) 제6편 소비자 및 근로자 보호부 제5장 불공정 거래 행위(Unfair Trade Practices) 제T하위장 '자동화된 채용 결정 도구 내에 성별 범주에 따른 영향률 계산 예시, 성별 및 인종 · 민족 범주에 따른 영향률 예시를 명시함으로써 실질적으로 영향률의 계산 및 공표 내용을 명시하고 있다. (https://codelibrary.amlegal.com/codes/newyorkcity/latest/NYCrules/0-0-0-138391, 검색일 : 2024. 8. 30)

시된 결과 요약 및 적용일 정보를 보관할 의무가 부여된다.

뉴욕시 규칙은 또한 채용 지원자와 승진 대상자에게 통지의무를 부과한다(통지의무). AEDT 사용 최소 10영업일 전 채용 지원자와 승진 대상자에게 뉴욕시 조례 제20-871조 b.에서 요청하는 정보와 해당하는 경우 대체선발 절차[15] 또는 정당한 편의제공을 요청할 수 있는 방법에 대한 지침을 통지하여야 한다(제5-304조(a)). 통지 방법에 대해서는 채용 지원자에게는 (1) 홈페이지 채용란에 명확하고 눈에 띄는 방식으로 공지, (2) 채용 공고에 공지 또는 (3) 우편이나 이메일을 통해 통지하여야 한다. 승진 대상자의 경우에도 (1) 서면 정책이나 절차를 통해 통지, (2) 직책 공고에 이러한 사항을 공지 또는 (3) 우편이나 이메일을 통해 통지하도록 하고 있다.

또한 AEDT 데이터 보존 정책, 수집된 데이터 유형, 출처정보 등을 홈페이지 내 고용 세션에 게시하는 것을 의무화한다(정보제공의무). 이 정보는 명확하고 눈에 띄는 방식으로 제공되어야 한다. 또한 해당 정보에 대한 서면 요청 방법이 게시되어야 하며, 서면 요청 접수 후 30일 이내 해당 정보를 제공하여야 한다. 만일 정보 공개가 지방, 주 또는 연방법을 위반하거나 법 집행 조사에 방해가 되는 경우 그러한 이유를 설명하여야 한다(제5-304조(d)).

제2절 스페인의 인공지능 채용 가이드라인과 노사협약

1. 노동영역에서의 알고리즘 정보제공 가이드라인[16]

스페인은 2021년 5월 알고리즘의 근거가 되는 주요 지침, 근거 등에 대해 근로자대표에 정보를 제공해 주어야 하는 의무를 규정하는 입법을 도입하였

15) 다만, 뉴욕시 규칙은 사용자 또는 고용대행사에 대체선발 절차를 제공하도록 요구하는 것은 아님을 명확히 하였다(제5-304조(a)).
16) 이하 내용은 노호창(2024), 「노동영역에서 알고리즘 혹은 인공지능에 대한 스페인의 규율 및 검토」, 『노동법연구』 56, 서울대노동법연구회, pp.299~313에서 발췌.

고, 2022년 5월 '노동 및 사회적 경제부(Ministerio de Trabajo y Economia Social)'에서는 알고리즘 관련하여 기업 현장에 지침을 제공하고자 '노동영역에서의 알고리즘 정보제공'(Información algorítmica en el ámbito laboral)이라는 가이드라인(부제 : 노동영역에서의 알고리즘 사용에 관한 기업의 정보 제공의무에 관한 실무적 안내서 및 도구)을[17] 발표하게 된다.

동 가이드라인은 Q&A 형식으로 되어 있고 부록으로 알고리즘 보고 의무를 준수하기 위한 도구를 포함하고 있다. 상정 가능한 질문들에 대한 답변에서는 스페인 노동법뿐만 아니라 EU의 GDPR(일반정보보호규정)과의 관계에서 주요 의문들을 설명하고 있다.

본 가이드라인은 알고리즘 관련 규제를 위한 내용들 위주로 되어 있으며, 그러한 내용 중에는 채용에 관한 것도 포함되어 있다. 제시된 질문 사항 및 알고리즘 공개와 관련된 주요 내용 중 채용과 관련된 것을 정리하여 소개하면 다음과 같다.

1. 노동영역에서 알고리즘과 자동화된 의사결정 시스템은 어떤 영역에서 사용되나?

- 인력관리영역 및 그 각 단계 : 인재채용, 선발, 직장 내 모니터링 및 감시, 업무지시 및 관리.

2. 자동화된 의사결정 시스템은 어떻게 설계되고 구축되나?

- 우선 시스템 설계는 해결해야 할 문제를 공식화하는 것을 필요로 한다.

  (예 : 채용 공고에 접수된 많은 수의 이력서를 자동으로 처리하는 방법, 가장 적합한 사람을 미리 선별하는 방법)

  다음으로 데이터 보호 규정을 준수하면서, 시스템을 구성하는 데 필요한 데이터를 식별하고 그 필요한 데이터를 추출하여 확보해야 한다.

  (예 : 시스템에서 채용을 위하여 회사에 고용되어 있는 사람들의 특성에서 통계적 패턴을 식별하는 데 현재 인력의 데이터가 사용될 수 있다)

- 시스템 개발은 먼저 재사용되거나 조정될 수 있는 인공적 비전(visión artificial) 또는 자연어 처리와 관련된 일반적인 작업을 위해 이미 훈련된 모

17) 원어는 "GUÍA PRÁCTICA Y HERRAMIENTA SOBRE LA OBLIGACIÓN EMPRESARIAL DE INFORMACIÓN SOBRE EL USO DE ALGORITMOS EN EL ÁMBITO LABORAL"이다.

델의 사용 가능성을 포함하여 사용할 수 있는 다양한 모델 중에서 모델을 선정하고 조정하는 것을 의미한다. 다음과 같은 모델이 있다.

· 범위에서 수치 평가를 할당하는 채점 모델

· 사람의 프로필을 생성하기 위해 라벨(etiqueta)이나 점수를 할당하는 예측 모델

· 데이터를 구조화하거나 [예컨대, 특정 교육훈련(formación)에 따라 입사 지원자들을 자동으로 분류] 복잡한 데이터를 시각화할 수 있는 (예컨대, 직원 간의 소통망) 설명적 모델(modelos descriptivos)

이러한 단계에서는 모델의 정량적 성능을 측정하고 그 경우 모델의 매개변수를 최적화하기 위하여 모델의 테스트 및 검증 단계도 포함될 수 있다. 마지막으로, 중요한 것은 모델의 문서화(documentación), 즉 무엇보다도 정보소통(información)의 법적 의무를 준수하기 위해 채택되는 결정과 조치의 등록(registro)이다.

– 시스템 배치(despliegue)는 자동화된 의사결정의 채택을 위하여 시스템의 실제 환경에서 구현하는 것을 말한다. 이 단계에서 알고리즘 시스템과 기업에서 시스템의 모니터링 및/또는 적용에 책임 있는 근로자들 간에 통상적으로 상호작용이 발생하는데, 이들은 로직과 채택된 결정들을 이해하는 데 필요한 교육훈련(formación)을 갖추고 있거나 받아야 한다. 시스템의 사용은 예상대로 작동한다는 것 및 의도된 범위에서 책임 있게 사용된다는 것을 보증하기 위해 모니터링되어야 한다. 마지막으로 그 경우 시스템은 업그레이드하거나 교체를 필요로 한다.

3. 어떤 기업이 알고리즘적 정보소통 의무(obligación de información algorítmica)를 지는가?

– 근로자(personas asalariadas)를 사용하면서 인사관리(채용결정, 계약체결, 근무시간 할당, 업무, 생산성 측정, 승진, 급여 설정, 해고)에 알고리즘 또는 자동화된 의사결정 시스템을 사용하는 모든 기업

– GDPR 제13조 제2항 f.호, 제14조 제2항 g.호, 제15조 제1항 h.호[18], 제22조와의 관계에서 모든 기업은 근로자에게 영향을 주는 자동화된 의사결정에 관하여 개별적 정보제공 의무(obligación de información individual)를 진다.

– 집단적 관점에서는 근로자헌장법 제64조 제4항 d.호에 근거하여 기업위원회 등 근로자대표(representación legal de la plantilla)가 있는 기업의 경우 해당 근로자대표에게 집단적 정보제공 의무(obligación de información colectiva)를 진다.

4. 어떤 의사결정에 대해 알고리즘적 정보제공 의무를 준수해야 하나?

- 기업은 선발, 채용, 근로조건 결정, 해고에 이르기까지 노동 분야의 인사관리 결정을 내리기 전에 알고리즘 정보제공 의무를 준수해야 한다.
- GDPR 제22조는 고용기회 및 노동권을 포함하여 개인에게 법적 또는 이와 유사하게 중요한 영향을 미치는 완전히 자동화된 의사결정과 관련하여 정보에 대한 권리를 규정한다.
- 근로자헌장법 제64조 제4항 d호는 프로파일링을 포함한 근로조건, 고용접근 및 유지에 관한 결정을 내리기 위한 알고리즘 사용에 관한 정보소통권을 규정하고 있다.
- 선발, 채용에서부터 업무배정, 근무시간, 급여결정, 통제 및 모니터링, 생산성 통제, 성과평가, 승진, 해고에 이르기까지 인력관리에 관한 모든 의사결정이 정보제공 의무 대상이 된다.

5. 알고리즘을 협상할(negociar) 의무가 있나?

- 일반적으로는 근로자대표와 알고리즘을 협상할 의무는 없다. 다만 단체교섭 및 협약을 통해 기업이 프로파일링을 포함하여 근로조건, 고용접근 · 유지에 영향을 미칠 수 있는 의사결정에 영향을 미치는 알고리즘 또는 자동화된 의사결정 시스템의 변수, 매개변수 또는 기타 특성에 대해 근로자대표에게 알리고 교섭해야 할 의무를 도입하는 것은 가능하다.
- 예컨대, 알고리즘 사용이 고용에 영향을 미칠 수 있는 경우 단체교섭 및 협약을 통해 책임 있는 사용 테스트(test del uso responsible)를 도입할 수도 있다. 이는 2021년 '인공지능에 관한 유럽 보험업계의 사회적 행위자 선언'(Declaraciόn de los agentes sociales europeos del sector de seguros sobre inteligencia artificial)에서 권장된 바 있다.
- 알고리즘에 관한 단체교섭의 예시로 2021. 12. 17. 연맹 간 알선 및 중재 서비스(Servicio Interconfederal de Mediaciόn y Arbitraje FSP)에서 Just Eat

18) GDPR 제13조 제2항 f호 : 제22조 제1항 및 제4항에 언급된 프로파일링을 포함한 자동화된 의사결정의 존재 여부, 적어도 이러한 경우 관련된 로직에 대한 의미 있는 정보뿐만 아니라 정보주체(data subject)에게 그러한 처리의 중요성 및 예상되는 결과.
GDPR 제14조 제2항 g호. 상동.
GDPR 제15조 제1항 h호. 상동.

> 회사와 대표적인 양대 노조 CCOO 및 UGT가 합의한 단체교섭 및 협약이 있다. 동 협약 제68조는 알고리즘 사용에 대한 인적 감독(supervisión humana)을 보장하고 차별을 유발할 수 있는 데이터(ex. 성별, 국적)의 사용을 금지하고 있으며 투명성을 강화하기 위하여 근로자대표가 회사로 하여금 알고리즘 감독의 책임자를 출두시키도록 요구할 수 있다는 합의를 규정하고 있다.

동 가이드라인이 부록으로 포함하고 있는 '알고리즘 정보제공 도구'(Herramienta de información algorítmica)의 내용은 다음과 같다. 이 정보제공 도구는 알고리즘의 로직과 기능을 이해하는 데 가장 관련성 있는 특성과 기술적 세부 사항을 인식하기 위하여 근로자 및 근로자대표에 대한 회사측의 정보제공 의무를 구체화하고 체계화하는 것을 목표로 한다.

> A. 자동화된 의사결정을 내리기 위한 알고리즘 또는 인공지능 시스템 사용에 대한 일반적 정보
>
> 1. 회사에서 근로자 또는 지원자 관리를 위하여 알고리즘과 자동화된 의사결정 시스템을 사용하고 있거나 사용할 계획이 있습니까? 예
> 2. 회사에서 사람 프로파일링에 알고리즘이나 자동화된 의사결정시스템을 사용하고 있나요? 예
> 3. 인력관리의 어떤 결정이 알고리즘이나 인공지능 시스템을 통하여 자동화되어 있나요? 인력선발
> 4. 알고리즘은 어떤 형태의 기술을 사용하나요?
>   a) 블랙박스 모델을 생성하나요? 예
>   b) 지속적인 학습(aprendizaje continuo) 알고리즘인가요? 예
>   c) 누가 모델을 개발했나요?
> 5. 알고리즘에서 이용되는 소프트웨어나 제품은 무엇인가요?
>   a) 공급회사는 누구인가요?
>   b) 설치 시 소프트웨어를 수정하거나 변경한 적이 있나요? 예
>   c) 그 경우, 어떤 유형이며 어떤 목적인가요?
>   d) 소프트웨어는 일정한 종류의 인증에 의존하나요? 예
> 6. 의사결정과정에 자격을 갖춘 사람의 개입이 있나요? 예
>   a) 그 경우, 최종 결정 채택에서 그 사람의 개입 정도는 어느 정도인가요?
>   b) 의사결정 과정에 개입하는 그 사람의 권한과 허가(autorización)는 무엇인가요?

c) 알고리즘에 의해 채택된 결정을 수정할 수 있는 능력은 무엇인가요?

B. 사용된 알고리즘의 로직 및 기능에 대한 정보

7. 프로파일 작성의 경우 알고리즘은 어떤 유형의 프로파일을 생성하나요?
   a) 근로자 또는 지원자에 대해 구체적으로 어떤 프로파일에 배정되었나요?
   b) 프로파일이 다른 목적으로 사용되었거나 사용하려는 예정이 있나요?

8. 알고리즘에서 사용하는 변수는 무엇인가요?
   a) 개인특성정보(datos de carácter personal)가 변수로 포함되어 있나요? 예
   b) 어떤 유형의 개인정보가 사용되나요?
   c) 개인정보의 사용에 대하여 정보제공의무(obligaciones de información)가 준수되었나요? 또는 그 경우 개인정보의 재사용에 관한 정보제공의무가 준수되었나요?
   d) 어떤 유형의 비개인정보가 사용되나요?

9. 알고리즘은 어떤 유형의 매개변수를 사용하나요?

10. 의사결정과정에서 알고리즘이 사용하는 규칙 및 지침은 무엇인가요?

11. 어떤 훈련 데이터베이스(base de datos de entrenamiento) 및 그 경우 어떤 유효성 평가(validación) 데이터베이스가 사용되었나요?
   a) 훈련데이터가 적절하고 관련성이 있으며 과도하지 않습니까? 예
   b) 이러한 극단적인 것들(extremos)이 확인되었나요? 그러한 경우 누가 검증을 수행하였나요?
   c) 훈련데이터로 사용하는 것이 수집목적에 부합하나요? 예
   d) 그 경우 훈련데이터에서 어떤 종류의 패턴들(patrones)이 식별되었나요?

12. 서로 다른 프로파일에 있는 인적 분류(clasificación de las personas)에서 알고리즘의 오류나 부정확성이 감지된 적이 있나요? 예
   a) 대략적인 오류 비율은 얼마인가요?
   b) 프로파일별로 성과지표(métricas de rendimiento)는 무엇인가요?

13. 감사 또는 영향평가(evaluaciones de impacto)를 수행하였거나 수행할 계획이 있나요? 예
   c) 자체 또는 외부 수단으로 수행되나요? 자체
   d) 감사 및/또는 영향평가의 결과는 무엇인가요?

C. 자동화된 의사결정 또는 알고리즘 사용으로 인해 발생할 수 있는 결과에 대한 정보

14. 알고리즘이 내린 결정이나 생성된 프로파일로부터 근로자나 지원자에게 어떤 결과가 초래될 수 있나요?

15. 근로자대표(representación legal de la plantilla)에게, 알고리즘이 여성과 남성의 평등과 차별금지에 관하여 미치는 영향은 무엇인가요?
    a) 편향성(sesgo)의 잠재적 문제에 대한 증거(constancia)가 있나요? 예
    b) 평등계획을 수립에 앞서 사전 진단에서 알고리즘의 영향이 포함되었나요? 예

D. 근로자대표에게 관련성 있는 기타 정보제공

16. 근로자 또는 지원자에게 자동화된 의사결정을 위한 알고리즘 사용에 대한 정보가 제공되었나요? 예

이 가이드라인의 내용들은 형식상 가이드라인이기 때문에 그 자체로 규범력이 있다고 보기는 어려울 수 있으나 그 내용을 보면 근로자헌장법의 내용 및 EU의 GDPR의 내용을 구체화한 것이어서 사실상 구속력을 가질 것이라고 본다.

2. 제5차 프레임워크 협약에서의 관련 내용[19)]

알고리즘 규율에 관해서는 스페인 노동자헌장법(Ley de Estatuto del los Trabajadores)에서 2021년 5월 알고리즘의 근거가 되는 주요 지침, 근거 등에 대해 근로자대표에 정보를 제공해 주어야 하는 의무를 규정하는 입법의 도입 및 2022년 5월의 가이드라인 이후, 스페인의 양대 노조와 양대 사용자단체는 2023. 5. 10. '제5차 고용과 단체교섭을 위한 합의'(V Acuerdo para el Empleo y la Negociación Colectiva, 약칭 V AENC, 이하 '제5차 협약')라는 단체협약을 체결한다. 이 단체협약은 그 자신에 대해 스페인의 대표적 양대 노조 CCOO, UGT 및 양대 사용사단체 CEOE, CEPYME가 수십 년 동안 노사관계에서 자치의 축(eje del autogobierno)으로서 사회적 대화를 수행해 온 긴 역사적 맥락의 일부분으로 자평하고 있다.[20)] 이 협약에 제5차라는 수식어가 붙어있는 것은 2010년 제1차, 2012년 제2차, 2015년 제3차, 2018

19) 이하 내용은 노호창, 앞의 논문, pp.313~316에서 발췌.
20) CEOE, CEPYME, CCOO, UGT, "V Acuerdo para el Empleo y la Negociación Colectiva", Madrid, 10 de mayo de 2023, 서문. (https://www.ugt.es/sites/default/files/v_aenc_firma_10_05_2023_def.pdf, 김색일 : 2024. 3. 24)

년 제4차 협약이 순차적으로 진행되어 왔기 때문이다.21) 이 협약은 서명 당사자 및 그 활동 부문 및 지부에 속하는 단체들에게 함께 구속력이 있고 2023년부터 2025년까지 3년간 유효하다.22)

스페인에서 단체협약은 서면으로 작성되어 체결되어야 하고(노동자헌장법 제90조 제1항) 교섭 당사자들이 협약서에 서명한 날로부터 15일 내에 등록을 위하여 노동당국에 제출되어야 하며(동법 제90조 제2항) 노동당국은 등록을 위해 제출된 날부터 최대 20일 이내에 공식관보(Boletín Oficial del Estado)에 게재해야 한다(동법 제90조 제3항). 이러한 법적 절차에 따라 위 제5차 단체협약의 등록 및 관보게시를 위해 노동당국에 의해 '제5차 고용과 단체교섭을 위한 합의를 등록하고 공개하기 위한 2023년 5월 19일자 노동총국 결의'가23) 발표되었다.24) 동 결의에서는 위 제5차 협약이 노동자헌장법 제83조 제2항에 따른 것이라는 점을 분명히 표현하고 있다. 노동자헌장법 제83조 제2항은 소위 프레임워크 협약(acuerdos o convenios marco)에 관한 규정으로서 프레임워크 협약은 개별적 · 구체적 근로조건에 관한 내용을 규정하는 것이 아니라 큰 틀에서 노동관계의 질서, 단체교섭의 구조나 체계 등을 국가 내지 자치주 차원에서 형성하는 것을 목적으로 하는 협약이다.25)

제5차 협약에서는 제16장 '기술, 디지털 및 생태적 전환'(CAPÍTULO XVI. TRANSICIÓN TECNOLÓGICA, DIGITAL Y ECOLÓGICA)에서 '인공지능, 그리고 알고리즘에 관한 인간통제 원칙 및 정보에 대한 권리의 보장' [Inteligencia Artificial (IA) y garantía del principio de control humano y derecho a la información sobre los algoritmos]이라는 제하에 관련 내용이

21) CEOE, CEPYME, CCOO, UGT, 앞의 단체협약서, 서문.

22) CEOE, CEPYME, CCOO, UGT, 앞의 단체협약서, p.8.

23) 원어는 "Resolución de 19 de mayo de 2023, de la Dirección General de Trabajo, por la que se registra y publica el V Acuerdo para el Empleo y la Negociación Colectiva"이다.

24) 스페인 '제5차 고용과 단체교섭을 위한 합의를 등록하고 공개하기 위한 2023년 5월 19일자 결의'(https://www.boe.es/diario_boe/txt.php?id=BOE-A-2023-12870, 검색일 : 2024. 3. 24)

25) 프레임워크 협약에 대한 보다 상세한 내용은 노호창(2023), 「스페인 노동관련법상 단체교섭 등에 대한 법적 규율」, 『법학연구』 26(4), 인하대학교 법학연구소, pp.67~68을 참조.

포함되어 있고 그 주요 내용은 다음과 같다.[26)]

AI는 점진적으로 노동세계에 의미있는 영향을 미칠 것이고 바르고(correcto) 투명하게 사용되지 않으면 노동관계에 대한 편향적 또는 차별적 결정을 초래할 수 있다.

'디지털화에 관한 유럽 기본 협약'(Acuerdo Marco Europeo sobre digitalizacíón)에 규정된 바에 따라 기업 내 AI 시스템 구축은 AI에 대한 인간통제 원칙을 준수하고 안전하고 투명해야 하고, 기업은 인적 자본 절차(procedimientos de recursos humanos)(채용, 평가, 승진, 해고)에서 AI 기반 프로세스에 대한 투명하고 이해하기 쉬운 정보를 근로자대표에게 제공하고 편향성이나 차별이 없도록 보장해야 한다.

단체교섭은 AI의 적절한 사용을 보장하기 위한 기준을 수립하고 근로자대표에게 정기적으로 보고하는 의무를 발전시키는 데 있어 중요한 역할을 한다.

공공행정에 AI 시스템을 구축할 때도 인간통제 원칙을 준수하고 안전하고 투명해야 하며, 본 협약에 서명한 연합단체들은 정부로 하여금, 특히 노동관계 및 사회보호(protección social)와 관련된 애플리케이션(aplicativos)을 구성하는 공식(fórmulas)에 있어서 디지털 및 알고리즘 투명성을 보장하는 충분한 정보를 제도적 참여기구를 통하여 사회적 대화자들(interlocutores sociales)에게 제공할 것을 촉구한다.

위 제5차 협약 자체가 국가적 차원의 프레임워크 협약이기 때문에 알고리즘 및 인공지능에 관한 이러한 규율 내용은 국가적 노동관계 질서 측면에서 구속력을 가진다. 따라서 노동관계의 각 당사자들은 이러한 내용이 현실에서 구체화될 수 있도록 다양한 영역에서 다수이 교섭 과정을 통하여 발전시켜 나가야 한다.[27)]

---

26) CEOE, CEPYME, CCOO, UGT, 앞의 단체협약서, p.32.
27) CEOE, CEPYME, CCOO, UGT, 앞의 단체협약시, p.7.

제3절 영국의 인공지능 채용 가이드라인

1. 가이드라인의 발행 및 배포

영국의 '과학 · 혁신 · 기술부'(Department for Science, Innovation & Technology, DSIT)는 '책임감 있는 AI 채용 가이드라인'(Responsible AI in Recruitment Guidance)을 2024년 3월에 발행하였다.

본 가이드라인은 '요약, 서론, 조달(procurement)을 위한 보증 메커니즘, 배포(deployment)를 위한 보증 메커니즘, 결론'의 순서로 내용을 담고 있다. 또한 부록에서 AI 툴 관련 설명, 간략한 사용 사례 및 위험성에 대해 보여주고 있다.

2. 가이드라인 내의 각 목차별 주요 내용

가. 요 약

본 가이드라인은 요약 부분에서 가이드라인 전체의 내용을 요약하여 보여주고 있다. 그 내용은 다음과 같다.

AI를 활용한 HR 및 채용 프로세스 도구는 기존 프로세스의 자동화 및 간소화를 통해 효율성, 확장성, 일관성을 약속한다. 하지만 이러한 기술들은 기존 편견의 지속, 디지털 배제(digital exclusion), 차별적인 광고 및 타기팅(targeting) 등의 새로운 위험을 수반할 수 있다.

신뢰할 수 있는 AI 도구, AI 보증 메커니즘 및 글로벌 기술 표준은 이러한 위험을 관리하고 신뢰를 구축하는 데 중요한 역할을 할 수 있다. 예를 들어, 영국의 '과학 · 혁신 · 기술부'의 조사 결과에 따르면, 강력하고 잘 전달된 거버넌스와 보증 메커니즘은 대중이 다양한 용도로 데이터를 공유하려는 의지를 높일 수 있다고 한다.

이 가이드라인은 채용 및 고용 과정에서 AI를 사용할 때 발생할 수 있는 윤리적 위험을 식별하고, AI 보증 메커니즘을 통해 조직이 AI 시스템의 성능을 평가하고 위험을 관리하며 법적 요구 사항을 준수하는 데 필요한 도구, 프로세스 및 지표를 제공한다. 이 가이드라인은 당신의 조직이 AI 시스템을 조달 및 배포할 때 신뢰할 수 있는 방법을 제공하며, AI에 대한 이해가 적은 비전문가도 쉽게 이해할 수 있도록 작성되었다.

나. 서 론

2021년 12월, 영국의 '과학 · 혁신 · 기술부'의 '책임 있는 기술 채택 부서'[Responsible Technology Adoption Unit, RTA, 구 데이터윤리 및 혁신센터(the Centre for Data Ethics and Innovation)]는 영국채용연합(Recruitment and Employment Confederation, REC)과 함께 '채용에서의 데이터 기반 도구 사용의 가이드라인'(data-driven tools in recruitment guidance)을 공동 발행했다.

발행 이후, 채용에서의 AI 관련 두 가지 중요한 발전이 있었다.

첫째는 영국 AI 규제 생태계의 발전이다. 영국 정부는 '결과 기반 AI 거버넌스 프레임워크'(outcomes-based AI governance framework)를 발표했다. 이는 AI 규제를 위한 혁신을 촉진하는 접근 방식으로 AI 백서에 대한 정부의 응답을 담고 있다.

둘째는 AI 거버넌스 및 신뢰할 수 있는 AI 도구에 대한 HR 및 채용 조직의 태도에 대한 정부의 관여이다. DSIT는 업계온도점검(Industry Temperature Check)에서 이러한 관여 결과를 발표했으며, 이를 통해 인사 및 채용 조직이 AI 시스템의 책임 있는 조달 및 사용을 지원하기 위해 AI 보증 메커니즘(AI assurance mechanisms)을 어떻게 사용할 수 있고 또 사용해야 하는지에 대한 보다 명확한 지침이 필요하다는 것을 확인했다.

이러한 발전에 대응하여 이 지침은 AI 거버넌스에 대한 영국의 광범위한 접근 방식의 이행을 지원하기 위해 AI 보증 메커니즘이 인사 및 채용 분야에서 AI 시스템의 책임 있는 조달을 어떻게 지원할 수 있는지에 대해 설명한다. 인사 및 채용 부문에서 AI가 점점 더 널리 보급됨에 따라 AI의 조달, 배포 및 사용은 'AI 규제에 대한 친혁신 접근 방식'(a pro-innovation approach to AI regulation)에 요약된 영국 정부의 AI 규제 원칙을 준수하는 것이 필수적이다.

이러한 규제 원칙은 5가지인데, (i) 안전성, 보안성(security) 및 견고성, (ii) 적절한 투명성과 설명 가능성(appropriate transparency and explainability), (iii) 공정성(fairness), (iv) 책임성(accountability) 및 거버넌스, (v) 이의제기(contestability) 및 구제(redress)이다.

AI 보증(AI assurance)은 이러한 원칙의 구현과 운영에서 중요한 역할을 하며, AI 시스템이 배포되는 분야에 관계없이 AI 시스템이 달성해야 할 목표('무엇')를 식별하고 AI 보증 기술 및 표준(AI assurance techniques and standards, "tools for trustworthy AI"라고도 지칭)은 이러한 목표를 지원하고 달성하기 위해 합의된 프로세스, 메트릭스(metrics, 계량적 분석) 및 프레임워크를 제공함으로써 업계와 규제 기관이 이러한 원칙을 실제로 '어떻게' 운영할 수 있는지 이해할 수 있도록 지원한다.

다만 이러한 지침은 법적 보증 내지 법률 자문을 제공하는 것으로 해석되어서는 안 되며 필요시 독립된 법률 자문을 받는 것이 바람직하다.

다. 조달을 위한 보증 메커니즘

AI 시스템을 제3의 공급업체로부터 조달하려는 조직은 이러한 시스템이 제기하는 잠재적 위험을 고려하고, 조달 과정 전후에 적절한 보증 메커니즘을 식별해야 한다. 이는 시스템이 신뢰할 수 있도록 보장하고, 영국의 AI 규제 원칙 및 조직의 목표와 일치하도록 한다.

1) 조달 전

AI 시스템을 조달하기 전에 고려할 사항은 무엇인가. 당신의 조직이 입찰에 나서기 전에, 조달하려는 AI 시스템의 종류와 그 이유를 명확히 하고, 해당 시스템이 기존의 조직 프로세스와 구조에 어떻게 적합할지를 고려해야 한다.

이때 고려해야 할 사항은 (i) 목적, (ii) 기능성(functionality), (iii) 자원 및

거버넌스(resources and guvernace), (iv) 지원자 접근성 요건(applicant accessibility requirement), (v) 정보보호이다.

(i) 목적 관련 내용은 다음과 같다. AI 시스템을 도입하기 전에 당신의 조직은 AI 시스템의 목적을 명확하게 정의하는 비전을 수립해야 한다. 시스템의 목적을 정의하면 시스템이 당신의 조직에 비용 대비 가치와 혜택을 제공하는 방법을 결정하는 데 도움이 된다. 예를 들어, 잠재적 입사 지원자를 위한 챗봇(chatbot)을 구현하면 효율성이 향상되고 직원들이 다른 업무를 수행할 시간을 확보할 수 있다. 또한 시스템의 목적을 이해하면 시스템이 설계된 작업을 수행하는 데 사용되도록 하고 잠재적인 오용을 방지하는 데 도움이 된다.

〈제시되는 질문〉

- 나의 조직은 어떤 문제를 해결하려고 하는가?
- AI 시스템을 이용하는 것은 이 문제를 다루는 데 어떻게 도움이 될 것인가?
- 내가 AI 시스템으로 하여금 수행하고자 하는 임무는 무엇인가, 즉 이 시스템의 목적은 무엇인가?
- AI는 내가 해결하길 기대하는 문제에 적합한가?
- 나의 조직은 잠재적 지원자에게 AI의 사용을 어떻게 효과적으로 알려줄 것인가?

〈관련 보증 메기니즘〉

- AI 거버넌스 프레임워크
- 영향평가

(ii) 기능성 관련 내용은 다음과 같다. 당신의 조직에서 조달하고자 하는 AI 시스템으로 하여금 원하는 결과물을 명확히 하는 것이 중요하다. 시스템으로 하여금 원하는 기능을 명확히 하면 당신의 조직이 공급업체에 대한 일련의 기능 요구 사항을 개발하는 데 도움이 된다. 기능성 고려 사항은 공급업체와의 초기 협의를 통해 AI 시스템에서 실현 가능하거나 합리적인 기대치를 파악할 수 있다.

〈제시되는 질문〉

- AI 시스템이 어떤 시스템/프로세스를 수행하기를 기대하는가?
- AI 시스템이 생성하기를 원하는 결과물(예 : 보고서? 대화형 채팅? 적합한 후보자 목록?)은 무엇인가?
- 시중에 나와 있는 AI 시스템에 이러한 기능이 있는가? 이러한 결과물을 생성할 수 있는가?

〈관련 보증 메커니즘〉

- AI 거버넌스 프레임워크
- 영향평가

(iii) 자원 및 거버넌스(resources and guvernace) 관련 내용은 다음과 같다. 조직에서 원하는 AI 시스템의 목적과 기능을 정의한 후에는 시스템이 기존 조직 프로세스에 어떻게 통합되고 직원들과 상호 작용할지 고려하는 것이 중요하다. 조직은 시스템을 사용할 직원과 상의하여 시스템을 효과적으로 사용하기 위해 어떤 교육, 훈련 또는 기술이 필요한지 파악해야 한다. AI 기반(AI-enabled) 예측, 결정 또는 추천에 따라 자신 있게 행동할 수 있으려면 근로자들이 시스템의 결과물을 의미 있게 활용할 수 있어야 한다.

〈제시되는 질문〉

- 나의 근로자들이 시스템과 어떻게 상호작용할 것인가?
- 나의 조직은 시스템과 그 결과물에 대한 효과적인 인적 감독(human oversight)을 어떻게 효과적으로 유지할 것인가?
- 나의 근로자들을 지원하기 위해서 어떤 추가적인 교육자원, 훈련, 기술이 필요할 것인가?
- 나의 조직은 시스템 이용자들의 피드백을 어떻게 처리할 것인가?

〈관련 보증 메커니즘〉

- AI 거버넌스 프레임워크
- 영향평가

(iv) 지원자 접근성 요건(applicant accessibility requirement) 관련 내용은 다음과 같다. 모든 채용 과정에서, 장애나 질환이 있는 지원자는 불이익을 받지 않도록 모집 및 채용 절차에 대한 합리적인 조정을 요구할 수 있다. 이는 2010년 평등법(Equality Act 2010) 제20조에 따른 법적 의무이다. 채용 프로세스에 AI 시스템을 도입할 경우 새로운 불이익의 위험이 발생할 수 있다. 당신의 조직에서 조달하는 모든 시스템이 영국의 차별금지법(anti-discrimination law)을 규율하는 '2010년 평등법'을 준수하는지 확인하는 것이 필수적이다. 이는 조달하려는 시스템이, 보호되는 특성(예 : 인종, 민족, 종교 등)이 포함된 데이터 또는 이러한 특성을 나타내는 대리 지표(proxy indicators)를 처리하는 경우 특히 중요하다. 2010년 평등법 준수에 관한 질문이 있는 경우 여기에서 평등인권위원회(EHRC, Equality and Human Rights Commission)의 지침을 참조하는 것이 필요하다. 공공부문에 서비스를 제공하거나 공공부문을 대신하여 서비스를 제공하고자 하는 민간 조직도 추가적인 의무를 수반하는 공공부문 평등의무(Public Sector Equality Duty)를 준수해야 한다.

〈제시되는 질문〉

- 채용 프로세스에 기술을 도입하면 보호 대상 특성을 가진 지원자에게 새로운 장벽이 생기는가?
- 채용 프로세스에 기술을 도입하면 인간의 편견을 고착화하거나 영속화하는 등 기존의 위험이 대규모로 증폭되는가?
- 채용 프로세스에 기술을 도입하면 대규모로 새로운 위험이 발생하는가?

〈관련 보증 메커니즘〉

- AI 거버넌스 프레임워크
- 영향평가

(v) 정보보호에 관한 내용은 다음과 같다. 영국에서 정보위원회(ICO, Information Commissioner's Office)는 영국 일반 데이터 보호 규정(UK GDPR) 및 데이터 보호법 2018(DPA)에 따라 데이터 보호를 규제한다. AI 시

스템을 배포하기 전에 당신의 조직은 정보위원회의 AI 지침 포트폴리오를 참조하거나 독립적인 법률 자문을 구하여 AI 사용이 영국 GDPR을 법적으로 준수하는지 확인해야 한다. 당신의 조직에서 채용에 AI를 사용하는 경우, 이러한 유형의 자동화된 프로세스가 영국 GDPR 제22조의 범위에 해당하는지 여부와 AI 시스템이 법규정을 준수하고 높은 위험을 완화했음을 입증하기 위해 데이터 보호 영향 평가(DPIA)를 완료해야 하는지 여부를 고려해야 한다. 고위험을 완화하지 못했다면 반드시 정보위원회에 문의해야 한다. 고위험 처리의 예로는 혁신 기술(AI 포함), 대규모 프로파일링, 생체 인식 데이터 및 데이터 매칭 등이 있으며, 이 지침에 명시된 사용 사례에 모두 포함되어 있다.

〈관련 보증 메커니즘〉

– 정보(data)보호영향평가

이러한 고려 사항들을 다루기 위해서 당신의 조직은 (i) 영향평가, (ii) 데이터 보호 영향평가(Data Protection Impact Assessment, DPIA), (iii) AI 거버넌스 프레임워크가 실행되는 보증 메커니즘을 갖추는 것이 요구된다.

(i) 영향평가에 관한 것은 다음과 같다. 영향평가는 시스템과 제품이 환경, 평등, 인권, 데이터 보호 또는 기타 결과에 미치는 광범위한 영향을 예측하는 프로세스이다. 영향평가는 내부적으로 또는 외부 감사기관에서 수행할 수 있다. 영향평가의 서로 다른 유형으로는 알고리즘 영향평가(AIA) 방식과 평등 영향평가(EIA)가 있다. 전자는 데이터 보호, 접근성, 편향성 등 AI 시스템의 잠재적 영향(장단기 모두)을 고려한다. 반면 후자는 특히 평등 결과에 중점을 둔다.

이와 관련된 주요 원칙으로는 ① 안정성, 보안성, 견고성, ② 책임성과 거버넌스, ③ 적절한 투명성과 설명성, ④ 공정성이 있다.

〈예 시〉

자동화된 직무 기술서 작성 도구를 조달하려는 조직은 조달 전에 데이터 보호 영향평가 요건을 충족하는 알고리즘 영향평가를 작성해야 한다. 알고리즘 영향평가의 일부는 정보위원회 및 EHRC를 포함한 적절한 영국 규제 기관과 함께 예비 위험을 식별하기 위해 잠재적 지원자와의 협의가 필요하다. 이해관계자들은 직무 설명에 사용된 포괄적이지 않은 언어를 포함하여 지원자가 자격을 갖춘 직무에 지원하지 못하게 할 수 있는 몇 가지 위험을 파악한다. 이러한 소외의 위험을 완화하기 위해 광고가 게재되기 전에 공정한 직무 기술서 작성에 대한 교육을 받은 직원이 모든 기술서를 검토하도록 하고 있다.

(ii) 데이터 보호 영향평가에 관한 내용은 다음과 같다. 데이터 보호 영향평가는 데이터 보호 위험을 식별하고 최소화하기 위한 프로세스인데, 개인 데이터를 포함하는 모든 AI 시스템의 개발 및 배포에는 데이터 보호 영향평가를 완료해야 한다. 이와 관련된 원칙으로는 ① 안정성, 보안성, 견고성, ② 적절한 투명성과 설명성, ③ 공정성, ④ 책임성과 거버넌스이다.

〈예 시〉

면접 시 감정 추론(emotion inferences)을 위한 컴퓨터 시각(vision) 시스템을 구매하려는 조직은 데이터 보호 영향평가를 완료한다. 조직은 데이터 보호 영향평가의 일환으로 시스템 운영자(면접관)와 데이터 주체(지원자)와 협의한다. 데이터 주체는 자신의 얼굴 데이터가 관여 감지(engagement detection) 및 감정 추론의 목적으로 사용되는 것을 기대하지 않거나 반드시 원하지 않는다는 의사를 밝힌다. 조직은 AI 시스템의 사용과 목적이 지원자에게 적절히 전달되도록 조치를 취하고 지원자가 시스템 사용을 거부할 수 있도록 한다.

(iii) AI 거버넌스 프레임워크와 관련된 내용이다. 조직은 AI 거버넌스 프레임워크를 만들어 기존 비즈니스 기능에 AI를 어떻게 도입하고 보완할지 설정해야 한다. 일부 조직에서는 일련의 기본 원칙, 목표 또는 목적에 따라 이를 추진할 수 있다. AI 거버넌스 프레임워크는 AI 시스템에 대한 책임자를 지정하고 상위단계로 넘기는 것(escalation)의 방법을 만들어야 한다. 또한 이 프레임워크는 투명성에 대한 약속을 명시하고 채용 과정에서 AI 시스템

을 언제, 어떻게 사용할 것인지 지원자에게 어떻게 알릴 것인지에 대한 방법을 정립해야 한다. 여기에는 조직이 이용자의 피드백을 어떻게 처리할 것인지 명시하는 위험 관리 프레임워크가 포함된다. 조달 초기 단계에서 AI 거버넌스 프레임워크는 이해관계자, 조직 이사회 구성원 및 직원과의 협의를 통해 정보를 제공해야 하는 진화하는 문서(evolving document)가 될 가능성이 높다.

이와 관련된 원칙으로는 ① 안정성, 보안성, 견고성, ② 적절한 투명성과 설명성, ③ 공정성, ④ 책임성과 거버넌스, ⑤ 이의제기 가능성 및 권리구제이다.

〈예 시〉

AI를 구현하려는 조직은 책임감 있는 개발을 보장하기 위해 AI 거버넌스 프레임워크를 개발한다. 이 조직은 법률 준수, 품질 보증 및 위험 관리를 위한 프레임워크를 포함한 기존 조직 정책을 분석한다. 이러한 정책은 조직의 이사회 및 시스템 사용 팀과의 협의와 함께 AI 시스템 도입으로 인해 발생하는 고유한 위험과 과제를 해결하기 위해 조정된다. 이 프레임워크는 시스템을 도입한 후 직원의 기술 향상이 필요한 지식 격차를 파악한다. 구체적인 교육 요건은 AI 시스템을 조달하기 전까지는 명확하게 정의할 수 없으므로 조직은 조달 후 프레임워크를 업데이트해야 한다.

2) 조달 중

조직에서 어떤 종류의 AI 시스템을 조달하고자 하는지 명확하게 파악한 후에는 입찰에 참여하여 잠재적 공급업체와 대화할 때 다음 사항을 고려해야 한다. (i) 정확성(accuracy) 및 과학적 타당성(scientific validity), (ii) 위험 식별(risk identification) 및 소통(communication)이다.

(i) 정확성 및 과학적 타당성과 관련된 내용은 다음과 같다. 조달 과정에서 공급업체는 판매하는 시스템의 성능, 투자 수익률(ROI), 효율성, 공정성 및 기능에 대해 주장할 수 있다. 공급업체는 당신 회사의 기술 이해 수준과 관계없이 이러한 주장에 대한 증거를 당신의 팀에 제공할 수 있어야 한다. 우리는 당신의 공급업체에 영향평가, 위험성 평가(risk assessments), 모델 카

드 및/또는 데이터 보호 영향평가에 대한 문서를 요청하는 것을 제안한다.

〈제안된 질문〉

- 어떤 유형의 모델이 학습되었는가? 예를 들어 자연어처리(NLP), 컴퓨터/머신 비전 또는 음성 인식이 있다.
- 모델 학습에 사용된 데이터는 무엇인가? 여기에는 데이터 유형, 데이터 주체의 보호되는 특성 분석, 데이터 보호 및 평등 고려 사항을 알리기 위한 데이터의 출처가 포함된다.
- 모델의 의도된 목적과 사용 범위는 무엇인가? 조직은 시스템이 당신이 의도한 목표에 부합하도록 어떻게 보장할 것인가?
- 영국의 평등법 및 인구 구성 등 영국의 상황을 구체적으로 이해하여 다양한 그룹/보호되는 특성에 걸쳐 모델의 정확성과 성능이 입증된 것은 무엇인가?
- 식별된 위험과 시스템의 한계는 무엇인가?

〈관련 보증 메커니즘〉

- 편향성 감사(Bias audit)
- 성능검사
- 모델 카드

(ii) 위험식별(risk identification) 및 소통(communication)에 관한 내용은 다음과 같다. 시스템의 성능, 정확성 및 기능에 대한 투명성을 확보하여 조직은 구매 전 단계에서 식별된 영향평가 고려 사항을 기반으로 하여 만들어 가기 위해 공급업체와 협력할 수 있다. 조달하려는 시스템의 실제 기능과 그것이 조직 프로세스 및 근로자들과 어떻게 상호 작용할 수 있는지 이해하는 것이 중요하다. 공급업체는 해당 모델에 대한 데이터 보호 영향평가와 영향 또는 위험 평가를 완료했을 수 있다. 이러한 평가는 조달 전에 조직에서 완료한 데이터 보호 영향평가와 함께 AI 시스템으로 인한 잠재적 위험에 대한 투명성을 제공하기 위해 모든 조달 과정에서 공유되어야 한다.

〈제시된 질문〉

- 공급업체의 AI 시스템은 당신 조직의 본래 영향평가에서 확인된 것에 추가 기능 또는 다른 출력 형식(output formats)을 포함하고 있는가?
- 공급업체가 자체 데이터 보호 영향평가 및 영향 또는 위험 평가의 사본을 제공했는가?
- 공급업체의 데이터 보호 영향평가 및 영향 또는 위험 평가는 조달 전에 당신이 파악하지 못한 시스템의 추가 위험 또는 제한 사항을 식별했는가?
- 당신은 새로 식별된 위험에 대한 완화 계획을 수립하고 이를 당신의 팀에 전달했는가?

〈관련 보증 메커니즘〉

- 편향성 감사
- 위험성 평가
- 모델 카드

이러한 고려 사항들을 해결하기 위해서 조직은 보증 메커니즘의 일부 또는 전부를 구현하는 것을 고려할 수 있다. 이러한 보증 메커니즘으로는 (i) 편향성 감사, (ii) 성능검사, (iii) 위험성 평가, (iv) 모델 카드가 있다.

(i) 편향성 감사(bias audit)와 관련된 내용은 다음과 같다. 편향성 감사는 알고리즘 시스템의 입력과 출력을 평가하여 입력 데이터에 편향성이 있는지 또는 AI 시스템이 내린 결정이나 분류의 결과에 편향성이 있는지 확인하는 프로세스이다. 편향성 감사는 시스템 운영 후 일관된 성능을 보증할 수 있도록 일정한 간격으로 반복되어야 한다. 관련 원칙으로는 첫째, 적절한 투명성 및 설명성, 그리고 둘째, 공정성이 있다.

(ii) 성능검사에 관련된 내용은 다음과 같다. 성능검사는 미리 정해진 정량적 요구 사항 또는 기준점(benchmark)과 관련하여 시스템의 성능을 평가하는 프로세스이다. 일반적으로 성능검사는 정확도(모델이 얼마나 자주 올바른지)와 정밀도(모델이 데이터 세트의 특정 범주에 대해 얼마나 자주 올바른지)에 대한 메트릭스(metrics)를 기준으로 모델을 평가한다. 성능 테스트에 가장 유용한 메트릭스를 결정하는 것은 평가 대상 AI 모델에 따라 달라

진다. 예를 들어, 전사 도구(transcription tool)의 맥락에서는 단어를 성공적으로 식별하는 것이 적절한 지표(metric)일 수 있다. 관련 원칙으로는 첫째, 안전성, 보안성, 견고성, 둘째, 적절한 투명성 및 설명성, 그리고 셋째, 공정성이 있다.

(iii) 위험성 평가와 관련된 내용은 다음과 같다. 위험성 평가는 AI 시스템 배포로 인해 발생할 수 있는 다양한 잠재적 위험에 대한 완화 조치를 식별하고 계획하는 프로세스이다. 위험성 평가는 영향평가의 일부로 또는 영향평가와 병행하여 완료할 수 있으며 첫째, 잠재적 위험, 둘째, 식별된 위험의 발생 가능성과 영향을 줄이기 위한 구체적인 완화 조치, 셋째, 수용 가능한 위험과 수용 불가능한 위험의 식별을 포함해야 한다. 관련 원칙으로는 첫째, 안전성, 보안성, 견고성, 둘째, 적절한 투명성 및 설명성, 그리고 셋째, 공정성이 있다.

(iv) 모델 카드와 관련된 내용은 다음과 같다. 모델 카드는 AI 모델에 관한 주요 사실을 파악하기 위한 표준화된 보고 도구(reporting tool)로서 모델 목표 및 의도된 용도, 모델의 한계, 학습데이터, 모델 성능, 식별된 위험을 포함하고 있다. 모델 카드는 AI 시스템 개발자에 의해 생산되어야 하고 구매하는 조직에서 사용 가능해야 한다. 관련 원칙으로는 첫째, 안전성, 보안성, 견고성, 둘째, 적절한 투명성 및 설명성, 그리고 셋째, 책임성 및 거버넌스가 있다.

라. 배포(deployment)를 위한 보증 메커니즘

1) 배포 전

조직에서 이 시스템을 배포하기 전에 타사 AI 시스템을 조달한 경우에는, 조직이 잠재적 이용자를 대상으로 이 기술을 시범적으로 사용해 보는 것이 추천된다. 시범운영(pilot)에는 고용주(employer)뿐만 아니라 다양한 배경과 경험을 가진 구직자 등 영향을 받는 커뮤니티를 포함한 다양한 이용자를 참여시켜야 한다. 포괄적인 시범운영은 시스템이 실제로 어떻게 작동하는지에 대한 정보를 수집하는 데 도움이 될 것이고 조달 전에 만들어진 가정(assumption)이 조달된 AI 시스템의 실제 결과물을 반영하는지 보증하는 데 도움이 될 것이다.

배포 전에 고려해야 하는 사항으로는 (i) 올바르지 않은 사용을 피하는 것, (ii) 평등 결과 대비 모델 성능 평가(assess model performance against equalities outcomes), (iii) 합리적 조정계획이 있다.

(i) 올바르지 않은 사용을 피하는 것에 관한 내용은 다음과 같다. 잘못된 사용을 방지하려면 직원들이 AI 시스템의 목적, 기능 및 결과물에 대해 충분히 명확히 이해할 수 있도록 하는 것이 중요하다. 시범운영 기간 동안 조직은 직원들이 이 도구를 어떻게 사용하는지 파악하여 오용이 발생할 수 있는 부분과 그 원인을 파악해야 한다. 시범운영 기간 동안 조직은 직원들이 시스템을 잘못 사용할 위험이 있는지 평가해야 한다.

〈제시되는 질문〉

- 직원들이 시스템의 결과물에 참여하고 그에 따라 행동할 수 있는 권한을 부여받았는가?
- 직원들이 AI 시스템의 목적을 명확히 이해하고 있으며, 어떤 작업을 수행하기에 적합한지 알고 있는가?
- 직원들이 시스템을 사용하여 추가 작업을 수행하고 있는가?
- 직원들이 시스템의 결과물을 이해하고 있는가?
- 직원들이 결정이나 권고가 내려진 이유를 명확히 알고 있는가?

〈관련 보증 메커니즘〉

- 훈련/기술향상(upskilling)
- 영향평가

(ii) 결과 평등에 대한 모델 성능 평가에 관한 내용은 다음과 같다. 직원들이 AI 시스템을 사용할 수 있도록 충분한 교육을 받도록 하면 잘못된 사용을 방지하는 데 도움이 될 수 있다. 그러나 구매한 시스템이 의도한 대로 사용되더라도 해를 끼치거나 차별적인 결과를 초래할 수 있는 위험은 여전히 존재한다. 이는 AI 모델이 배포되는 환경에 따라 성능이 달라질 수 있기 때문이다. 모델 성능의 불일치는, 그 모델이 보호되는 특성(protected characteristics)을

가진 개인에 대해 낮은 수준의 성능을 보이는 경우 차별이나 편견의 지속과 같은 피해로 이어질 수 있다. AI 시스템에는 두 가지 주요 편견의 원인이 있다. 첫째, 학습된 편견(learnt bias)이다. 데이터 기반 도구는 훈련데이터를 기반으로 채용 결정을 내리는 방법을 '학습'한다. 이 데이터에 과거 편견이 있는 경우, 해당 도구는 이러한 편견을 대규모로 지속시킬 가능성이 높다. 둘째, 부정확성(inaccuracy)이다. 얼굴, 발화(speech) 또는 음성 데이터를 분석하는 도구는 특정한 보호되는 특성을 가진 그룹에 대해서는 정확도가 떨어질 수 있으며, 이러한 그룹에 대해서는 단순히 덜 잘 작동하여 차별을 유발할 수 있다. 이러한 문제는 시범운영을 해보기 전까지는 명확하게 드러나지 않을 수 있으며, 시범운영을 해보면 공급업체 데이터와 조직의 데이터 간의 불일치가 어디에서 나타나는지 더욱 분명해진다. 이러한 불일치를 파악하려면 조직의 환경에서 AI 시스템이 어떻게 작동하는지 지속적으로 모니터링하는 것이 필수적이다.

〈제시되는 질문〉

- 당신은 편향성에 관하여 AI 시스템을 평가하였는가?
- 당신은 모델의 성능이 시간이 지남에 따라 저하되는지 여부를 확인하기 위해 정기 검사를 설정하였는가?

〈관련 보증 메커니즘〉

- 성능검사
- A/B 검사[28)]
- 영향평가

(iii) 합리적 조정계획에 관한 내용은 다음과 같다. 고용주는 채용 절차의 물리적 특성에 의해서 장애인 지원자들이 실질적 불이익을 입게 되거나 또

28) 분할 테스트 또는 버킷 테스트라고도 하는 A/B 테스트는 두 가지 콘텐츠를 비교하여 방문자(뷰어)가 더 높은 관심을 보이는 버전을 확인하는 것이다. 주요 측정 지표를 기반으로 가장 성공적인 버전을 측정하기 위해 변형(B) 버전과 비교하여 컨트롤(A) 버전을 검증한다. (Oracle 홈페이지, https://www.oracle.com/kr/cx/marketing/what-is-ab-testing/ 검색일 : 2024. 10. 15)

는 그들이 추가적인 장비나 지원을 필요로 하는 경우에는 면접 절차를 합리적으로 조정할 법적 의무가 있다(평등법 2010 제20조). 시스템으로 인해 보호되는 특성을 가진 지원자가 해당 특성으로 인해 불이익을 받는 경우, 기술을 도입하기 전에 합리적 조정을 고려하고 계획해야 한다. 합리적인 조정을 할 수 없는 경우, 면접 절차에서 이 시스템의 제거가 필요할 수도 있다. 경우에 따라서는 보호되는 특성을 가진 대상자가 불이익을 받지 않고 AI 도구를 사용하는 채용 프로세스에 참여할 수 있도록 합리적인 조정을 제공할 수 있다. 예를 들어, 시각 장애가 있는 지원자가 챗봇을 사용할 수 있도록 텍스트 음성 변환 소프트웨어를 배포하는 것이 그 예이다. 그러나 때로는 채용 과정에서 AI 시스템/기술이 제거되어야 보호되는 특성을 가진 대상자가 겪는 실질적인 불이익을 피할 수 있는 경우도 있다. 이러한 경우 고용주는 보호되는 특성을 가진 사람이 다른 사람과 동등하게 참여할 수 있도록 채용 프로세스에서 어떤 형식을 취할지 고려해야 한다.

〈제시되는 질문〉

- 조직은 AI 사용으로 인해 지원자가 불이익을 받을 수 있는 주요 영역을 알고 있는가?
- 조직은 이러한 불이익을 제거할 수 있는 합리적인 조정 옵션을 계획하고 있는가?
- 기술에 대한 합리적 조정이 개발될 수 없는 경우, 조직은 공정한 채용 절차를 보장하기 위해 면접 형식(interview format)을 어떻게 조정할 것인가?
- 조직은 장애인 지원자를 위해 합리적인 조정이 필요한 시스템의 한계를 장애인 지원자에게 전달했는가?

〈관련 보증 메커니즘〉

- 투명성 보장
- 영향평가

AI 시스템의 배포를 하기 전에 보증 메커니즘이 이용되는 시범운영을 하는 것이 추천된다. 관련 보증 메커니즘으로는 (i) 성능시험(performance testing), (ii) 근로자 훈련/기술 향상, (iii) 영향평가, (iv) 투명성 보장이 있다.

(i) 성능시험에 관한 내용은 다음과 같다. 이는 미리 정해진 정량적 요구사항 또는 기준점(benchmark)과 관련하여 시스템의 성능을 평가하는 프로세스이다. 조달 전에 성능시험의 증거가 제공되어야 하고 성능시험에 조직의 데이터 샘플을 사용했을 수도 있지만, 모델을 대규모로 배포하기 전에 조직의 실제 환경과 보호되는 특성 구성에서 모델이 어떻게 작동하는지 이해하는 것이 필수적이다. 조직에 사내 기술 전문 인력이 없는 경우 공급업체가 조직을 위한 성능시험을 설정해야 한다. 이러한 시험에서 조직의 기준점(benchmark)에 미치지 못하는 결과가 나오면 조직은 공급업체와 협력하여 모델 성능을 파악하고 개선해야 한다. 관련된 원칙으로는 첫째, 안전성, 보안성, 견고성과 둘째, 공정성이 있다.

(ii) 근로자 훈련/기술향상에 관한 내용은 다음과 같다. 이는 AI 시스템 시범운영에 의해 정보를 얻은 직원을 위한 문서, 리소스 및/또는 교육을 개발하는 프로세스이다. 시범운영 기간 동안 조직은 다음을 평가해야 한다.

〈제시되는 질문〉

- 첫째, 팀 사용 경험이다. 즉 직원들이 시스템을 사용하기 쉽다고 생각하는가?
- 둘째, 인지된 모델 성능이다. 즉 시스템이 잘 작동하는가? 결과가 정확한 것 같은가? 공정한가?
- 셋째, 모델 권장 사항을 얼마나 자주 따랐는지이다. 즉 직원들이 시스템의 권장 사항, 예측 등에 따라 행동할 수 있다고 확신하는가?

훈련문서 개발 및 개선은 직원의 지속적인 기술 향상을 목표로 반복적인(iterative) 프로세스로 다루어져야 한다. 공급업체가 문서나 튜토리얼을 제공하는 경우 이를 직원들과 공유해야 한다. 관련 원칙으로는 첫째, 이의제기 및 구제, 둘째, 적절한 투명성 및 설명성이 있다.

(iii) 영향평가에 관한 내용은 다음과 같다. 이는 시스템/제품이 환경, 평등, 인권, 데이터 보호 또는 기타 결과에 미치는 광범위한 영향을 예측하는 프로세스이다. 조직은 (1) 조달 전에는, 원하는 시스템의 잠재적 위험과 영

향을 파악하기 위해, (2) 조달 후 및 배포 전에는, 조달한 실제 시스템의 잠재적 위험과 영향을 파악하기 위해, 영향평가를 완료해야 한다. 관련된 원칙으로는 첫째, 적절한 투명성 및 설명성, 둘째, 공정성, 셋째, 책임성 및 거버넌스가 있다.

(iv) 투명성 보장과 관련된 내용은 다음과 같다. 채용에 AI 시스템을 사용하려면 시스템 출시 전에 지원자와 잠재적 지원자에게 이를 명확하게 고지해야 한다. 이는 이의를 제기하고 구제할 수 있도록 하기 위해 필수적인데, 지원자가 AI 시스템이 배포되고 있다는 사실을 모른 채 AI 시스템에 의해 내려지거나 활성화된 결정, 추천 또는 예측에 이의를 제기하는 것은 불가능하기 때문이다. 가능하다면, AI 시스템의 구체적인 제한 사항과 그러한 제한 사항들이 개별 지원자에게 어떻게 적용될 수 있는지를 명시해야 한다. AI 모델의 사용 여부 및/또는 시스템의 구체적인 한계가 명시되지 않으면, 불이익을 받을 수 있는 지원자가 합리적인 조정의 필요성을 알리지 않을 수도 있다. 관련 원칙으로는 첫째, 적절한 투명성 및 설명성, 둘째, 책임성 및 거버넌스, 셋째, 이의제기 및 구제가 있다.

2) 실사용(live operation)

일단 조직에서 AI 시스템을 배포한 후에는, 당신은 시간이 지나도 시스템이 기대대로 계속 작동하는지 보증하기 위해서 정기적인 모니터링 및 평가를 설정해야 한다. 이를 위해 고려해야 하는 사항으로는 (i) 지속적인 모니터링(ongoing monitoring), (ii) 이의제기 및 구제가 필요하다.

(i) 지속적인 모니터링에 관한 내용은 다음과 같다. 실제 운영 중인 AI 시스템은 의도한 대로 작동하는지 보증하기 위해 지속적인 모니터링이 필요하다. AI 시스템에는 시스템의 효율성을 떨어뜨리는 오류나 버그가 있을 수 있다. 또한 AI 시스템은 실제 환경, 입력 데이터 또는 기본 모델 목표의 변화로 인해 시간이 지남에 따라 모델 성능이 저하되는 현상인 모델 드리프트(model drift)의 영향을 받기 마련이다. 정기적인 모니터링을 통해 조직은 이러한 문제 등이 발생했을 때 이를 파악하여 모델 성능 저하를 방지할 수 있다. 이러한 위험을 사전에 모니터링하지 않으면 피해가 발생하고 시스템 효율성이 저하될 수 있다.

〈제시되는 질문〉

– 공급업체는 시간이 지남에 따른 AI 시스템 성능을 평가할 수 있는 정기적 시험 계획을 설정하였는가?

〈관련 보증 메커니즘〉

– 반복적인 성능시험

– 반복적인 편향성 감사

(ii) 이의제기(contestability) 및 구제(redress)와 관련된 내용은 다음과 같다. 당신이 조달하는(procure) 도구를 지속적으로 모니터링하면 AI 시스템의 잠재적인 문제를 사전에 파악하는 데 도움이 된다. 그러나 성능시험이 발생할 수 있는 모든 피해나 의도하지 않은 결과를 식별할 수 있을 만큼 포괄적일 것이라고 기대하는 것은 현실적이지 않다. 성능시험을 보완하기 위해, AI 시스템의 결정에 영향을 받는 지원자를 포함하여 시스템을 사용하고 그에 의해 영향을 받는 사람들에 의해 의도하지 않은 피해가 식별될 수도 있다. 버그부터 편향성에 이르기까지 그들이 직면하는 문제들에 대해 그들이 피드백을 줄 수 있는 이의제기 경로를 제공하는 것은 새로운 문제를 발견하고 시스템의 효율성을 개선하는 데 도움이 될 수 있다. AI를 통해 또는 AI에 의해 내려진 결정이 피해를 야기하거나 개인/집단의 권리를 침해할 가능성이 있는 경우 이의를 제기할 수 있어야 한다. 이의를 제기할 수 있는 경로를 통해 피해가 확인된 경우 적절한 구제 조치가 취해져야 한다.

〈제시되는 질문〉

– AI가 채용 절차에서 이용될 수 있다는 사실이 잠재적 지원자에게 명확한가?

– 조직은 채용 절차에 관한 피드백을 위한 통로를 마련해 두었는가?

– 피드백 경로가 지원자들에게 명확하게 명시되었는가?

– AI 개입에 대해 의문이 제기되거나 이의가 제기되는 경우 사람이 검토(human review)하는 것이 적절한가?

〈관련 보증 메커니즘〉

– 이용자 피드백 시스템

– 투명성 확보

이러한 고려 사항들에 대한 보증 메커니즘(assurance mechanisms)으로는 (i) 반복적인 성능검사, (ii) 반복적인 편향성 감사, (iii) 이용자 피드백 시스템이 있다.

(i) 반복적인 성능검사에 관한 내용은 다음과 같다. 배포하기 전에 조직은 공급업체로부터 모델 정확성, 효율성 및 공정성과 관련된 성능시험 결과를 설명하는 문서를 받았어야 한다. 이러한 시험은 시간이 지남에 따라 모델 성능을 평가하기 위해 반복되어야 한다. 시험 빈도는 조직의 선호도와 역량에 따라 달라진다. 관련된 원칙으로는 첫째, 안전성, 보안성, 견고성, 둘째, 공정성, 셋째, 책임성 및 거버넌스가 있다.

(ii) 반복적인 편향성 감사에 관한 내용은 다음과 같다. 이는 알고리즘 시스템의 입력과 출력을 평가하여 입력 데이터, 의사결정 결과 또는 AI 시스템이 내린 분류에 편향성이 있는지 여부를 판단하는 프로세스이다. 편향성 감사는 모델이 실제 운영되면 시스템이 공정한 결과를 지속적으로 제공할 수 있도록 보증하기 위해 정기적으로 반복되어야 한다. 관련 원칙으로는 첫째, 안전성, 보안성, 견고성, 둘째, 공정성이 있다.

(iii) 이용자 피드백 시스템에 관한 내용은 다음과 같다. 이는 이해관계자가 AI 시스템에 관한 문제를 보고할 수 있는 절차를 말한다. 이는 이 도구를 가지고 상호작용하는 직원들과 지원자들 모두를 포함한다. 피드백 시스템은 챗봇(chatbots), 조사 또는 연락 이메일을 포함할 수 있다. 최소한 피드백 시스템은 문제(버그, 편향성 등)에 대한 상세한 설명을 제공할 수 있는 선택지를 포함해야 하고, 문제의 심각성을 보고해야 하며, 그 문제가 지원자로 하여금 더 이상 나아갈 수 없게 하는지 보고해야 하고, 이용자에게 튜토리얼, 웹사이트 버튼, 구두 소통 등으로 명확하게 명시되어야 한다. 관련 원칙으로는 첫째, 공정성, 둘째, 책임성 및 거버넌스, 셋째, 이의제기 및 구제가 있다.

마. 결 론

AI 보증에 일률적인 접근 방식은 없다. 또한, 하나의 보증 메커니즘만으로 AI 시스템이 '보증되었다(assured)'라고 할 수도 없다. 이 가이드라인에서 제시한 고려 사항들은 AI를 조달하고 배포하려는 모든 조직이 고려해야 할 중요한 요소들이다. AI 보증은 시스템이 책임감 있게 설정되고 장기적 성공을 보장하기 위해서 비즈니스 관행 전체에 포함되어야 하는 반복적 과정이다. 물론 조직이 선택할 수 있는 보증 메커니즘은 조직의 리소스와 직면한 위험의 정도에 따라 달라질 수 있다. 조달 라이프 사이클의 단계와 배포하려는 시스템 유형에 따라 조직의 보증 접근 방식은 이러한 여러 가지 보증 메커니즘을 활용할 수 있다. 채용에 AI를 사용하고자 하는 조직은 이러한 모든 고려 사항을 조달 및 배포 전략에 포함시켜야 한다. 고려 과정에서 발견된 문제를 해결하기 위해 조직은 거버넌스 프로세스에 관련 보증 메커니즘을 통합해야 한다.

제4절 해외 법령과 가이드라인의 시사점

이상으로 미국 일리노이주의 인공지능 화상면접법, 뉴욕시의 조례와 규칙, 스페인의 알고리즘 정보제공 가이드라인과 노사 간 프레임워크 협약, 그리고 영국의 인공지능 채용 가이드라인의 주요 내용을 살펴보았다. 각국의 관련 법제에서 얻을 수 있는 시사점은 다음과 같다.

먼저 미국 일리노이주의 인공지능 화상면접법은 다른 인공지능 관련 법제들이 인공지능의 활용과 규제에 관한 전반적인 내용을 담고 있는 것과 달리 채용에 한정하여 사업주의 주요 의무를 규정하고 있어 찾아보기 힘든 입법례라 할 수 있다. 본 법률은 사업주에게 인공지능이 주도하는 화상면접에서 우려되는 개인정보침해와 자기결정권 보호를 위해, 구직자에게 사전에 인공지능 활용을 고지할 의무, 인공지능 작동 방식에 대한 정보를 제공할 의무, 인공지능 평가에 대한 동의권 획득 의무, 취득한 개인정보(영상정보)의 원칙적 공유 금지와 삭제 의무를 부과한다. 이는 뒤이어 제안할 인공지능 채용 가이드라인의 내용에서 구직자의 자기결정권(동의권)과 알 권리 보장, 구인기업의 피드백 제공과 개인정보보호 권고에 착안점을 주었다.

뉴욕시의 조례는 편향성 감사에 관한 시사점을 제공하였다. '자동화된 고용 결정 도구(AEDT)'를 활용하는 구인기업은 그 도구가 차별적 판단을 하지 않을지 사전에 기술적인 검사를 실시해야 하며, 학습 과정에서 오염이 발생하지 않도록 검사의 주기를 규정하였다. 뉴욕시의 규칙은 '자동화된 고용 결정 도구(AEDT)' 활용 시 편향성 감사의 결과를 의무적으로 공개할 것을 규정한다. 그리고 사업주는 '자동화된 고용 결정 도구(AEDT)'를 채용 또는 인사 과정에서 활용할 때 구직자와 승진 대상자에게 강제는 아니지만 대체선발 절차 또는 정당한 편의 제공에 관한 정보를 제공하여야 한다. 이러한 내용도 인공지능 채용 가이드라인에 수정되어 권고 사항으로 반영되었다.

스페인이 규정한 '노동영역에서의 알고리즘 정보제공 가이드라인'은 우리 노동 현장에서도 첨예하게 대립되는 인공지능 알고리즘의 공개 여부와도 맞닿아 있다. 스페인은 2021년 5월 '노동자헌장법(Ley del Estatuto de los Trabajadores)'을 개정하여 근로자대표에 주어지던 정보소통권의 내용에 알고리즘 또는 인공지능에 관한 정보도 포함하였다. 위의 가이드라인은 알고리즘 또는 인공지능에 관한 정보소통권의 내용을 좀 더 구체화한 것으로 "기업은 선발, 채용, 근로조건 결정, 해고에 이르기까지 노동 분야의 인사관리 결정을 내리기 전에 알고리즘 정보제공 의무를 준수해야 한다" 등의 내용을 담고 있다. 이는 인공지능에 의한 채용을 포함한 인사관리에서 구직자와 근로자의 알 권리를 강화한 것이다. 하지만 후술하는 바와 같이 인공지능 알고리즘 공개에 대해서는 구직자 또는 근로자 측의 공개 요구와 구인기업 또는 인공지능 개발 회사의 비공개 항변이 첨예하게 대립된다. 우리 「개인정보보호법」 제37조의2는 사람의 실질적이고 의미 있는 개입이 없는 '완전히 자동화된 결정'에 대해서는 설명 의무를 규정하고 있는데, 이 규정의 해석에 인공지능의 알고리즘 설명 또는 공개 의무가 포함되는지 문제가 될 수 있다. 그 해석에 있어 스페인의 '노동자헌장법'과 해당 가이드라인은 비교 대상이 될 수 있다.

또한 스페인의 전국 단위의 노사단체가 체결한 노사협약의 일종인 프레임워크 협약에서 인공지능이 채용·승진·해고 등을 결정할 때 근로자대표에 그 프로세스에 대한 정보를 제공하기로 규정한 것도 향후 우리 노사단체가 인공지능에 관련하여 협약을 체결할 경우 본받을 수 있는 내용이기도 하다.

영국의 인공지능 채용 가이드라인은 사업주가 구체적으로 해야 할 사항을 권고하는 것과 동시에 인공지능 채용 프로그램이 갖추어야 할 성질에 대해 규정한다. 즉, 조달 시 그 목적 수립이나 정보보호를 명확히 해야 한다거나, 영향평가를 실시할 것이 요구되며, 안전성·보안성·견고성, 책임성과 거버넌스, 투명성과 설명성, 공정성의 원칙 제시 등이 제안된다. 조달 중일 때는 정확성·타당성, 위험식별 및 소통의 원칙이 필요하며, 배포 전에는 올바르지 못한 사용 기피, 평등 결과 대비 모델 성능 평가, 합리적 조정 계획의 추진이 권고된다. 마지막으로 실사용 때에는 지속적인 모니터링과 이의제기 및 구제가 요청된다. 이러한 제반 권고 사항과 원칙 중에 영향평가, 정보보호, 투명성, 설명 의무 등의 내용은 후술할 인공지능 채용 가이드라인에 반영되었다.

제 5 장
인공지능 채용 가이드라인(안)

제1절 가이드라인의 목적 및 원칙

제2장과 제3장의 구직 청년을 대상으로 한 설문조사와 FGI의 내용을 분석해 보면, 구직 청년들은 인공지능 채용 절차에 대해 상당히 양가적인 태도를 갖고 있다. 즉, 인공지능의 객관성에 대한 신뢰로 그것이 사람이 수행하는 채용 절차에 비해서 공정할 것이라 기대하는 것과 함께 인공지능이 어떤 기제로 자신을 평가하는지 전혀 알 수 없고 인공지능 채용 절차라는 사회적 경험이 축적되지 않아 '깜깜이' 채용으로 공정하지 않을 수도 있다는 불안감도 표현하였다. 이러한 불안감은 인공지능 채용 절차의 불투명성에 기인한 것으로 생각된다. 그리고 인공지능 역시 사회적 편견을 학습하여 반영한다는 여러 조사 결과가 알려지면서 자신의 단점(예 : 연령, 학벌, 성별 등)이 불이익이 되지 않을까도 염려한다. 그러나 인공지능이 이제 시대적 대세가 되어가는 만큼 인공지능 채용 절차 역시 거스를 수 없는 것으로 생각한다. 따라서 인공지능이 자신을 잘 평가해주기를 기대한다.

인공지능 채용 절차에 있어 이러한 구직 청년들의 희망을 키워드로 표현하면 투명성 · 공정성 · 타당성이라 생각한다. 인공지능 채용 절차가 예측할 수 있게 투명하여 공정성이 담보된다면 자신의 능력을 타당하게 잘 측정해 줄 것이다.

그런데 이러한 투명성 · 공정성 · 타당성의 근저에 구직 청년들의 또 다른 요구가 하나 더 있다. 그것은 아직까지는 사람이 사람을 평가하여 내리는 결과에 대해서는 수긍하여도 기계(인공지능)가 사람에 대해서 내리는 판단 자체에 대해서는 일종의 소외감을 느낀다는 것이다. 따라서 인공지능이 자신을 평가하더라도 사람의 점검(review)이 필요하다는 요구이다. 위의 요구를 '인간 존중'이라 표현한다면, 구직 청년들은 인간이 존중받는 토대 위에 인공지능 채용 절차의 투명성 · 공정성 · 타당성을 희망한다.

[그림 5-1] 인공지능 채용 가이드라인(안)의 원칙

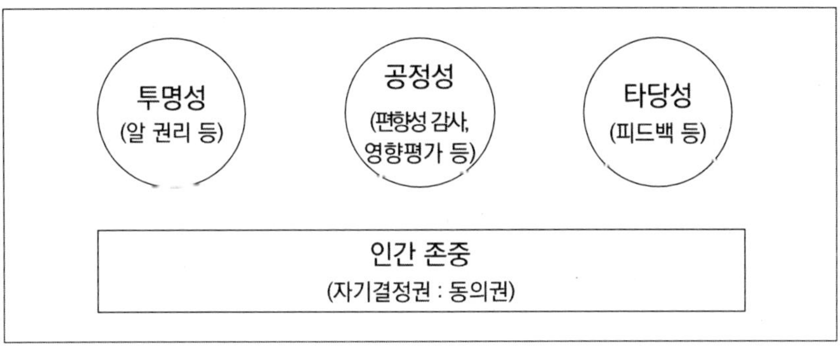

자료 : 저자 작성.

이러한 인간 존중 · 투명성 · 공정성 · 타당성 원칙에서 파생하여 후술할 가이드라인의 주요 내용을 보면, 인간 존중에서 '자기결정권(동의권)'을, 투명성에 '알 권리' 등을, 공정성에서 기업의 '편향성 감사'와 '영향평가' 권고 등을, 타당성에서 '피드백'을 받을 권리 등을 도출할 수 있다.

본 채용 가이드라인은 구인기업이 인공지능 채용 절차를 실행하면서 구직 청년들의 이러한 요구를 반영할 수 있도록 ① 인공지능 프로그램 개발 및 외주 단계, ② 채용 공고 단계, ③ 본 채용 절차(서류전형과 필기 · 역량 검사, 그리고 면접) 단계, ④ 전형 완료 후의 단계, ⑤ 기타 유의 사항으로 채용 절차를 단계별로 나누어 유의해야 할 사항을 기업에 권고한다. 최대한 구직 청년들의 요구 사항을 반영하되 현재 새로운 기술 도입에 따른 적응 기간인 만큼 구인기업 역시 받아들일 수 있는 수준의 현실적인 권고 사항을 마련하고자 한다.

제2절 인공지능 프로그램 개발 및 외주 단계

1. 차별금지 및 특정 정보 수집 금지

구인기업은[29] 인공지능 채용 프로그램을 개발 또는 개발을 외주 의뢰 시에 현행 법률(예 :「근로기준법」,「국가인권위원회법」,「채용절차의 공정화에 관한 법률」,「남녀고용평등과 일 · 가정 양립지원에 관한 법률」 등)에서 규정하고 있는 차별금지 사항(예 : 성 · 국적 · 신앙 · 장애 등)과 수집금지 정보(예 : 용모, 출신 지역, 혼인 여부, 재산 등)를 인공지능이 채용에 반영하지 않도록 설계 또는 외주 개발사에 주문한다.

소규모 기업 등 많은 기업이 인공지능 채용 프로그램을 개발 회사에 외주하는데 개발사는 발주 기업이 원하는 인재상을 수용하여 맞추어주는(customize) 과정을 거친다. 이때 발주 회사는 차별금지 사항과 수집금지 정보가 반영되지 않도록 개발사에 주의를 준다.

Q & A

− 만일 개발사가 이러한 맞춤형 과정을 제공하지 않고 기성형(ready-made) 프로그램만을 제공할 경우라도 발주 회사는 개발사에 주의를 주는 것이 좋은지요?

☞ 비록 개발사가 기성형 프로그램만을 제공할지라도 차별금지 사항 및 수집금지 정보를 반영하여 채용 절차가 일어날 경우 발생할 법적 분쟁을 고려하면 사전적으로 개발사에 주의를 주는 것을 권고합니다.

2. 편향성 감사(bias audit)

구인기업은 인공지능 채용 프로그램을 개발 시 해당 프로그램이 차별적

29) 구인기업이 채용 대행사를 통하여 인공지능 기반 채용을 실행할 경우 여기서의 구인기업은 채용 대행사를 포함한다.

요소가 배제되어 있는지 편향성 감사(bias audit)를 실행한다. 편향성 감사란 "알고리즘 시스템의 입력과 출력을 평가하여 입력 데이터에 편향성이 있는지 또는 AI 시스템이 내린 결정이나 분류의 결과에 편향성이 있는지 확인하는 절차"이다. 구인기업은 구매한 인공지능 채용 프로그램이 편향성이 존재하는지 확인하는 절차를 거친다. 즉, 편향성 감사의 주체는 구인기업이다.

편향성 감사는 유효기간이 있다. 인공지능은 계속 학습을 통해 자기를 스스로 수정해 나가는 프로그램이므로 기존의 데이터로부터 '오염'될 수 있기 때문이다. 따라서 편향성 감사는 1년 주기로 실행하며, 구인기업은 사용하는 인공지능 채용 프로그램의 편향성 감사가 1년 이내에 이루어진 것인지 확인한다.

Q & A

– 편향성 감사를 누구에게 맡겨야 하나요? 검증받은 기술력을 가진 업체가 드문 상황입니다.

☞ 구인기업의 편향성 감사는 개발사가 아닌 기술력을 검증받은 제3의 업체가 하는 것이 권고되나, 과도기적으로 개발사에 자체 감사를 의뢰하는 것도 인정됩니다.

제3절 채용 공고 단계

1. 채용 공고 시 인공지능 기반 채용 사실 고지

구인기업은 채용 공고 시 인공지능 프로그램을 통해 구직자를 평가할 수 있으며, 어느 단계에서 실행할 것인지를 명백히 고지하여 구직자가 그것을 알 수 있게 한다.

알림의 예시

- 신규 직원의 채용 절차 중 서류 · 면접 단계에서 채용 기준에 따라 지원자의 업무 역량을 평가하기 위해 인공지능(AI)을 활용하여 합격 또는 불합격 결정을 하고 있습니다.

Q & A

- 공고문 형식의 공채가 아닌 수시 또는 개별 채용의 경우에도 인공지능 프로그램을 활용하여 채용하고 있다는 사실을 알려야 하며, 어떻게 알려야 합니까?

☞ 공채가 아닌 수시 또는 개별 채용의 경우에도 인공지능을 기반으로 한 채용 절차라는 사실을 알리는 것이 좋으며, 그 방법은 서면, 이메일, 유 · 무선 전화 등을 예시할 수 있습니다.

2. 구직자의 동의권

구인기업은 구직자가 채용 절차에 응시할 때 인공지능을 활용한 채용 절차라는 점을 구직자로부터 동의받는다.

동의 내용은 지원 자체에 관한 것과 함께 인공지능 채용 과정을 통해 구직자의 개인정보(예 : 외모와 음성 등)가 수집 · 처리되는 것을 포함한다.

그리고 구인기업은 동의 여부를 고지할 때 수집 · 처리된 개인정보는 관련 법령(예 :「개인정보보호법」,「채용절차의 공정화에 관한 법률」 등)에 의해 채용 절차 종료 시 파기됨을 공고문 등에 게시하거나 개별 채용의 경우 각 서면, 이메일, 유 · 무선 전화 등을 통하여 알려야 한다.

Q & A

- 구직자가 위의 인공지능 채용 절차 또는 개인정보처리에 동의하지 않을 경우 구인기업은 별도의 인공지능을 활용하지 않는 채용 절차를 구직자에게 제공하여야 합니까?

☞ 동의하지 않은 구직자에게 별도의 채용 절차(예 : 대면 면접 등)를 제공할 경우 인공지능 채용 절차를 거친 구직자와의 형평성 문제가 발생하여 제공하지 않아도 됩니다. 다만, 장애인의 경우 장애의 정도가 심해 인공지능 기반 채용 절차를 응시할 수 없을 상황에는 별도의 절차를 제공할 수 있습니다.

3. 구직자에게 인공지능에 대한 설명 요구권 고지

구인기업이 자연인(사람)에 의한 검토 과정이 없는 인공지능 기반 채용 절차를 실행 시 구직자는 「개인정보보호법」 제37조의2에 따라 인공지능에 의해 완전히 자동화되어 이루어지는 결정에 대해 그 결정에 관한 설명을 요구할 수 있는 권리가 있음을 홈페이지 등에 알려야 하며, 구인기업은 구직자가 그러한 설명 요구를 제기할 경우 설명하여야 한다.

「개인정보보호법」 제37조의2

② 정보주체는 개인정보처리자가 자동화된 결정을 한 경우에는 그 결정에 대하여 설명 등을 요구할 수 있다.

③ 개인정보처리자는 제1항 또는 제2항에 따라 정보주체가 자동화된 결정을 거부하거나 이에 대한 설명 등을 요구한 경우에는 정당한 사유가 없는 한 자동화된 결정을 적용하지 아니하거나 인적 개입에 의한 재처리·설명 등 필요한 조치를 하여야 한다.

Q & A

- 구인기업이 인공지능에 의한 단계별 채용 과정에서 자연인에 의한 검토 과정을 거친다면 이러한 고지하지 않아도 되는지요?

☞ 「개인정보보호법」 제37조의2는 완전히 자동화된 시스템에 의한 결정으로 한정하므로 자연인의 검토가 있다면 이러한 고지를 하지 않아도 됩니다.
다만, 주의해야 할 점은 개인정보보호위원회의 가이드라인 '자동화된 결정에 대한 정보주체의 권리 안내서'에 따르면 자연인의 검토는 "정당한 권한을 가진 사람에 의한 실질적이고 의미 있는 개입"이어야 합니다. 따라서 단순 검토와 같은 형식적인 것은 안 되며 "결정의 결과에 실질적인 영향을 미칠 수 있는 권한 있는 사람"의 검토가 필요합니다.

Q & A

- 구직자가 「개인정보보호법」 제37조의2에 따라 인공지능에 기반한 완전히 자동화된 결정에 관한 설명 요구 시 이를 거절할 수 있는 사유가 있는지요?

☞ 구인기업이 판단 시 구직자의 요구가 다른 사람의 생명 · 신체 · 재산과 그 밖의

이익을 부당하게 침해할 우려가 있는 등 정당한 사유가 있을 경우 거부할 수 있음을 알리고, 구체적인 사유를 서면 등의 방법으로 구직자에게 지체 없이 알려야 합니다(동법 시행령 제44조의3 제4항).

제4절 본 채용 단계

1. 채점(판단) 기준의 항목별 안내

구인기업은 서류전형과 필기 · 역량 검사 그리고 면접 시 인공지능의 판단(채점)기준에 대한 항목별 안내를 전형 단계별로 한다.

알림의 예시

- 서류전형의 경우 본사의 인재상(예 : 창의성, 도전성과 조직 융합력)을 중심으로 채점합니다.
- 역량 검사 중 전략게임은 인지력과 지구력을 검증합니다.
- 면접은 집중력과 정확한 언어 구사력을 시험합니다.

2. V4(Visual, Voice, Verbal, Vital) 판단의 제한

구인기업은 인공지능 화상 면접 시 얼굴 표정, 억양, 발음, 시선 등 외형적인 평가의 판단을 제한적으로 활용하고 직무능력을 중심으로 평가를 진행한다.

인공지능 기반 면접에서 대리 응시를 방지하기 위해 동일인 확인을 위한 안면 인식 정보 활용은 가능하나, 표정과 억양 · 발음, 그리고 제스처 등이 과도하게 반영되어 구직자에게 심한 긴장을 불러일으키지 않도록 한다. 이러한 반영은 인공지능 채용 프로그램 개발 또는 개발사에 외주 주문 시 하도록 한다. 특히 장애인의 경우(예 : 틱 증후군) 불이익을 받지 않도록 한다.

> Q & A
> – 구직자에게 구인기업이 V4를 과도하게 보지 않는다는 점을 어떻게 알릴 수 있습니까?
> ☞ 머리 묶기, 밝은색의 착장, 경직된 웃음기 등은 면접 점수에 반영되지 않음을 사전에 공지할 수 있습니다.

3. 장애인 · 질환자를 위한 별도의 기술 및 절차 제공

인공지능 기반 채용 절차를 수행할 수 없는 장애인 또는 질환자에게는 별도의 보조 기술을 제공하거나, 기존의 채용 절차를 제공할 수 있다. 다만, 이 경우 인공지능 기반 채용 절차에 따라 응시한 구직자와의 형평성 문제가 생기지 않도록 고려한다.

> Q & A
> – 장애인 또는 질환자를 위한 별도의 기술 제공에는 무엇이 있습니까?
> ☞ 시각 장애가 있는 지원자를 예로 들 경우, 지원자가 챗봇을 사용할 수 있도록 텍스트 음성 변환 소프트웨어를 작동시킬 수 있습니다.

제5절 전형 완료 후의 단계

1. 구직자 개인정보보호를 위한 구인기업의 조치

구인기업은 인공지능 채용 과정을 통해 수집된 구직자의 개인정보를 안전하게 관리한다. 채용 종료 시 「채용절차의 공정화에 관한 법률」 제11조

제4항과 동법 시행령 제4조에 따라 구직자가 정한 서류 반환 기간(14일부터 180일까지)에 준하여 수집된 관련 개인정보를 함께 파기한다. 이를 위해 구인기업 내 개인정보보호 담당자를 지정한다. 인공지능 채용 프로그램을 외주 구매 시 개인정보보호 담당자는 외주 개발사가 개인정보보호를 안전하게 관리하며 기한 내 파기하는지를 확인한다.

Q & A

– 구직자의 개인정보를 외주 개발사가 관리할 때 구인기업은 외주 개발사의 개인정보 보관 및 파기 여부를 어떻게 확인할 수 있습니까?

☞ 구인기업은 외주 개발사의 구직자 개인정보 보관 및 파기 여부를 실사할 권리는 없지만, 개인정보 관리 미흡으로 인한 법적 분쟁 발생 시 구인기업이 최종적인 법률상 책임을 질 수 있으므로 그것을 외주 개발사에 고지하고 확인하는 것이 좋습니다.

2. 이의제기와 피드백 제공

채용 종료 후 구인기업은 구직자의 이의제기를 위한 창구를 마련한다. 구인기업은 구직자가 전형 단계별 결과에 대한 피드백을 신청할 경우 구직자의 장 · 단점과 등급(퍼센티지) 등의 개략적인 내용을 제공한다.

Q & A

– 피드백의 경우 구직자의 구체적인 항목별 점수까지 공개하여야 하는지요?

☞ 구체적인 점수가 아닌 항목별 등급 또는 평가 시의 장 · 단점 정도 등 구직자가 추후 지원 시 도움이 될 만한 내용을 중심으로 제공할 것을 권고합니다.

– 기존의 채용 과정에서도 단계별 결과에 대한 피드백을 공개하지 않습니다. 인공지능 채용 과정에서 피드백을 제공해야 하는 이유는 무엇인지요?

☞ 과거에는 대규모 구직자에 대한 평가 고지의 어려움 또는 면접 시 주관적인 평가의 정량화 등이 어려웠으나, 인공지능 기반 채용의 경우 그것이 기술적으로 가능하며 투명성 · 공정성 · 타당성 제고를 위해 권고됩니다.

3. 간접차별 확인을 위한 영향평가

인공지능 프로그램이 활용된 채용이 종료 후 구인기업은 인공지능 프로그램이 현행 법률이 금지한 차별 사유를 적용하지는 않았는지 그 결과를 사후 분석하는 영향평가를 실시한다. 성별, 장애 여부, 연령 등이 측정 지표가 될 수 있다. 만일 지표를 분석한 후 차별의 소지가 있다고 의심될 경우 인공지능 프로그램이 차별 사유를 기준으로 구직자를 평가한 것은 아닌지 기술적으로 분석한다.

> Q & A
> – 채용 후 영향평가 시 측정해야 하는 지표는 무엇이 있습니까?
> ☞ 대표적으로 성별, 장애 여부, 연령, 국적이 있습니다. 「채용절차의 공정화에 관한 법률」에 따라 신체적 조건과 출신지역, 혼인 여부, 재산 등의 정보는 수집이 금지되어 있어 분석이 어렵기 때문에 제외될 수 있습니다.

제6절 기타 유의 사항 : 알고리즘 공개

인공지능 기반 채용 절차를 도입한 구인기업은 구직자에게 해당 인공지능 프로그램의 알고리즘을 공개하여야 한다는 논의가 있다. 알고리즘 공개에 대해 구직자와 근로자 측에서는 사실상 알고리즘이 구직자와 근로자에게 고용상의 지위나 경제적 이익을 결정하는 것으로 구직자에게는 채용의 공정성 확보를 위해, 근로자에게는 근로조건이거나 그것과 밀접한 것이므로 공개할 의무가 있다고 주장한다. 그러나 기업 또는 인공지능 프로그램 개발 회사의 입장은 민감한 영업비밀이기 때문에 공개할 수 없다고 항변한다. 이러한 차이가 발생하는 원인 중 하나는 서로 생각하는 알고리즘의 개념과 범위가 다르기 때문이다. 구직자나 근로자 측에서는 일종의 공식과 같이 결정에 미치는 요소를 밝히는 것으로 생각하지만, 구인기업이나 개발 회사는 구체적인 프로그래밍 수준의 정보까지 공개하는 것으로 생각한다.

이와 관련하여 현재의 「개인정보보호법」 제37조의2는 개인정보처리자인 구인기업은 개인정보 주체인 구직자가 '완전히 자동화된 결정'에 대한 설명을 요구할 경우 그것에 대한 설명할 의무가 있다고 규정한다. 이 규정 자체만으로는 인사(채용 포함) 관련 인공지능의 알고리즘을 공개해야 하는지 명확하지 않다. 그러나 개인정보위원회의 가이드라인 「자동화된 결정에 대한 정보주체의 권리 안내서」에 따르면, 설명 의무의 예시로 데이터 처리 기술, 알고리즘이나 머신러닝의 자동 방식 등 개인정보처리의 복잡도를 고려하여 정보주체가 이해하기 쉬운 방식이라 한다.[30] 즉, 알고리즘 공개가 개인정보 주체인 구직자의 설명 요구에 부합하는 방식이 될 수 있다.

개인정보보호위원회의 가이드라인 「자동화된 결정에 대한 정보주체의 권리 안내서」는 강제력을 가진 강행 규범이 아닌 권고 사항을 담은 정부의 문언 그대로 안내서이다. 따라서 「개인정보보호법」 제37조의2에서 규정하고 있는 '완전히 자동화된 결정'에 대한 설명 의무에 알고리즘 공개가 들어가는지는 좀 더 명확한 법률적 판단이 필요하다. 그러나 정부의 가이드라인이 소프트로(soft law)의 역할을 하여 법 집행에서 주요한 지침이 되는 이상 향후 법률적 판단도 그리될 가능성이 높다. 따라서 구인기업은 인공지능을 활용한 채용 과정에서 사람의 '실질적이고 의미 있는 개입' 없이 완전히 자동화된 결정을 한 경우 관련 알고리즘에서 구직자의 취업에 영향을 미치는 주요 기준을 공개할 것이 권고된다.

다만, '완전히 자동화된 결정'에 국한한 것이므로 자연인의 개입이 이루어졌다면 「개인정보보호법」 제37조의2에 해당하지 않으므로 설명 의무에 포함되는 알고리즘 공개는 하지 않아도 된다. 그러나 개인정보보호위원회의 가이드라인에 따르면 자연인의 개입은 단순 결재 수준의 형식적인 것이어서는 안 되고 "실질적이고 의미 있는 개입"이어야 한다. 이러한 실질적이고 의미 있는 개입의 내용에 대해 위 가이드라인은 정당한 권한을 가진 사람이 인공지능이 산출한 자료를 참고로만 활용하거나 실질적으로 '결정'하는 절차가 존재하는 것을 예로 들고 있다.[31]

---

30) 개인정보보호위원회(2024. 5. 24.), 「자동화된 결정에 대한 정보주체의 권리 안내서」, p.23.

Q & A

– 인공지능 기반 채용 절차에서 정당한 권한을 가진 사람의 실질적인 개입의 사례를 들어주십시오.

☞ 권한이 있는 인사위원회를 통해 실질적으로 채용 여부를 결정하는 절차를 운영하면서, 인공지능 등 자동화된 시스템에 의해 산출된 자료를 참고하고 다른 요소들과 함께 종합적으로 검토하여 최종 결정을 내리는 경우를 들 수 있습니다.[32)]

하지만 인공지능에 의한 채용 절차에서 사람의 실질적이고 의미 있는 개입이 있어 설명 의무, 즉 알고리즘을 공개하지 않아도 되더라도 사후 분쟁이 발생할 경우 구인기업이나 인공지능 개발 회사는 관련 법적 책임의 소재를 명확히 하기 위해 해당 알고리즘을 파기하지 않고 보관할 것이 권고된다.

또한, 인간 존중의 원칙을 생각한다면 구직자의 합격 여부는 일생의 경력에서 매우 중요한 판단이므로 사람의 '실질적이고 의미 있는' 사후 검토가 권장된다.

---

31) 개인정보보호위원회, 위의 가이드라인, p.5.
32) 개인정보보호위원회, 위의 가이드라인, p.6.

제 6 장
결 론

인공지능의 도입과 발전으로 우리 사회는 기술이 주는 여러 경제 · 사회 · 문화적 진흥과 혜택을 기대하면서도 패러다임의 전환 과정에서 발생하는 기술적 부작용을 우려한다. 노동영역에서도 마찬가지로 그것이 가져올 압도적인 생산성의 향상과 노동 강도의 감소 등을 바라면서도 고용 감소와 개인정보보호 문제, 그리고 인공지능이 내리는 결정의 규범성 · 공정성 · 타당성 등을 염려한다. 현재 인공지능이 노동영역에서 활용되는 바를 채용 - 인사 · 노무지휘 - 종료(해고) 단계로 나누어볼 때 가장 많이 활용되는 단계는 채용 과정이다.

청년층을 중심으로 구직자는 인공지능 기반 채용 과정에서 기대와 우려를 동시에 하고 있다. 기존의 사람이 하는 채용 과정은 주관이 많이 들어가서 편견과 차별을 받을 수 있지만, 인공지능이 하는 기계적 판단은 자신을 공정하고 타당하게 평가해 줄 것이라 기대한다. 그러나 동시에 인공지능의 평가 기준을 알 수 없고 그것이 제대로 고지되지 않는다면 규칙(rule)을 모르고 하는 게임과 같다는 것이다. 또한 인공지능 역시 편견과 차별을 학습하여 결정을 내린다는 것이 알려지면서 '학벌', '외모', '연령', '성별', '장애'와 같은 기존의 차별적 요소가 그대로 적용되는 것은 아닌가 우려한다. 그렇기에 설문조사 결과 인공지능 기반 채용 과정이 더 공정하다는 응답(53.9%)이 다소 더 높으면서도, 기존의 사람이 주관하는 채용 과정을 더 선호한다는 답변(67.7%)이 나온 것으로 이해된다. 이러한 인식은 청년 구직자 FGI에서도 드러났다.

청년 구직자의 우려를 4가지로 정리하면, 인공지능이라는 기술 지배에 대한 두려움을 '인간 존중'에 대한 기대로, 깜깜이 채용 과정에 대한 우려를 '투명성'에 대한 요구로, 차별에 대한 걱정을 '공정성'에 대한 주문으로, 구직자를 정확히 판단해 줄 것은 '타당성'에 대한 요청이라 할 수 있다. 이러한 기대를 인공지능 채용 과정에서의 원칙으로 하고 각 원칙별로 도출될 수 있는 근로자의 권리 또는 구인기업의 권고 사항은 다음과 같다. 인간 존중 원칙에서 구직자의 '자기결정권(동의권)'을, 투명성 원칙에서 구직자의 '알 권리'를, -이는 역으로 구인기업의 고지의무 또는 설명의무가 된다- 공정성 원칙에서 구인기업의 '편향성 감사'와 '영향평가' 권고를, 그리고 타당성 원칙에서 구인기업의 '피드백 제공' 권고가 나올 수 있다.

이러한 원칙과 구직자 및 구인기업에 대한 권고 내용은 해외 법령과 가이드라인의 내용에도 이미 반영된 것이 있다. 미국 일리노이주의 화상면접법은 구직자의 자기결정권(동의권)과 알 권리 보장과 구인기업의 피드백 제공이 규정되어 있다. 그리고 뉴욕시의 조례와 규칙은 편향성 감사에 대한 내용이 규정되어 있다. 스페인의 경우 개정 '노동자헌장법'에서 기업이 근로자대표에게 제공해야 하는 정보제공의 내용에 인공지능의 판단 기준(알고리즘) 설명이 있고, 이는 전국적인 노사협약으로 구체화되기도 하였다. 영국의 인공지능 채용 가이드라인은 영향평가 실시를 권고하고, 여러 원칙을 제시하였는데 그중에는 투명성, 설명성, 타당성 등이 소개된다.

이러한 내용을 바탕으로 우리의 인공지능 채용 가이드라인(안)에 구체적으로 다음과 같은 내용을 권고한다. 구인기업에 인공지능 프로그램 개발 또는 구매 시 차별금지 및 특정 정보 수집 금지, 편향성 감사 실시를 권고할 수 있다. 채용 공고 단계에서는 인공지능 활용에 대한 고지 및 동의권 획득과 설명 요구권 고지를 권고하고, 본 채용 단계에서는 채점(판단) 기준에 대한 항목별 안내, V4(Visual, Voice, Verbal, Vital) 판단의 제한, 장애인·질환자를 위한 별도의 기술과 절차 제공을 제안하였다. 전형 완료 후에는 구직자 개인정보를 즉시 파기하고 확인할 것과 이의제기 절차 및 피드백 제공, 그리고 간접차별 확인을 위한 영향평가 실시를 제안한다. 매우 어려운 문제는 구인기업의 관련 설명의무 중 인공지능 프로그램의 알고리즘 공개까지 들어가는지이다. 이는 현재 「개인정보보호법」 제37조의2의 해석 문제로 들어가는데, 법문은 정확하게 규정하고 있지 않지만, 개인정보보호위원회의 「자동화된 결정에 대한 정보주체의 권리 안내서」는 '자동화된 결정'에 인공지능이 포함되며 그 설명 내용에 알고리즘이 들어간다고 해석한다. 그러나 이에 대한 구체적인 논의는 좀 더 진행되어야 할 것으로 생각된다. 다만, 권고사항으로는 개인정보보호위원회의 안내서를 따를 것과 인공지능의 결정 과정에 있어 인간의 실질적이고 의미 있는 개입이 있어 알고리즘 공개 의무가 없더라도 법적 분쟁 시 그 책임의 소재를 명확히 하기 위해 일정 기간 보관할 것을 권고한다. 그리고 인간 존중의 원칙에서 구직자의 일생을 결정하는 판단에는 사람의 실질적이고 의미 있는 개입, 즉 추가 검토가 요청된다.

구인기업 인사담당자를 대상으로 한 FGI에서 구인기업에 권고되는 여러 주의 사항은 구인기업에 부담이 될 수는 있어도 불가능한 영역은 아닌 것으로 확인된다. 개인정보보호에 관해서는 이미 기업 내 개인정보보호 담당자 또는 인사담당자가 외주 기업에 처리를 확인하고 있으며, 편향성 감사 또한 수용 가능하다고 하였다. 다만, 편향성 감사에서 편향성 측정의 기준에 대해서는 전문적인 지식이 없기 때문에 그것에 관한 요구가 있었다.

채점(평가) 기준에 대한 공개는 기업의 영업비밀(또는 노하우)로 그것이 공개될 경우 정확한 역량 측정이 되지 않을 수 있다는 우려가 있지만, 역량의 측정 항목이나 근거 정도는 공개할 수 있다고 하였다. 채점 결과에 대한 피드백 역시 채점 점수까지의 구체적인 공개는 아니더라도 구직자의 등급이나 정규분포, 장점과 단점 등의 내용은 기술적으로 가능하기 때문에 할 수 있다는 반응이었다.

그러나 알고리즘 공개의 경우 구인기업이 직접 인공지능 채용 프로그램을 개발하여 실행하는 것이 아니라, FGI에 응한 인사담당자의 당시 기업 모두 인공지능 개발 기업에 해당 프로그램을 구매한 것이라 알고리즘을 알 수 없고, 그것을 요구할 근거도 없을뿐더러 요구하더라도 개발 기업에서 영업비밀을 이유로 알려주지 않아 방법 자체가 없다는 의견이었다.

사실 인공지능 기반 채용 과정에서 우려되는 차별적 요소 등은 기존의 사람이 주관하는 채용 과정에서도 일어나는 바이며, 가이드라인에서 제시한 인간 존중, 투명성, 공정성과 타당성이라는 원칙 역시 기존의 채용 과정에서도 동일하게 요구되는 바이다. 즉, 채용 과정에 국한하여 봤을 때 인공지능이라는 기술은 새로운 우려라고 할 수 없다. 오히려 인공지능은 새로운 기회라고 보아야 한다. 즉, 다시 한번 강조하지만, 인공지능은 기술적으로 불가능하여 기존의 기업에 요구할 수 없었던 투명성 · 공정성 · 타당성에 관한 여러 권고 사항을 이제는 가능하게 되었고, 요구할 수 있게 되었다. 따라서 이는 채용 과정에서 구직자가 강하게 요구하는 넓은 의미의 '공정성'을 획득하기 위한 좋은 기회이며, 공정한 규칙(rule) 위에서 움직인다는 청년들의 확신은 사회에 대한 신뢰를 보다 높일 것이다.

참고문헌

개인정보보호위원회(2021. 9), 「생체정보 보호 가이드라인」.

______(2024. 5. 24), 「자동화된 결정에 대한 정보주체의 권리 안내서」.

권오성(2021), 「인공지능과 노동법 - 채용을 중심으로」, 『법학논문집』 45(2), 중앙대학교 법학연구원.

권오성 · 남재욱 · 박수민 · 김유나(2023), 『채용분야 인공지능(AI) 활용실태 및 공정성 확보 방안 연구』, 한국산업인력공단.

노호창(2023), 「스페인 노동관련법상 단체교섭 등에 대한 법적 규율」, 『법학연구』 26(4), 인하대학교 법학연구소.

______(2024), 「노동영역에서 알고리즘 혹은 인공지능에 대한 스페인의 규율 및 검토」, 『노동법연구』 56, 서울대노동법연구회.

문아람 · 권은정 · 양승엽 외(2023), 『ICT 기반 사회현안 해결방안 연구』, 정보통신정책연구원 정책연구보고서.

조원영 · 유재흥 · 추형석(2022), 『인공지능 신뢰 체계 정립 방안 연구』, 소프트웨어정책연구소.

한국인터넷진흥원(2020), 「미국 일리노이주, 인공지능을 이용한 비디오 인터뷰 규제법 발효」, 『인터넷 법제동향』 149.

House of Commons Library(2023. 8), "Artificial intelligence and employment law".

New York City, "Automated Employment Decision Tools(AEDT)," https://rules.cityofnewyork.us/rule/automated-employment-decision-tools-updated/(검색일 : 2024. 6. 17)

◈ 執筆陣

- 양승엽(한국노동연구원 부연구위원)
- 노호창(호서대학교 교수)
- 문준혁(서울대학교 법학연구소 연구원)

인공지능 채용 가이드라인(안) 개발

▪발행연월일	2024년 12월 13일 인쇄 2024년 12월 18일 발행
▪발 행 인	허 재 준
▪발 행 처	**한국노동연구원** 30147 세종특별자치시 시청대로 370 세종국책연구단지 경제정책동 ☎ 대표 (044) 287-6081 Fax (044) 287-6089
▪조판 · 인쇄	거목정보산업(주) (044) 863-6566
▪등 록 일 자	1988년 9월 13일
▪등 록 번 호	제2015-000013호

정가 11,000원

ISBN 979-11-260-0774-5